U0505982

渝新欧蓝皮书

BLUE BOOK OF
YU-XIN-OU

渝新欧沿线交通物流效率
评价报告（2018）

EXISTING CIRCUMSTANCES AND ASSESSMENT ON
CHONGQING- XINJIANG-EUROPE RAILWAY ROUTE
CONTRIES' TRANSPORTATION LOGISTICS EFFECTIVENESS (2018)

李　训　黄　森　吕小明　邹思晓　等／著

社会科学文献出版社
SOCIAL SCIENCES ACADEMIC PRESS（CHINA）

图书在版编目（CIP）数据

渝新欧沿线交通物流效率评价报告. 2018 / 李训等
著. -- 北京：社会科学文献出版社. 2019.1
（渝新欧蓝皮书）
ISBN 978 - 7 - 5097 - 2737 - 9

Ⅰ.①渝…　Ⅱ.①李…　Ⅲ.①交通运输业 - 物流 - 研
究报告 - 亚洲 - 2018 ②交通运输业 - 物流 - 研究报告 - 欧
洲 - 2018　Ⅳ.①F506

中国版本图书馆 CIP 数据核字（2018）第 273492 号

渝新欧蓝皮书

渝新欧沿线交通物流效率评价报告（2018）

著　　者 / 李　训　黄　森　吕小明　邹思晓　等

出 版 人 / 谢寿光
项目统筹 / 任文武
责任编辑 / 高　启　高振华

出　　　版 / 社会科学文献出版社·区域发展出版中心（010）59367143
　　　　　　地址：北京市北三环中路甲 29 号院华龙大厦　邮编：100029
　　　　　　网址：www. ssap. com. cn
发　　　行 / 市场营销中心（010）59367081　59367083
印　　　装 / 三河市龙林印务有限公司

规　　　格 / 开　本：787mm×1092mm　1/16
　　　　　　印　张：22.25　字　数：331 千字
版　　　次 / 2019 年 1 月第 1 版　2019 年 1 月第 1 次印刷
书　　　号 / ISBN 978 - 7 - 5097 - 2737 - 9
定　　　价 / 98.00 元

皮书序列号 / PSN B - 2017 - 626 - 1/1

本书获得

四川外国语大学国别经济与国际商务研究中心（GBZX201701）
经费支持

重庆市社会科学规划项目（2013YBGL135）及（2018YBJJ036）
经费支持

重庆国际战略研究院专项经费支持

重庆市教委科学技术研究项目（KJQN201800902）及
（KJQN201800903）经费支持

重庆市教委人文社科重点基地项目（18SKJD036）及
（18SKJD035）经费支持

国网重庆电力公司运营监控中心经费支持

《渝新欧蓝皮书》编委会

主要编撰者简介

李 训 博士，教授，硕士研究生导师，中国社会科学院应用经济学博士后，四川外国语大学国际商学院院长，重庆市重点人文社会科学研究基地"国别经济与国际商务研究中心"主任，全国博弈论与实验经济学研究会常务理事，重庆市区域经济学会常务理事，重庆市高等教育学会财经教育专委会副理事长。对国别经济、国际商务等问题给予长期关注，在《管理工程学报》等 CSSCI、EI 期刊发表学术论文 20 余篇，出版专著、编著 5 部，主持和参与国家级与省部级科研项目 20 余项，承担了银行金融类项目、地方政府和企业战略规划、投融资等课题近 20 项。

黄 森 博士，副教授，硕士研究生导师，重庆市高等学校青年骨干教师，重庆市重点人文社会科学研究基地"国别经济与国际商务研究中心"研究员，重庆市政府涉外研究智库"重庆国际战略研究院"研究员，"渝新欧"沿线国家经贸发展研究所所长。对旅游经济、区域经济及产业集聚化等问题给予长期关注，陆续在这一相关领域研究发表了近 30 余篇核心、权威期刊论文，其中一篇文章入选了第九届中国青年经济学者论坛，并被人大资料复印转载。作为主编出版《"渝新欧"沿线国家发展报告（2016）——国别贸易效率评价与比较》《"渝新欧"沿线国家发展报告（2017）——国际产能合作价值评价与比较》等"蓝皮书"，出版专著 4 部。主持和参与国家级与多项省部级课题多项。

吕小明 博士，四川外国语大学国际商学院副教授。重庆市重点人文社会科学研究基地"国别经济与国际商务研究中心"研究员，重庆市政府涉外研究智库"重庆国际战略研究院"研究员。对于国内外涉及低碳经济与国际贸易投资等问题予以长期关注,从 2008 年至今陆续在《科研管理》《管理工程学报》《管理评论》《软科学》《经济经纬》等国内重要学术刊物和学术会议论文集上发表了 30 余篇这一相关领域的研究论文,合作出版"蓝皮书"2 部,专著 4 部。主持及参与国家自然科学基金项目 2 项、国家社会科学项目和教育部项目 3 项、省部级科研项目 5 项、企业横向项目 4 项、市政府横向项目 6 项、学校校级项目 10 项。

邹思晓 法国图卢兹一大经济学硕士,讲师,重庆市重点人文社会科学研究基地"国别经济与国际商务研究中心"研究员,重庆国际战略研究院研究员。主要从事国际贸易、企业战略分析等领域的研究,公开发表论文 5 篇,参与多个国际合作项目及省部级项目。

杨 夏 英国林肯大学国际商务专业理学硕士,讲师,重庆市重点人文社会科学研究基地"国别经济与国际商务研究中心"研究员,重庆市政府涉外研究智库"重庆国际战略研究院"研究员。主要从事国际商务、市场营销等领域的研究,公开发表论文多篇,参与多个研究项目。

郭 炫 美国德保罗大学工商管理学硕士,讲师,重庆市重点人文社科研究基地"国别经济与国际商务研究中心"研究员,重庆市政府涉外研究智库"重庆国际战略研究院"研究员。主要从事国际商务、市场营销等领域的研究,公开发表论文多篇,参与多个研究项目。

况璐琳 法国蒙彼利埃第三大学法国文学与比较文学专业硕士,讲师,重庆市政府涉外研究智库"重庆国际战略研究院"研究员。对跨文化交际研究领域予以长期关注,陆续公开发表论文 5 篇,合作出版译著 1 部,参与省部级课题 2 项,参与编写教材 1 部。

张铃涓　四川外国语大学国际商务硕士，长期参与重庆市重点人文社会科学研究基地"国别经济与国际商务研究中心"及重庆市政府涉外研究智库"重庆国际战略研究院"工作。主要从事国际商务、国别经济等领域的研究，公开发表论文多篇，参与多个研究项目。

摘　要

自"渝新欧"铁路开通以来，货物运输总量与货物运输周转量、物流规模等都有大幅度提升，沿线各个国家交通物流业也得到蓬勃发展。但是由于"渝新欧"铁路沿线国家交通物流业发展水平受当地经济水平的影响，行业发展水平参差不齐，直接导致"渝新欧"铁路在运营过程中存在诸多问题和挑战。如何提高"渝新欧"沿线交通物流效率水平，已成为我国"丝绸之路经济带"发展建设中的主要问题之一。因此，对"渝新欧"沿线国家交通物流效率进行研究，不但完善了交通物流业的理论体系，而且为"渝新欧"沿线国别研究提供了一套有效的方法，具有显著的理论价值和现实意义。

本书选取"渝新欧"沿线重点交往的 22 个国家作为研究对象，着重探讨 2007～2016 年这 22 个国家交通物流效率、变化特征、内在动因及发展趋势。本书共分为三大部分：第一部分为总报告，全面阐述"渝新欧"沿线国家交通物流效率研究的意义、内容、技术路线，然后运用 DEA 模型及 Malmquist 指数分析方法，从静态和动态双重角度对"渝新欧"铁路沿线的 22 个国家 2007～2016 年交通物流发展进行定量分析研究，测算并评价近十年间"渝新欧"沿线各个国家交通物流效率的总体发展水平，揭示这 22 个国家各自交通物流效率发展的优劣势和变化特征，分析新形势下"渝新欧"沿线国家交通物流效率发展的新格局、新态势，为下一步"渝新欧"铁路以及中欧班列交通物流效率优化改善提供有价值的分析依据。第二部分为技术报告，根据交通物流效率的特点构建了"渝新欧"沿线投入产出评价指标体系，然后基于数据包络分析原理详细介绍交通物流效率测算相关的理论模型，形成比较完整的分析框架。第三部分为国别评价报告，通过对"渝

新欧"沿线 22 个国家的交通物流效率进行全面深入、科学的比较分析和评价，揭示不同类型和发展水平国家的交通物流效率发展特点及其相对差异性。

关键词："渝新欧" 交通物流效率 投入产出模型 中欧班列

Abstract

Since the Chongqing-Xinjiang-Europe Railway began operating, the transportation logistics industry of the route countries has boomed considerably, the total freight volume, freight turnover and transportation scale all significantly improved. However, due to the influence of general economic development on the transportation logistics industry, the transportation logistics industry development levels of route countries are imbalanced, resulting in a lot of problems and challenges for the Chongqing-Xinjiang-Europe Railway operation. How to improve the efficiency of transportation logistics industry of the route countries has become one of the main problems in the effectuation of China's "Silk Road Economic Belt" strategy. Therefore, the study on the transportation logistics' efficiency of the route countries will show profound theoretical value and realistic significance, not only improving the theoretical system of the transportation logistics industry, but also providing a new perspective for the study of the route countries.

This book selects 22 route countries that have frequent relationship with China as the research object, focusing on the transportation logistics efficiency' development level, variation characteristics, intrinsic motivation and future trend in these 22 route countries from year 2007 to 2016. This book is divided into three parts. The first part is the general report, which firstly gives a comprehensive exposition of the "Chongqing-Xinjiang-Europe" railway route countries' transportation logistics efficiency research significance, content and technical routes. And then the DEA model and Malmquist index method are introduced to conduct quantitative analysis on the transportation logistics development in the 22 route countries from year 2007 to 2016, from both static and dynamic perspectives, which calculates and evaluates the overall transportation logistics efficiency of each route country in the past decade, revealing the advantages,

disadvantages and changing characteristics of the transportation logistics efficiency, and analyzing the new pattern and new situation of the transportation logistics efficiency of these 22 route countries. The research offers valuable light for future transportation logistics efficiency optimization for the "Chongqing-Xinjiang-Europe" railway and other China Railway Express. The second part is the sub-report, which firstly constructs the route countries' input-output evaluation index system based on the characteristics of transportation logistics efficiency. Later a complete analysis framework for theoretical models related to transportation logistics efficiency measurement is formed based on the data envelopment analysis. The third part is a special report, which in detail reveals the development characteristics and differences of transportation logistics efficiency in each route country since each country shows difference in development pattern and economic level.

Keywords: the "Chongqing-Xinjiang-Europe" Railway; Transportation Iogistics Efficiency; Input-output Model; China Railway Express

目 录

Ⅰ 总报告

B.1 "渝新欧"沿线国家交通物流效率评价报告 ……………… 001

    一 "渝新欧"沿线国家交通物流效率研究的背景及意义 …… 001

    二 "渝新欧"沿线国家交通物流发展现状分析 ………… 011

    三 "渝新欧"沿线国家交通物流效率评价 …………… 092

    四 "渝新欧"沿线国家交通物流效率协同提升建议 ………… 192

Ⅱ 技术报告

B.2 "渝新欧" 沿线国家交通物流效率评价的指标体系构建 ……… 201

B.3 "渝新欧" 沿线国家交通物流效率评价的模型构建 ………… 217

Ⅲ 国别评价报告

B.4 罗马尼亚交通物流效率评价与分析 ……………… 222

B.5 哈萨克斯坦交通物流效率评价与分析 ……………… 226

B.6 塞尔维亚交通物流效率评价与分析 ……………… 231

B.7 斯洛伐克交通物流效率评价与分析 ……………… 236

B.8 阿尔巴尼亚交通物流效率评价与分析 …………………… 240

B.9 爱沙尼亚交通物流效率评价与分析 …………………… 244

B.10 保加利亚交通物流效率评价与分析 …………………… 248

B.11 比利时交通物流效率评价与分析 ……………………… 252

B.12 法国交通物流效率评价与分析 ………………………… 256

B.13 白俄罗斯交通物流效率评价与分析 …………………… 260

B.14 波兰交通物流效率评价与分析 ………………………… 264

B.15 德国交通物流效率评价与分析 ………………………… 268

B.16 俄罗斯交通物流效率评价与分析 ……………………… 272

B.17 捷克交通物流效率评价与分析 ………………………… 276

B.18 克罗地亚交通物流效率评价与分析 …………………… 281

B.19 拉脱维亚交通物流效率评价与分析 …………………… 286

B.20 荷兰交通物流效率评价与分析 ………………………… 290

B.21 立陶宛交通物流效率评价与分析 ……………………… 295

B.22 乌克兰交通物流效率评价与分析 ……………………… 299

B.23 中国交通物流效率评价与分析 ………………………… 303

B.24 斯洛文尼亚交通物流效率评价与分析 ………………… 307

B.25 匈牙利交通物流效率评价与分析 ……………………… 311

参考文献 …………………………………………………………… 315

皮书数据库阅读**使用指南**

CONTENTS

I　General Report

B.1　Existing Circumstances and Assessment on "Chongqing-Xinjiang-
　　　Europe Railway" Route Contries' Transportation
　　　Logistics Development　　　　　　　　　　　　　　　　/ 001

　　　　1. Background and significance of the research on "Chongqing-Xinjiang-Europe
　　　　　 Railway" route contries' transportation logistics efficiency　　/ 001

　　　　2. Existing circumstances of "Chongqing-Xinjiang-Europe Railway" route
　　　　　 contries' transportation logistics development　　　　　　　/ 011

　　　　3. Assessment on "Chongqing-Xinjiang-Europe Railway" route contries'
　　　　　 transportation logistics efficiency　　　　　　　　　　　/ 092

　　　　4. Suggestions on "Chongqing-Xinjiang-Europe Railway" route contries'
　　　　　 transportation logistics efficiency coordinated improvement　/ 192

II　Sub–Reports

B.2　Index System Construction For "Chongqing-Xinjiang-Europe
　　　Railway" Route Contries' Transportation Logistics
　　　Efficiency Assessment　　　　　　　　　　　　　　　　/ 201

B.3　Modelling for "Chongqing-Xinjiang-Europe Railway"
　　　Route Contries' Transportation Logistics Efficiency Assessment　／ 217

Ⅲ　Special Reports

B.4　Romania's Transportation Logistics Efficiency Assessment and Analysi
　　　　　　　　　　　　　　　　　　　　　　　　　　　　　　／ 222

B.5　The Republic of Kazakhstan's Transportation Logistics
　　　Efficiency Assessment and Analysis　　　　　　　　　　／ 226

B.6　Serbia's Transportation Logistics Efficiency Assessment and Analysis
　　　　　　　　　　　　　　　　　　　　　　　　　　　　　　／ 231

B.7　The Slovak Republic's Transportation Logistics Efficiency
　　　Assessment and Analysis　　　　　　　　　　　　　　　／ 236

B.8　Albania's Transportation Logistics Efficiency Assessment and Analysis　／ 240

B.9　Estonia's Transportation Logistics Efficiency Assessment and Analysis　／ 244

B.10　Bulgaria's Transportation Logistics Efficiency Assessment and Analysis　／ 248

B.11　Belgium's Transportation Logistics Efficiency Assessment and Analysis　／ 252

B.12　France's Transportation Logistics Efficiency Assessment and Analysis　／ 256

B.13　Belarus's Transportation Logistics Efficiency Assessment and Analysis　／ 260

B.14　Poland's Transportation Logistics Efficiency Assessment and Analysis　／ 264

B.15　Germany's Transportation Logistics Efficiency Assessment and
　　　Analysis　　　　　　　　　　　　　　　　　　　　　／ 268

B.16　Russia's Transportation Logistics Efficiency Assessment and Analysis　／ 272

B.17　The Czech Republic's Transportation Logistics Efficiency
　　　Assessment and Analysis　　　　　　　　　　　　　　　／ 276

B.18　Croatia's Transportation Logistics Efficiency Assessment and Analysis　／ 281

B.19　Latvia's Transportation Logistics Efficiency Assessment and Analysis　／ 286

B.20　Netherlands' Transportation Logistics Efficiency Assessment and
　　　Analysis　　　　　　　　　　　　　　　　　　　　　／ 290

CONTENTS

B.21 Lithuania's Transportation Logistics Efficiency Assessment and
Analysis   / 295

B.22 Ukraine's Transportation Logistics Efficiency Assessment and Analysis / 299

B.23 China's Transportation Logistics Efficiency Assessment and Analysis / 303

B.24 Slovenia's Transportation Logistics Efficiency Assessment and Analysis / 307

B.25 Hungary's Transportation Logistics Efficiency Assessment and Analysis
                                                                            / 311

References   / 315

总 报 告

General Report

B.1
"渝新欧"沿线国家交通物流效率评价报告

一 "渝新欧"沿线国家交通物流效率研究的背景及意义

(一)研究背景

现代社会最深刻明显的变化之一,就是经济全球化作为人类历史发展的客观趋势席卷了世界的每一个角落。国家之间、地区之间被国际贸易和投资的纽带紧密联系在一起,相互依存的经济关系可以说达到了前所未有的广度和深度。经济全球化的历史进程在促进世界范围内经济快速发展的同时,也引发了政治、文化、社会生活等方面广泛而深刻的变化;在给每个民族国家和地区带来巨大利益的同时,也给它们的经济安全、政治稳定、文化传承与社会和谐等方面带来了新的风险和挑战。随着经济全球化深入发展,为了让

更多国家特别是发展中国家、新兴经济体参与到全球跨国产业体系中来，加强物流和运输的效率，满足国内外的物流需求以及合作需求，对于物流效率的研究将有利于合作双方发挥各自优势，带动经济增长，促进工业化进程，实现互利共赢、共同发展。

1. "一带一路"的建设

"一带一路"是"丝绸之路经济带"和"21世纪海上丝绸之路"的简称，是中国政府于2013年倡议并主导的跨国经济带。该经济带范围涵盖历史上丝绸之路和海上丝绸之路经过的中国、中亚、北亚和西亚、印度洋沿岸、地中海沿岸的国家和地区。中国政府指出，"一带一路"倡议坚持共商、共建、共享的原则，努力实现沿线区域基础设施更加完善，更加安全高效，以形成更高水平的陆海空交流网络。同时使投资贸易的便利化水平更有效的提升，建立高品质、高标准的自由贸易区域网。以使沿线各国经济联系更加紧密，政治互信更加深入，人文交流更加广泛。"一带一路"建设，将使沿线国家在基础设施建设、经济发展、文化进步等方面获得动力和机遇，体现了中国对其他国家的真诚相待，是中国发展惠及邻邦的体现。

"一带一路"建设致力于亚欧非大陆及附近海洋的互联互通，建立和加强沿线各国互联互通伙伴关系，构建全方位、多层次、复合型的互联互通网络，实现沿线各国多元、自主、平衡、可持续的发展。"一带一路"的互联互通项目将推动沿线各国发展战略的对接与耦合，发掘区域内市场的潜力，促进投资和消费，创造需求和就业，增进沿线各国人民的人文交流与文明互鉴，让各国人民相逢相知、互信互敬，共享和谐、安宁、富裕的生活。

带着这样的目的，"一带一路"这些年来的建设取得了显著的成绩。2018年5月31日，商务部召开例行新闻发布会中提到："今年以来，'一带一路'经济合作不断深化，取得积极成果。"一是与"一带一路"沿线国家贸易投资合作不断加深。2018年1～4月，中国与沿线国家货物贸易进出口额3891亿美元，同比增长19.2%；我国境内投资者共对全球140个国家和地区的2023家境外企业进行了非金融类直接投资，投资总额达46.7亿美元，同比增长17.3%，连续5个月保持增长；对外承包工程完成营业额242

亿美元，同比增长 27.7%；新签合同额 445.9 亿美元，同比增长 3.8%。对外劳务合作派出各类劳务人员 9.7 万人，3 月末在外各类劳务人员 97.1 万人，较上年同期增加 5.8 万人。二是区域经济一体化进程加快。与格鲁吉亚自贸协定正式生效，与欧亚经济联盟签署经贸合作协定，中巴自贸区第二阶段谈判继续推进。三是重大项目取得积极进展。亚吉铁路开通商业运营，瓜达尔自由区正式开园，蒙内铁路运行情况良好，中白工业园一期起步区基础设施完工，中国老挝磨憨—磨丁经济合作区、中国哈萨克斯坦霍尔果斯国际边境合作中心等建设加快推进。截至 4 月，中国在"一带一路"沿线国家建设境外经贸合作区 75 个，累计投资 255 亿美元，入区企业超过 3800 家，上缴东道国税费近 17 亿美元，为当地创造就业近 22 万个。

当前，中国经济和世界经济高度关联。中国将一以贯之地坚持对外开放的基本国策，构建全方位开放新格局，深度融入世界经济体系。推进"一带一路"建设既是中国扩大和深化对外开放的需要，也是加强和亚欧非及世界各国互利合作的需要，中国愿意在力所能及的范围内承担更多的责任和义务，为人类和平发展做出更大的贡献。

2. "渝新欧"铁路建设

中欧班列是指往来于中国与欧洲及"一带一路"沿线国家的集装箱国际铁路联运班列，自 2011 年 3 月诞生以来，已发展至 50 多条线路，成为"一带一路"倡议的重要载体。从 2011 年起正式运行的"渝新欧"铁路，重庆为西部内陆地区打通了一条直达欧洲的国际铁路联运大通道，也成为"中欧班列"这一品牌的开创者。

"渝新欧"铁路是一条连接欧亚多国的铁路总称，由中国的重庆至德国的杜伊斯堡，全长 11179 公里。途经兰州、乌鲁木齐，在阿拉山口出境中国后，再途经哈萨克斯坦、俄罗斯、白俄罗斯及波兰，并有计划再由德国接驳至比利时，形成一条横跨亚欧的铁路运输干道。"渝新欧"的名称来源于沿线中国、俄罗斯、哈萨克斯坦、白俄罗斯、波兰、德国六个国家铁路、海关部门共同商定。"渝"指重庆，"新"指新疆阿拉山口，"欧"指欧洲，合称"渝新欧"。这班始发于中国重庆，终点为德国杜伊斯堡的列车，先于

"一带一路"倡议而行，又因"一带一路"倡议而发展、壮大。

作为开通最早、货运总量最大的中欧班列，"渝新欧"班列正式运行7年以来，运输货物种类逐年增加。2011～2013年，"渝新欧"铁路开行初期，运输的货物中，重庆本地代工生产的笔记本电脑占比高达90%，那时候的货源非常单一，惠普、宏碁等IT企业的产品占了很大一部分。从2014年起，货单开始变得更加多样化。以电子产品为例，除笔记本电脑外，液晶面板、集成电路等高附加值产品也开始搭乘班列出口到欧洲。2015年6月26日，渝新欧班列首批跨境电商回程货卸在重庆西永综合保税区。这是"渝新欧"班列开行四年多来第一次运输跨境电商货物回程，也是中国跨境电商史上首次采用铁路运输方式从国外运回商品。

截至2018年4月8日，中欧班列（重庆）共开行1778班，其中2018年前4个月就开行了205班，去程104班，回程101班，全年计划发运班列数为1000班。中欧班列（重庆）的货源主要来自西南、华东、华南地区，日本、韩国、新加坡、越南等国家也有出货，其中重庆及西南周边地区货源占比约50%，主要货物品类涵盖了笔电产品、整车及零部件、通信设备、机械含汽配、服装、小家电、化工品（非危险品）、食品、冷链、医药及医药器械等，门类齐全。

"渝新欧"铁路的发展壮大，毫无疑问会给沿线所有国家带去收益。2018年初，"渝新欧"越南国际班列也顺利完成首趟开行任务，为后期常态化打下了坚实的基础。"渝新欧"越南国际班列的开行，意味着重庆的南向通道又添新员。这条直达河内的新通道，将与此前已开行的中新互联互通项目"渝黔桂新"南向铁海联运通道（下称"渝黔桂新"南向通道）、重庆—东盟国际公路物流大通道等，共同助推重庆与东南亚地区的联动，也推动了中国的对外开放。

3. "渝新欧"发展带动对物流的要求

物流业是支撑国民经济发展的基础性、战略性产业，是重大的惠民生工程，具有巨大的市场需求和发展空间，近年来，国家对物流业的政策越来越趋向于良性引导与大力扶持。2014年10月4日，国务院印发《物流业发展中长期规划（2014～2020年）》（以下简称《规划》），对物流业发展提出了全面而创新的改革思路，部署加快现代物流业发展，建立和完善现代物流服务体系，提升物流业发展水平，为全面建成小康社会提供物流服务保障，"战略性"三个字首次被写入国家物流规划中，这扭转了过去把物流业等同于货运业的误区，是国家对物流产业地位的重新认定。由此，物流业将逐步进入经济新常态引导下的物流新常态，以降本增效为核心，考虑在战略发展层面整合资源，发展核心竞争优势。

《规划》提出，到2020年，要基本建立布局合理、技术先进、便捷高效、绿色环保、安全有序的现代物流服务体系，物流的社会化、专业化水平进一步提升，物流企业竞争力显著增强，物流基础设施及运作方式衔接更加顺畅，物流整体运行效率显著提高，全社会物流总费用与国内生产总值的比率由2013年的18%下降到16%左右，物流业对国民经济的支撑和保障能力进一步增强。加快物流管理体制改革，打破条块分割和地区封锁，加强市场监管，形成物畅其流、经济便捷的跨区域大通道。

在"一带一路"的沿线国家中，多数是新兴国家和发展中国家，涵盖约44亿人口，经济总量约21万亿美元。沿线国家庞大的经济规模、活跃的经济发展态势，对我国的物流行业也提出了很高的要求，不仅将产生巨大的货运、仓储、国际采购、分销和配送、国际中转需求，也将产生巨大的检测和售后服务维修需求、商品展示需求、产品研发和加工制造等港口功能需求。相对海运，火车虽然运输成本要高一些，但对于易变质或附加值较高的商品，是极具吸引力的替代选择。"渝新欧"班列的开行，给了沿线各个较为闭塞的地区变身为中国开放前沿的机会。毫无疑问，随着班列物流组织日趋成熟，班列沿途国家经贸交往日趋活跃，国家间铁路、口岸、海关等部门的合作日趋密切，这些有利条件，为铁路进一步发挥国际物流骨干作用，在"一带一路"战略中将丝绸之路从原先的"商贸路"变成产业和人口集聚的"经济带"起到重要作用。

为推动重庆地区产业结构的调整升级，更加融入"一带一路"的建设，开创我国对外开发的新局面，对"渝新欧"沿线国家的物流效率评估的相

关问题也在进行深入研究，对重庆地区乃至整个西部片区未来的经济发展具有重要的理论和现实意义。

（二）研究的意义

重庆作为"长江经济带"、"丝绸之路经济带"和"21世纪海上丝绸之路"的Y字形交汇节点，是"丝绸之路经济带"和"海上丝绸之路"中重要的战略支点和战略腹地。"一带一路"建设展开后，重庆作为向东向西开放的战略支撑点，连接欧洲、亚太、东盟三大经济圈。而"渝新欧"国际铁路联运大通道，无疑对重庆进一步提升"一带一路"和"长江经济带"连接点功能，具有十分重要的意义。同时，也是重庆参与"一带一路"建设的重要载体和依托。

目前从重庆到欧洲的交通物流通道有公路、航空、船运等选择，虽然方式很多，但每条线路都有些许不足。比如，船运遇到长江枯水期航道会变窄，将增加物流运送时间，而空运成本又较高。相比之下，货物运输走"渝新欧"铁路联运通道只需要14天，运输周期比船运快，价格又比空运便宜很多，只为空运成本的1/5～1/6。而欧洲也有大量产品通过重庆进入中国西部地区，如欧洲知名的时装、化妆品、奶粉等。如果走"渝新欧"国际物流大通道，货物上架速度将更快，价格也将更加便宜。这无疑与节省了货运的交通物流成本有关，大幅度提高了货运的交通物流效率。由此，"渝新欧"铁路以其方便、快捷、安全、高效等特点，成为重庆外贸的主通道，同时也成为我国商品出口运往欧洲各国的新的战略贸易通道；是各类附加值货物常态化运输的首要选择。这对加强我国与"一带一路"沿线国家贸易往来，真正实现"一带一路"沿线国家与"长江经济带"的水路无缝对接，推动我国中西部地区经济贸易的发展具有非常重要的意义。

虽然，"渝新欧"铁路大通道开通以来，货物运输总量与货物运输周转量、物流规模等都有大幅度的提升，沿线各个国家交通物流业蓬勃发展，但是"渝新欧"铁路沿线国家的交通物流业发展水平受其本国经济发展水平的影响参差不齐，直接导致"渝新欧"铁路在运营过程中存在诸多问题和挑战，比如交通物流是双向的，有东西出口就得有东西进口，在回程班列上出现货源紧缺，交通物流综合成本相较于船运运输方式偏高等。随着经济全球化趋势的深入发展，交通物流业作为支撑国民经济发展的基础性、战略性产业，具有牵一发而动全身的特点。当前，转变经济增长方式、实现转型升级的重要途径是降低交通物流成本，提高交通物流效率。交通物流业发展水平作为评判一国国民经济发展水平的重要参考，是经济的一个新增长点，而国家的交通物流效率高低直接决定一个国家的交通物流业发展水平。一个国家交通物流业发展水平高，就意味着这个国家在交通物流方面投入的多，在全球的经济竞争中就能占据有利地位。相反，如果一个国家交通物流业发展水平低，就意味着这个国家在交通物流方面的投入少。那么该国在国际贸易中的影响力就小。由于"渝新欧"沿线的国家中既有发展中国家，也有发达国家。由于国情不同，所以交通物流业发展水平极不平衡，发展中国家的交通物流业处于低效率状态，导致了交通物流业发展水平与"渝新欧"铁路实际需求水平不符。不利于我国"一带一路"国家发展战略的推进，因此如何提高"渝新欧"沿线国家的交通物流效率，成为我国"丝绸之路经济带"发展建设中的主要问题。

对"渝新欧"沿线国家交通物流效率进行研究，进一步完善了交通物流业的理论体系，深化了交通物流效率的研究，为交通物流效率的研究提供了一套有价值的方法，具有显著的理论价值和现实意义。

第一，运用 DEA 模型及 Malmquist 指数分析方法，从静态和动态双重角度对"渝新欧"铁路沿线的22个国家2007～2016年交通物流发展进行定量分析研究，测算并评价"渝新欧"沿线各个国家交通物流效率的总体发展效率，以提高交通物流资源的配置效率。近年来，我国交通物流业发展迅速，国家加大投入，从根本上扭转了交通物流能力不足的问题对国家经济贸易发展的制约。与发达国家交通物流业发展水平相比，我国交通物流业还处于落后阶段。因此，对"渝新欧"沿线国家交通物流效率的研究，使我国对交通物流发展水平与经济贸易发展水平的关系有更清醒的认识，有利于我国对交通物流业的发展有更明确的方向，提高我国交通物流资源配置的效

率，进而推动"一带一路"倡议的可持续发展。

第二，对"渝新欧"沿线22个国家分别评价其近10年交通物流效率的变化，为中西部地区尤其是重庆交通物流业的发展规划的制定，以及本土企业"走出去"的交通物流计划的安排提供重要参考。

第三，进一步研究影响"渝新欧"沿线各个国家交通物流效率的相关因素，为"渝新欧"沿线各个国家的交通物流产业的发展提供决策意见参考，有助于满足各国提高当地交通物流效率的需要，具有显著的实用价值。世界经济全球化既给交通物流业带来了机遇同时也带来了挑战和竞争。交通物流市场的开放，使得交通物流业的竞争也在加剧。进入国际交通物流市场的物质保证是需要在开放的条件下，维护自身地位，提高交通物流业的国际竞争力；优化资源配置，提高交通物流效率是应对经济全球化竞争的必要手段。根据研究结果提出优化"渝新欧"沿线各个国家交通物流效率的政策建议。

第四，将"渝新欧"沿线国家交通物流效率的研究理论运用于交通物流效率领域，有利于交通物流理论的研究的丰富和发展。

（三）概念界定

1. 交通物流概念界定

"物流"一词源于日文文献资料中对"Logistics"一词的翻译"物流"。中国的物流术语标准将物流定义为：物流是物品从供应地向接收地的实体流动过程中，根据实际需要，将运输、储存、装卸、搬运、包装、流通加工、配送、信息处理等功能有机结合起来实现用户要求的过程。物流的七大构成部分为物体的运输、仓储、包装、搬运装卸、流通加工、配送以及相关的物流信息等环节。

"交通物流"强调了交通运输在社会物流体系中的地位和作用，是交通运输行业努力从自身角度促进社会物流发展而在工作实践中形成的一个用词，之所以使用"物流"二字，需要从现代物流和交通运输的关系来说明。一是从现代物流的实际运作情况看，交通运输业满足了物流需求方的各种服务需求，承担了绝大部分的物流服务。二是从交通运输业涉及的物流功能来看，目前交通运输业虽然暂时没有实现所有的物流功能要素，但是通过行业内的功能互补，已经可以提供相对完善的物流基础服务。三是从交通运输业自身的发展态势来看，交通运输业正处在向现代物流业的转型升级中，且部分交通运输企业已经初步实现了升级和转型，具备了一定的物流服务功能，同时也拥有了汇集、整合物流服务的能力。基于此现状，可推断当代的交通运输业已改变了传统交通运输业靠单纯提供运输服务的发展初级阶段状态，正向着发展理念创新化、业务运作信息化、服务功能集成化的现代服务业转型。

然而，交通物流并未体现在常见的物流类型中，其定义可以从物流服务性质和物流服务供方两个角度进行分析。一是交通运输业本质上具有较强的社会服务属性，其演变出的物流服务企业也完全面向社会物流需求，属于一类社会公共服务资源。二是根据中国物流业运行的实际情况，除建立之初被定位为物流企业的经营业务外，提供物流服务的主体中还包含了各类生产制造企业的运输、仓储（物流）部门及商务贸易企业（大卖场、专业市场等）的物流部门，即传统定义的第一方物流、第二方物流。这些存在于非物流行业的物流运作主体，有一部分脱离出来，经过转型升级发展成为社会物流服务资源；另外一部分仍依存于物流需求企业中，但也发挥着物流服务功能。交通物流具有类似的发展趋势，交通运输业相关企业建立之初也仅提供单一的运输服务，但在发展过程中一些企业逐渐转型为物流企业，其他企业虽然没有完全转型为物流企业，但也具备一定的物流服务功能，区别在于交通运输业不从事于实物商品的生产和销售活动，本身既不是物资的提供者，也不是物资的需求者。鉴于此，交通物流面向社会物流服务需求，不属于生产制造或商品销售部门，无疑应该属于第三方物流的范畴。由此，可依据演变出物流服务的行业，将物流服务划分为交通物流、制造业物流、商业贸易物流等。其中交通物流是全社会物流体系的重要组成部分，是交通运输行业按照现代物流理念，以交通运输业为主体，由传统的货物运输服务转变升级，拓展其他物流服务功能，向客户提供一体化综合物流服务的系统。

交通物流基础设施是社会物流基础设施的重要组成部分，是物流功能得以实现的关键环节。物流是物品在从供应地转向接收地的实体流动的过程中，根据实际需要，将运输、储存、装卸、搬运、包装、流通加工、配送、信息处理等功能有机结合起来实现用户要求的过程。物流的最终目的是按照客户的要求，利用物流资源实现物畅其流的效果。因而，交通物流基础设施的完善是保证物畅其流的关键。完善的交通物流基础设施应该包括：为货物空间位置转移功能的实现而形成的物流通道和物流信息流通的通道，包括铁路运输、公路运输、水运航道运输、管道运输线路以及电信、邮政网络等；提供运输方式转换功能的货运场站、机场、港口，以保证货物的顺畅流通；以及在此基础上，形成和发展的物流中心和物流园区节点等。交通物流基础设施，构成了交通物流基础设施系统。

2. 物流效率概念的界定

效率有两层最基本的含义：一是单位时间内完成的工作量，二是最有效地使用社会资源以满足人类的愿望和需要。从管理学角度来讲，效率是指在特定时间内，组织的各种收入与产出之间的比率关系。效率与投入成反比，与产出成正比。

关于物流效率目前没有统一的定义，有学者给出较为具体的概念：田宇认为质量、成本、道路建设和货物运输等都可以用来衡量物流的投入和产出，而物流的投入产出比就称为物流效率。对物流效率的定义虽各有不同，但总的思路就是投入与产出之比。孙宏岭认为物流效率是多环节配合，并可以通过物流服务创新提高物流服务水平，扩大市场业务。他认为物流效率是投入与产出之间的比较，即物流生产过程当中劳动消耗和劳动成果的比率。王玲提到物流效率是运输管理、存储控制、流通加工、客户服务、信息管理等活动过程中增加和创造的价值，是结果效率和过程效率的综合。

可以认为物流效率主要是指物流系统化、合理化过程之中的运行效率和综合效益，具体体现为物流运作效率、场站设施布局的合理性、物流网络的利用状况等，提高物流效率的目的是提高物流服务质量且降低物流成本。也可以把物流效率理解为：物流产出与资源投资之间的比值。物流效率的定义基本上是从效率的定义发展而来的。效率是投入与产出比值，那么物流效率是指物流产出与物流资源投入的比值。我们研究物流效率的目的就是以最少的物流投入获得最好、最多、最快的物流产出。物流效率对于企业来说是在一定的服务水平下满足客户的需求，这是指物流系统的整体性构建。

3. 交通物流效率概念界定

基于交通物流概念和物流效率概念的界定，笔者认为交通物流效率是在以交通物流基础设施（包括公路、铁路、水路、管道、电信、邮政网络等）为运输中心的基础上，满足客户要求将物品从其供应地转向接收地的物流资源投入与物流产出的比值。交通物流是指以交通运输为中心的物流运作程序，物流和交通总是联系在一起的，要提高交通物流效率，必须要提高交通运输业的运作水平。交通物流效率就是在运用交通物流基础设施的基础上，交通物流投入与交通物流产出的比值。投入包括了整个物流过程中使用交通物流基础设施的各种成本。或者说，交通物流效率就是物品从供应地向接收地的实体流动过程的效率，根据实际需要，将运输、储存、装卸、搬运、包装、流通加工、配送、信息处理等功能有机结合起来实现用户要求的过程的效率。是产品从出厂之后的包装、运输等环节，基于交通物流资源的投入，即为交通物流作业各项功能提供各种技术支持和手段保障，支持交通物流系统正常运作的一切有形及无形的资源总和后，获得的物流产品产出的比值。交通物流资源整合就是通过组织和协调，将各种交通物流资源配置到最佳位置，充分发挥各种资源的作用，提高交通物流的效率，获得交通物流整体的最优化。

二 "渝新欧"沿线国家交通物流发展现状分析

"渝新欧"国际铁路联运大通道全长 11179 公里，穿越了 6 个国家，横跨欧亚大陆。铁路终端辐射着欧洲经济中心，基本上属于发达地区，但空间容量小，资源缺乏；而其辽阔狭长的中间地带及出发端属于亚欧腹地，除少数国家外，基本上都属于欠发达地区，特别是中国中西部、中东欧、中亚等地区，地域辽阔，交通不够便利，自然环境较差，但空间容量大，资源富

集，开发前景好，开发潜力大，是人类社会赖以生存、发展的物华天宝之地。因此，"渝新欧"辐射区域，各国之间具有较强的相互依存性与优势互补性，蕴藏了深厚的经贸合作潜力，关键就在于如何充分利用"渝新欧"这条陆地大通道。本部分将从人文环境、经济环境和交通物流现状三个部分对沿线各国基本情况进行介绍。需要说明的是，为了便于分析，本书将"渝新欧"沿线国家分为穿越国家和辐射国家两大类，其中"渝新欧"穿越国家具体指的就是中国、哈萨克斯坦、俄罗斯、白俄罗斯、波兰和德国6个国家；"渝新欧"辐射国家包括罗马尼亚、斯洛伐克、斯洛文尼亚、塞尔维亚、乌克兰、匈牙利、荷兰、捷克、克罗地亚、拉脱维亚、立陶宛、阿尔巴尼亚、爱沙尼亚、保加利亚、法国和比利时16个国家。

（一）人文环境

由于"渝新欧"横跨欧亚大陆，辐射面积十分广泛，在地理方位上主要穿越了中亚地区、中东欧地区和西欧地区三大板块。

1. 中亚地区

中亚又称中亚细亚，即亚洲中部地区，狭义上的中亚国家包括土克曼斯坦、吉尔吉斯斯坦、乌兹别克斯坦、塔吉克斯坦、哈萨克斯坦五国；在广义上的说法也包括阿富汗。关于"中亚"这一地理概念在学者中认识并不统一。此地区的居民多为突厥语民族，所以也有中亚学者称其为突厥斯坦。

中亚地区总体上呈现东南高、西北低的地理态势，该地区气候为典型的温带沙漠、草原的大陆性气候。中亚地区各种矿藏丰富，特别是哈萨克斯坦品种比较齐全，煤探明储量集中分布在卡拉干达、埃基巴、马斯图兹、图尔盖、日兰奇克、楚河、伊犁河大型煤田。此外，还有铁矿、锰矿、铜矿、钾盐等矿藏，其中铬铁矿探明储量仅次于南非、津巴布韦居世界第三。吉尔吉斯斯坦的有色金属、黑色金属特别是稀有金属汞、锑的储量可观。乌兹别克斯坦的矿产资源主要是铜矿、铅锌矿、钼矿、钨矿。

中亚是世界上石油和天然气资源蕴藏最丰富的地区之一，石油资源主要分布在里海东岸及湖底，此外费尔干纳的石油以及布哈拉和希瓦的天然气有比较丰富的储藏。石油、天然气储量最丰富的国家是土克曼斯坦和哈萨克斯坦。塔吉克斯坦和吉尔吉斯斯坦的水电资源丰富。

中亚地区的地形、地貌因素决定了它的人口分布及构成的特点。一是人口密度很小。2017年中亚五国共有人口7000多万人（见表1），每平方公里只有17.8人。二是人口分布极不均匀。在绿洲及大城市周围密集了大量人口，而卡拉库姆沙漠、克孜勒库姆沙漠及哈萨克斯坦中部的荒漠几乎渺无人烟。三是出生率和自然增长率高。中亚各国的出生率普遍在30‰以上，自然增长率在25‰左右。这一情况与世界最不发达国家的情况相似，与其经济发展程度不相适应。四是城市化有长足发展。目前的城市人口比1991年增长了4倍左右，城市比率由10%提升到40%左右其中哈萨克斯坦一些地区城市化水平最高。

表1　2017年中亚国家基本社会情况汇总

单位：万平方公里，万人

国家	面积	人口	国家	面积	人口
哈萨克斯坦	272.49	1803.76	土库曼斯坦	48.81	575.81
乌兹别克斯坦	44.74	3238.72	塔吉克斯坦	14.14	892.13
吉尔吉斯斯坦	19.99	620.15			

2. 中东欧地区

中东欧地区是一个地缘政治概念，泛指欧洲大陆地区以前受苏联控制的国家，如立陶宛、拉脱维亚、爱沙尼亚、乌克兰、白俄罗斯等国家，是近年来兴起的一种称呼。该地共有1.67亿人口（见表2）。

表2　2017年"渝新欧"沿线：中东欧国家基本社会情况汇总

单位：平方公里，万人

国家	面积	人口	国家	面积	人口
阿尔巴尼亚	27400	287.35	保加利亚	108560	707.60
爱沙尼亚	42390	131.55	波兰	306210	3797.58
白俄罗斯	202910	950.79	捷克	77230	1059.13

续表

国家	面积	人口	国家	面积	人口
克罗地亚	55960	412.57	斯洛伐克	48088	543.99
拉脱维亚	62190	194.07	斯洛文尼亚	20140	206.67
立陶宛	62675	282.77	乌克兰	579320	4483.12
罗马尼亚	230030	1958.65	匈牙利	90530	978.11
塞尔维亚	87460	702.23			

20 世纪 90 年代初，中东欧国家在政治上放弃了社会主义政治体制，向多党制的西方宪政民主体制靠拢；在经济上放弃了计划经济体制，选择了向市场经济体制转型。与此同时，为了摆脱苏联的势力范围以及东西方国家互抢的局面，中东欧国家几乎同时提出了"回归欧洲"，即加入欧盟的发展方向，以谋求在政治上和经济上与西方国家一体化。经过 10 多年的政治和经济转型后，波兰、匈牙利、捷克、斯洛伐克、斯洛文尼亚、爱沙尼亚、立陶宛、拉脱维亚等 8 国终于在 2004 年 5 月 1 日正式成为欧盟成员国；2007 年罗马尼亚、保加利亚两国也成功加入欧盟，欧盟完成了东扩的历史性一步，成为世界第一大区域一体化组织。

中东欧国家虽加盟入约，但左右为难，仍然处在大国阴影之下。欧盟（英、法、德、意、西等西欧大国）、美国和俄罗斯是对这一地区具有重要影响力的三方。美俄之间，因反导系统部署问题，中东欧国家夹在中间，左右为难；欧俄之间，因天然气过境问题，中东欧国家时时受到"断气"威胁；欧美之间，因黑牢问题、伊拉克战争上的分歧也使得这些"新欧洲"国家茫然不知所措。在此背景下，中东欧国家都秉承着左右逢源的心态进行国际活动。

3. 西欧地区

西欧是欧洲西部的一部分。西欧狭义上指欧洲西部濒临大西洋的地区和附近岛屿，包括英国、爱尔兰、荷兰、比利时、卢森堡、法国和摩纳哥等国。广义上还包括德国、意大利、奥地利、瑞士、西班牙、葡萄牙、瑞典、丹麦、挪威、冰岛、芬兰、希腊等欧洲发达资本主义国家。广义的西欧本区又可以分为北欧、西欧、中欧、南欧四部分。面积约 500 万平方公里，包括 30 多个国家，占欧洲的一半左右。

西欧是世界上人口最稠密的地区之一，99% 人口属欧罗巴人种，是人种比较单一的地区。民族主要有属日耳曼人的英格兰人、德意志人、荷兰人、瑞典人、丹麦人、挪威人、冰岛人、瑞士人、奥地利人等，属凯尔特人的爱尔兰人、苏格兰人、威尔士人等，属罗马人的意大利人、法兰西人、西班牙人、葡萄牙人、罗马尼亚人等，还有属乌拉尔人的芬兰人以及希腊人。与"渝新欧"沿线有关的西欧国家，合计有人口 1.8 亿人（见表 3）。

表 3 2017 年"渝新欧"沿线：西欧国家基本社会情况汇总

单位：万平方公里，万人

国家	面积	人口	国家	面积	人口
比利时	3.03	1137.21	法 国	54.76	6711.86
德 国	34.85	8269.50	荷 兰	3.37	1713.29
俄罗斯	1709.82	14449.50			

西欧以平原为主，平原波状起伏，气候温和湿润，海洋性特征显著，自西向东逐渐由海洋性向大陆性气候过渡。储存有煤、石油、天然气、铁、钾盐等矿产。重要海港有伦敦、利物浦（英），马赛（法），布鲁塞尔（比），鹿特丹和阿姆斯特丹（荷）等。有伦敦、巴黎、鹿特丹、安特卫普、布鲁塞尔、马赛等著名城市。除摩纳哥外，其余 6 国都是欧洲经济共同体成员国。

在"渝新欧"沿线还有一个横跨欧亚大陆的俄罗斯，该国有土地面积近 1700 万平方公里，1.44 亿人口，在世界上有着重要的影响力。

（二）经济环境

所谓经济环境是指构成企业生存和发展的社会经济状况和国家经济政策，是影响消费者购买能力和支出模式的因素，它包括收入的变化、消费者支出模式的变化等。本部分基于经济环境概念界定及数据可获得性，同时基

于篇幅限制，选择从国家 GDP 总量来对"渝新欧"沿线国家经济环境进行介绍。需要说明的是，GDP 总量数据以"GDP（2010 年不变价美元）"计算，所有数据均来自世界银行数据库。

1. "渝新欧"铁路穿越国家的经济环境分析

"渝新欧"铁路自重庆出发，到达新疆阿拉山口，进入哈萨克斯坦，再经过俄罗斯、白俄罗斯、波兰，最终抵达德国杜伊斯堡。"渝新欧"穿越国家具体指的就是中国、哈萨克斯坦、俄罗斯、白俄罗斯、波兰和德国等国家。

2007 年，"渝新欧" 6 个穿越国的总体经济状况差异较大。其中，中国 GDP 数据最高，为 3.55 万亿美元，紧随其后的是德国。排名第三、第四、第五和第六的分别是俄罗斯、波兰、哈萨克斯坦和白俄罗斯。2007 年，中国经济发展相对领先得益于国内食品、居住价格的上涨；白俄罗斯相对落后是由于政府对工农业长期投资不足，导致企业生产效率低下，国际竞争力不强。

2008 年，"渝新欧" 6 个穿越国家的经济发展出现了走势趋同的情况：总体呈现上升的趋势。同时，5 个国家的 GDP 总量仍旧存在较大差异，并且排名与 2007 年保持一致，即中国领先，其后依次是德国、俄罗斯、波兰、哈萨克斯坦和白俄罗斯。是年，引发世界经济动荡的因素持续存在，但推动全球经济发展的有利因素强于不利因素，世界经济呈现缓慢增长的态势。2008 年，第 29 届夏季奥林匹克运动会在北京举行，其产生的直接经济效益和间接经济效益推动了中国当年经济的发展。

2009 年，"渝新欧" 6 个穿越国的经济发展呈现不同的走势。其中，中国经济保持持续增长的态势，德国、俄罗斯、波兰、哈萨克斯坦和白俄罗斯均出现经济下滑的现象。在 2008 年全球金融危机爆发之后，世界经济步入深度调整期和转型发展期，许多国家的经济在 2009 年转为负增长，发展陷入衰退。面对国际金融危机，中国政府实施积极的财政政策和适度宽松的货币政策，全国人民共同攻坚克难，最终实现了国民经济稳中有升的良好局面。

就整体而言，"渝新欧"穿越国家的经济发展呈回升趋势。2010 年，国际金融危机对经济的影响减弱，全球经济走出低谷、缓慢复苏。包括俄罗斯、白俄罗斯和波兰在内的中东欧国家已经逐步摆脱全球经济危机的泥潭，走上经济缓慢增长的轨道。其中，波兰的GDP数据较上年增长了约8%，表现较为突出。

2011年，世界经济仍旧处于逐步复苏的状态，经济增速趋于缓慢。"渝新欧"6个穿越国的GDP数据较上年均有所增长，但就整体而言，大部分国家的经济处于缓慢上升期。在国际政治经济危机的笼罩下，俄罗斯突出重围，逆流而上，经济走强，这得益于俄罗斯加工业、建筑业以及农业的较快增长以及对国内消费的刺激。

2012年，在"渝新欧"6个穿越国家中，中国的GDP数据保持持续稳健发展的态势。俄罗斯、哈萨克斯坦和白俄罗斯的经济呈现"弱增长"的态势，德国和波兰的经济出现负增长。是年，世界经济持续温和复苏，但国际经济形势依旧复杂严峻。欧债危机使欧元区陷入经济衰退，德国和波兰由此受到波及。

2013年，"渝新欧"各穿越国家的GDP总量仍旧存在较大差异，但较上年均有所上升。近年来，六大穿越国的GDP总量排名保持不变，即中国稳居首位，其后分别是德国、俄罗斯、波兰、哈萨克斯坦和白俄罗斯。是年，国际金融市场持续波动，全球经济增速小幅回落。包括德国、波兰在内的欧元区国家艰难前行，逐步摆脱经济衰退的泥沼。

2014年，"渝新欧"六大穿越国家的经济发展呈现不同走势，中国持续稳健增长，德国、波兰和白俄罗斯小幅上升，俄罗斯和哈萨克斯坦有所下降。是年，全球经济增速疲软，部分国家金融危机加剧：在俄罗斯，货币贬值，油价下降，经济下滑；在哈萨克斯坦，油价的大幅下跌导致失业率陡增和居民收入锐减，最终使国民经济陷入困境。

2015年，全球经济增长乏力，各国在复苏之路上坎坷前行。除中国以外，"渝新欧"其他穿越国的GDP总量均较上年出现下降。是年，希腊债务危机、难民危机和恐怖袭击连番冲击欧洲，致使欧洲经济遭遇挫折，德国和波兰由此受到累及。2015年，俄罗斯经济陷入衰退。为了缓解经济发展颓

势，俄罗斯与白俄罗斯以及哈萨克斯坦成立欧亚经济联盟，共同增强对经济危机的抵抗能力。

2016 年，全球经济持续低迷。俄罗斯、波兰、哈萨克斯坦和白俄罗斯的 GDP 数据继续下降。继 2008 年全球金融危机之后，世界经济进入近十年的萧条期，各国发展之路崎岖不平。2011 年，"渝新欧"国际铁路联运大通道正式开通，这有助于"穿越国"的经贸合作，互通有无，最终实现共同发展。

2. "渝新欧"辐射国家经济环境分析

"渝新欧"辐射国家包括罗马尼亚、斯洛伐克、斯洛文尼亚、塞尔维亚、乌克兰、匈牙利、荷兰、捷克、克罗地亚、拉脱维亚、立陶宛、阿尔巴尼亚、爱沙尼亚、保加利亚、法国和比利时 16 个国家。

在 2007 年，法国经济发展情况远远高于其他辐射国家的经济发展，GDP 达到了 2.66 亿美元，高于第二名荷兰近 2 万亿美元。2007 年法国进行了第九届总统选举，选举尼古拉·萨科齐为法国新一届总统。法国作为世界经济大国之一，其经济发展状况一直名列前茅，在各辐射国家中起带领作用；荷兰的经济发展处于第二位，比利时为第三位，两个国家都属于经济发展快速且消费能力高的国家。其余国家按照 GDP 从高到低排序依次为捷克、罗马尼亚、乌克兰、匈牙利、斯洛伐克、克罗地亚、斯洛文尼亚、保加利亚、塞尔维亚、立陶宛、拉脱维亚、爱沙尼亚、阿尔巴尼亚。

2008 年，法国经济发展情况依然处于遥遥领先的地位，荷兰第二，比利时第三。法国 GDP 增长了 9.7%，达到 29234 亿美元；荷兰 GDP 增长 11.5%，达到 9362 亿美元；比利时 GDP 增长率为 10%，达到 5186 亿美元。其余国家的 GDP 增长率基本平均在 15% ~22%。其中经济增长最快的国家为乌克兰，从 2007 年的 1427 亿美元增长到 1799 亿美元，增幅达到了 26%。拉脱维亚、立陶宛、阿尔巴尼亚、爱沙尼亚等国际的 GDP 依然处于中下位置，增幅不大，发展较缓慢。

2009 年，依然是受经济危机影响的一年，所有辐射国家经济发展都收到了冲击，GDP 下滑了 10% ~20%。相比 2008 年，一直处于领先地位的法国 GDP 总值降低了 2296 亿美元，下降了 8%，荷兰 GDP 总值也下降了 783 亿美元。下滑幅度最少的国家为保加利亚，从 544 亿美元下降为 518 亿美元，下降幅度为 5%。其中下滑最多的国家为乌克兰，由 1799 亿美元下降为 1172 亿美元，下降幅度达 35%，乌克兰除了受到国际经济危机的影响，2008 年和 2009 年还受到内部政治、经济动荡的影响，导致其经济发展出现严重下滑。总的来说，2008 年的全球危机对各个国家的影响非常深远，对经济发展的影响十分重大，各个国家都需要时间和精力来进行复苏。

2010 年，经济危机的影响有所缓和，部分国家开始复苏，但还是有大部分国家的经济发展依然持续下滑，其中斯洛文尼亚、塞尔维亚、荷兰、克罗地亚、拉脱维亚、立陶宛、阿尔巴尼亚、爱沙尼亚、保加利亚、法国和比利时 11 个国家的 GDP 继续下滑。但是大部分国家下降速度比 2009 年有效放缓，基本能保持降幅在 2% 以内，如比利时、爱沙尼亚等国家下降降幅不超过 1%。而 GDP 有所增长的国家，其速度也是十分平缓，罗马尼亚 GDP 增长率为 0.3%，斯洛伐克增长率为 0.6%，乌克兰增长率为 16%，匈牙利增长率为 0.2%，捷克增长率为 0.6%。总体而言，各个辐射国家经济还在缓慢复苏当中。

2011 年，各国经济发展趋于平稳，各个辐射国家的 GDP 都得到了一定的增长，其中增幅比较明显的有乌克兰、捷克、爱沙尼亚、法国等国家。爱沙尼亚 GDP 增长率最高，为 18.9%；克罗地亚增长率最低，为 4.3%。经济发展一直排名第一的法国，在 2011 年 GDP 增长了 8%，达到了 2.86 万亿美元；第二名荷兰的 GDP 也实现了 6.9% 的增长，达到 8937 亿美元；比利时则增长了 9%，GDP 达到 5270 亿美元。以此可以看出，2011 年各国经济开始缓慢复苏。但是 2011 年以来，欧洲主权债务危机愈演愈烈。在债务危机与紧缩措施多重影响下，欧洲经济增速明显放缓，失业率居高不下，许多城市爆发示威游行。各经济体都将步入危机后的痛苦调整期，国内政策和国际协调都面临严峻的考验和挑战。

2012 年，也是经济动荡的一年，欧债危机大戏拉开帷幕。这一年，欧元区国家和银行面临的巨量债务到期，融资压力史无前例；债务危机和银行

业危机挤压下的欧洲经济将步履蹒跚，重建市场信心将更加困难。欧债危机的反复和蔓延严重影响了欧元区经济，也对其他经济体的"外需"造成较大冲击，全球经济发展明显减速。和2011年相比，大部分国家经济发展呈下降趋势，除乌克兰外，其余辐射国家GDP都下降了5%到10%，其中变化较小的国家有拉脱维亚，只下降了0.3%；爱沙尼亚，下降0.5%。可以看出，这些小国家虽然经济发展落后于法国、荷兰等大国，但发展比较稳定，不容易受到大的波动。GDP下降最多的国家为塞尔维亚，下降幅度达12.3%，经济波动比较明显。

2013年，世界经济开始缓慢复苏，欧元区经济走出衰退，但是复苏态势不稳，全球工业生产和贸易疲软，价格水平开始回落，国际金融市场持续波动，世界经济增速继续小幅回落。在经历了2012年"险象环生"的一年之后，16个辐射国家经济都有所上升，上升幅度基本在3%～11%，与国际平均经济增长率持平。GDP上升幅度最小的国家为捷克，仅有0.9%；上升幅度最大的国家为塞尔维亚，为11.7%。从2013年开始，各国经济逐渐步入正常，不存在太大的下行风险。

2014年，发达经济体经济运行分化加剧，发展中经济体增长放缓，全球经济维持低速增长，世界经济复苏依旧艰难曲折。在国际金融危机爆发的6年后，世界经济尚未完全摆脱危机阴霾，发达经济体走势不一，不少新兴经济体也面临增速下滑的挑战，世界经济复苏进程凹凸不平。在16个辐射国家中，大部分国家的经济保持了缓慢增长，只有萨尔维亚、乌克兰、捷克和克罗地亚4个国家的经济发展出现下降，GDP分别下降了2.9%、27.2%、0.7%和1.2%，其余国家都保持了1%～4%的GDP增长。乌克兰动荡幅度最大，作为欧洲经济发展较落后的国家，受经济危机的影响也十分巨大。

2015年，世界工业生产低速增长，贸易持续低迷，金融市场动荡加剧，大宗商品价格大幅下跌。发达国家经济复苏缓慢，新兴经济体增速进一步回落，世界经济整体复苏疲弱乏力，增长速度放缓。16个沿线辐射国家，受国际金融市场大幅动荡的影响，GDP又呈现下降的态势，下降了10%～15%，其中波动最大的国家依然是乌克兰，下滑幅度达31.8%，不到1000

亿美元，各国经济发展缓慢而曲折。以法国为首的欧洲经济大国，经济发展也受到了很大的影响，2015 年法国 GDP 下降了 14.6%，不到 2.5 万亿美元。

2016 年是国际金融危机爆发后的第 8 个年头，世界经济继续呈现温和复苏态势，国际贸易依然低迷，全球资本流动加剧，国际大宗商品价格有所回升。世界经济依然处于调整和易波动的阶段。2016 年，16 个沿线辐射国家 GDP 都有一定程度的上升，但上升幅度不大，为 1% ~ 6%，增长率最高的国家为保加利亚，增长率为 6%；增长率最低的国家为法国，仅有 1.3%，但法国依然是 16 个沿线辐射国家中 GDP 排名最高的国家。总体来说，各个国家经济发展在这一年较为稳定。持续推动改革创新、政策协调、增强中长期增长潜力仍是世界各国需要认真面对的问题。

3. "渝新欧"沿线国家经济环境分析

本部分将对"渝新欧"沿线 22 个国家进行经济环境综合分析，对比各个国家的经济发展现状，以得到对"渝新欧"沿线国家整体更加清晰的认知。

2007 年中国 GDP 增速最快，其次是德国，和中国差距不大，第三是法国。各国具体数据如下：阿尔巴尼亚 107 亿美元，白俄罗斯 453 亿美元，比利时 4718 亿美元，保加利亚 448 亿美元，克罗地亚 601 亿美元，捷克 1892 亿美元，爱沙尼亚 222 亿美元，法国 26631 亿美元，德国 34399 亿美元，匈牙利 1398 亿美元，哈萨克斯坦 1048 亿美元，拉脱维亚 309 亿美元，立陶宛 397 亿美元，荷兰 8394 亿美元，波兰 4292 亿美元，罗马尼亚 1715 亿美元，俄罗斯 12997 亿美元，塞尔维亚 402 亿美元，斯洛伐克 863 亿美元，斯洛文尼亚 481 亿美元，乌克兰 1427 亿美元，中国 35521 亿美元。虽然 2007 年美国房屋市场泡沫的破灭和当时的信贷危机导致全球金融市场的动荡，但发展中国家在这一年的发展较为强劲。

2008 年，各个国家经济都保持了平稳较快的发展，GDP 得到一定的提高。阿尔巴尼亚 128 亿美元，白俄罗斯 607 亿美元，比利时 5186 亿美元，保加利亚 544 亿美元，克罗地亚 704 亿美元，捷克 2357 亿美元，爱沙尼亚 241 亿美元，法国 29234 亿美元，德国 37523 亿美元，匈牙利 1579 亿美元，

哈萨克斯坦 1334 亿美元，拉脱维亚 356 亿美元，立陶宛 478 亿美元，荷兰 9362 亿美元，波兰 5338 亿美元，罗马尼亚 2081 亿美元，俄罗斯 16608 亿美元，塞尔维亚 492 亿美元，斯洛伐克 1003 亿美元，斯洛文尼亚 555 亿美元，乌克兰 1799 亿美元，中国 45982 亿美元。其中，中国增长幅度最大，增长了近 30%①。在经历了几次历史罕见的特大自然灾害以及美国金融危机带来的世界经济衰退的考验，中国的 GDP 依然在 22 个国家中居第一位，并拉大了与第二名德国的差距。

2009 年，各经济体受金融危机影响，经济发展都有一定程度的放缓以及下降。阿尔巴尼亚 CDP 为 120 亿美元，白俄罗斯 492 亿美元，比利时 4845 亿美元，保加利亚 518 亿美元，克罗地亚 627 亿美元，捷克 2061 亿美元，爱沙尼亚 196 亿美元，法国 26938 亿美元，德国 34180 亿美元，匈牙利 1306 亿美元，哈萨克斯坦 1153 亿美元，拉脱维亚 261 亿美元，立陶宛 374 亿美元，荷兰 8579 亿美元，波兰 4403 亿美元，罗马尼亚 1674 亿美元，俄罗斯 12226 亿美元，塞尔维亚 426 亿美元，斯洛伐克 889 亿美元，斯洛文尼亚 502 亿美元，乌克兰 1172 亿美元，中国 51099 亿美元。除中国外，所有国家 GDP 都比上年有所降低，国际金融危机开始从金融领域蔓延到实体经济。以中国为代表的新兴市场吸收的外国直接投资将首次超过发达国家，新兴市场吸引的外国直接投资占全球的份额也创历史新高。

2010 年，各国经济开始有复苏之势。阿尔巴尼亚 CDP 为 119 亿美元，白俄罗斯 572 亿美元，比利时 4835 亿美元，保加利亚 506 亿美元，克罗地亚 596 亿美元，捷克 2074 亿美元，爱沙尼亚 194 亿美元，法国 26468 亿美元，德国 34170 亿美元，匈牙利 1309 亿美元，哈萨克斯坦 1480 亿美元，拉脱维亚 237 亿美元，立陶宛 371 亿美元，荷兰 8363 亿美元，波兰 4792 亿美元，罗马尼亚 1679 亿美元，俄罗斯 15249 亿美元，塞尔维亚 394 亿美元，斯洛伐克 895 亿美元，斯洛文尼亚 480 亿美元，乌克兰 1360 亿美元，中国

---

① 2008 年人民币对美元平均汇率从 2007 年的 7.57 元下降到 6.94 元，故以美元计算的 GDP 出现大幅增加，若按人民币计算，增幅为 9.7%。

61006 亿美元。可以看出各国经济在政策刺激等短期因素的作用下开始走出衰退。中国发展稳定，有效巩固和扩大了应对国际金融危机冲击的成果，国民经济运行态势总体良好，和各国之间的 GDP 差距也进一步拉大。

2011 年各国经济持续复苏。阿尔巴尼亚 CDP 为 128 亿美元，白俄罗斯 617 亿美元，比利时 5270 亿美元，保加利亚 574 亿美元，克罗地亚 622 亿美元，捷克 2279 亿美元，爱沙尼亚 231 亿美元，法国 28626 亿美元，德国 37576 亿美元，匈牙利 1407 亿美元，哈萨克斯坦 1926 亿美元，拉脱维亚 282 亿美元，立陶宛 434 亿美元，荷兰 8937 亿美元，波兰 5287 亿美元，罗马尼亚 1853 亿美元，俄罗斯 20516 亿美元，塞尔维亚 464 亿美元，斯洛伐克 981 亿美元，斯洛文尼亚 512 亿美元，乌克兰 1631 亿美元，中国 75725 亿美元。在这一年，以法国、德国为代表的发达国家经济复苏明显乏力，新兴经济体增长态势则总体良好，在世界经济中的地位进一步提升，但经济增速也有所减缓。

2012 年各国经济较动荡。阿尔巴尼亚 CDP 为 123 亿美元，白俄罗斯 656 亿美元，比利时 4978 亿美元，保加利亚 539 亿美元，克罗地亚 564 亿美元，捷克 2073 亿美元，爱沙尼亚 230 亿美元，法国 26814 亿美元，德国 35439 亿美元，匈牙利 1278 亿美元，哈萨克斯坦 2080 亿美元，拉脱维亚 281 亿美元，立陶宛 428 亿美元，荷兰 8289 亿美元，波兰 5002 亿美元，罗马尼亚 1716 亿美元，俄罗斯 22102 亿美元，塞尔维亚 407 亿美元，斯洛伐克 934 亿美元，斯洛文尼亚 463 亿美元，乌克兰 1757 亿美元，中国 85605 亿美元。2012 年整体经济增长疲弱，增速放缓，欧债危机持续恶化，法国、德国等欧元区国家整体陷入衰退。其中俄罗斯 GDP 出现了较大幅度的增长，经济相对稳定，俄罗斯政府制定的保增长、抑通胀、减赤字任务基本完成。

2013 年，22 个国家 GDP 都有所增长。阿尔巴尼亚 127 亿美元，白俄罗斯 755 亿美元，比利时 5209 亿美元，保加利亚 557 亿美元，克罗地亚 577 亿美元，捷克 2094 亿美元，爱沙尼亚 251 亿美元，法国 28085 亿美元，德国 37525 亿美元，匈牙利 1352 亿美元，哈萨克斯坦 2366 亿美元，拉脱维亚 303 亿美元，立陶宛 464 亿美元，荷兰 8666 亿美元，波兰 5242 亿美元，罗

马尼亚 1915 亿美元，俄罗斯 22971 亿美元，塞尔维亚 455 亿美元，斯洛伐克 984 亿美元，斯洛文尼亚 481 亿美元，乌克兰 1833 亿美元，中国 96072 亿美元。中国和其余国家的差距在这几年持续拉大，国内发展虽困难重重，但也保持了一定的稳定。发达国家增长动力略有增强，各国经济复苏加快，发达国家和发展中国家之间的增速差距进一步缩窄。

2014 年，各国经济增长依然缓慢。阿尔巴尼亚 CDP 为 132 亿美元，白俄罗斯 788 亿美元，比利时 5310 亿美元，保加利亚 567 亿美元，克罗地亚 570 亿美元，捷克 2078 亿美元，爱沙尼亚 262 亿美元，法国 28493 亿美元，德国 38906 亿美元，匈牙利 1401 亿美元，哈萨克斯坦 2214 亿美元，拉脱维亚 314 亿美元，立陶宛 485 亿美元，荷兰 8796 亿美元，波兰 5450 亿美元，罗马尼亚 1994 亿美元，俄罗斯 20636 亿美元，萨尔维亚 442 亿美元，斯洛伐克 1009 亿美元，斯洛文尼亚 499 亿美元，乌克兰 1335 亿美元，中国 104823 亿美元。2014 年各国的经济复苏基本得以巩固，总体水平比较稳定。但俄罗斯经济出现明显下降，国内货币的极速贬值使得俄罗斯经济增长放缓。此次经济衰退一个重要因素与原油有关，原油是俄罗斯一大重要出口产品，其价格在 2014 年几乎下降了一半。

2015 年，各国经济继续处于缓慢增长轨道。阿尔巴尼亚 CDP 为 113 亿美元，白俄罗斯 564 亿美元，比利时 4552 亿美元，保加利亚 502 亿美元，克罗地亚 489 亿美元，捷克 1868 亿美元，爱沙尼亚 225 亿美元，法国 24335 亿美元，德国 33756 亿美元，匈牙利 1228 亿美元，哈萨克斯坦 1843 亿美元，拉脱维亚 270 亿美元，立陶宛 414 亿美元，荷兰 7579 亿美元，波兰 4772 亿美元，罗马尼亚 1779 亿美元，俄罗斯 13658 亿美元，塞尔维亚 371 亿美元，斯洛伐克 875 亿美元，斯洛文尼亚 430 亿美元，乌克兰 910 亿美元，中国 110646 亿美元。俄罗斯因国内经济危机爆发，2015 年 GDP 持续下降，中国以及法国、德国等发达国家经济增长放缓，与其余发展中国家差距加大，发展情况出现了明显分化。

2016 年，世界经济增长形势依然不容乐观。阿尔巴尼亚 CDP 为 118 亿美元，白俄罗斯 474 亿美元，比利时 4679 亿美元，保加利亚 532 亿美元，克罗地亚 507 亿美元，捷克 1954 亿美元，爱沙尼亚 233 亿美元，法国 24654 亿美元，德国 34777 亿美元，匈牙利 1258 亿美元，哈萨克斯坦 1372 亿美元，拉脱维亚 275 亿美元，立陶宛 427 亿美元，荷兰 7772 亿美元，波兰 4713 亿美元，罗马尼亚 1875 亿美元，俄罗斯 12831 亿美元，塞尔维亚 382 亿美元，斯洛伐克 897 亿美元，斯洛文尼亚 447 亿美元，乌克兰 932 亿美元，中国 111991 亿美元。2016 年，各国经济仍处于危机后的深度调整阶段，总体增长乏力。中国已经遥遥领先于其他各个国家，成为"渝新欧"铁路沿线国家中发展最快最稳定的国家。

（三）交通物流现状简介

本部分将从"投入—产出"视角，对"渝新欧"沿线 22 个国家的交通物流发展现状进行全面深入、科学的比较分析和评价，从中找出各个国家交通物流发展的差异，为后续研究提供理论基础。基于投入视角是从国家交通物流投入的行业从业人员人数、行业固定资产投资额占比、行业能源投入、公路密度、铁路密度、航空出港量、港口基础设施建设质量、出口所需文件数、进口所需文件数等指标进行现状比较分析，产出视角则是从国家交通物流产出的出口周转时间、进口周转时间、货柜码头吞吐量、铁路货运量、航空货运量、公路货运量，交通运输、仓储及通信产值等指标进行现状比较分析。

1. "渝新欧"穿越国家交通物流现状分析

（1）投入视角

①行业从业人员人数基本情况。

从业人员是指在某单位工作并取得劳动报酬的人员总数，但不包括离开本单位仍保留劳动关系的人员。2007 年，"渝新欧"穿越国的行业从业人员人数存在较大差异：俄罗斯和中国远远领先于其他国家，其次是德国，排在后三位的分别是波兰、哈萨克斯坦和白俄罗斯。

2008 年，"渝新欧"六大穿越国行业从业人员人数的排名同上年保持不变。是年，白俄罗斯的行业从业人员人数仍旧排在最后一位，这与其人口、

GDP 和就业岗位相关。例如，白俄罗斯的人口为 953 万人，GDP 为 607 亿美元。长久以来，白俄罗斯的就业岗位较少，失业率较高，政府为了增加就业率征收相应的失业税。

2009 年，"渝新欧"六大穿越国行业从业人员人数的排名同上年保持不变。是年，俄罗斯和中国的行业从业人员人数仍旧遥遥领先，这与中俄两国的人口、GDP 和就业岗位关系甚密。在"渝新欧"六大穿越国中，唯有中俄两国的人口为上亿人；是年，中俄两国的 GDP 在穿越国中处于领先地位；在就业岗位方面，中俄两国一直致力于创造数量更多、质量更好的就业岗位。

2010 年，"渝新欧"各穿越国的行业从业人员人数较上年有所变化：德国、波兰、俄罗斯和中国有所下降，白俄罗斯和哈萨克斯坦有所上升。是年，世界经济逐渐复苏，许多国家逐渐摆脱经济危机的泥潭，白俄罗斯 GDP 同比增长了 7.6%，哈萨克斯坦 GDP 同比增长了 7%。两国经济的好转有利于国内就业岗位的增加以及从业人员人数的增加。

2011 年，"渝新欧"各穿越国行业从业人员人数排名同上年保持一致，由高到低为俄罗斯、中国、德国、波兰、哈萨克斯坦、白俄罗斯。2007~2011 年，白俄罗斯、德国、哈萨克斯坦、俄罗斯和中国的行业从业人员人数呈现波动上升的趋势，波兰的行业从业人员人数呈现波动下滑的趋势。五年间，各国的行业从业人员人数上升和下滑的幅度较小，保持在比较稳定的格局。

2012 年，全球经济持续温和复苏，呈现"弱增长"的趋势。各国的国民经济好转、产业结构调整、新兴产业发展、人口结构变化都促进了就业市场的回暖。是年，"渝新欧"六大穿越国的行业从业人员人数较上年均有所上升。

2013 年，"渝新欧"六大穿越国的行业从业人员人数较上年均有所变化，白俄罗斯、德国和哈萨克斯坦有所下降，波兰和俄罗斯小幅上升，中国大幅上升。是年，在"渝新欧"六大穿越国中，中国的 GDP 排名首位。良好的经济发展局面以及政府积极的就业政策促进了中国行业从业人员人数的大幅增长。

2014 年,"渝新欧"六大穿越国中,白俄罗斯和波兰的行业从业人员人数较上年有所下降,其余国家均有小幅上升。是年,世界经济仍旧在艰难曲折中缓慢复苏,全球劳动力市场处于不均衡的疲软状态。各国颁布相关政策刺激国内经济和劳动力市场,确保就业形势持续健康发展。

2015 年,金融危机余波未散,世界经济增长持续疲软,全球劳动力市场形势严峻。是年,"渝新欧"六大穿越国的人员就业情况跟上年基本保持一致。各国政府采取相应措施促进经济的增长,设置更多的就业岗位,但经济增长乏力,暂时无法修复劳动力市场长期的失衡状态。

2007~2016 年,有关行业从业人员人数,白俄罗斯、哈萨克斯坦、波兰和俄罗斯呈现小幅上升的趋势,德国呈现小幅下降的趋势,中国呈现大幅上升的趋势。长久以来,就业率与经济发展息息相关。2008 年全球金融危机的影响持续数年,一度让世界经济陷入困境,让劳动力市场持续疲软。10 年间,"渝新欧"大多数穿越国的从业人员人数呈现有限增长的趋势;2015 年,德国受到难民危机和恐怖袭击的累及,为其从业人员人数不升反降布下了阴影;在国际劳动力市场遭遇危机的大背景下,中国政府坚持市场调节就业、政策促进就业和鼓励创新创业等方针,确保了中国就业市场的持续健康发展。

②行业固定资产投资额占全社会固定资产投资的比重。

"渝新欧"穿越国家行业固定资产投资额占全社会固定资产投资的比重。2007 年,白俄罗斯为 13.89%、德国为 3.74%、哈萨克斯坦为 22.96%、波兰为 7.65%、俄罗斯为 13.67%、中国为 5.24%;2008 年,白俄罗斯为 11.85%、德国为 4.00%、哈萨克斯坦为 21.35%、波兰为 7.27%、俄罗斯为 13.84%、中国为 5.33%;2009 年,白俄罗斯为 11.51%、德国为 4.12%、哈萨克斯坦为 22.73%、波兰为 5.78%、俄罗斯为 11.39%、中国为 7.15%;2010 年,白俄罗斯为 9.85%、德国为 4.01%、哈萨克斯坦为 22.12%、波兰为 6.67%、俄罗斯为 12.66%、中国为 7.28%;2011 年,白俄罗斯为 10.23%、德国为 4.45%、哈萨克斯坦为 23.50%、波兰为 6.32%、俄罗斯为 10.75%、中国为 5.78%;2012 年,白

俄罗斯为 11.51%、德国为 4.79%、哈萨克斯坦为 25.54%、波兰为 6.63%、俄罗斯为 11.29%、中国为 5.82%；2013 年，白俄罗斯为 11.55%、德国为 4.95%、哈萨克斯坦为 19.04%、波兰为 6.51%、俄罗斯为 10.75%、中国为 6.18%；2014 年，白俄罗斯为 12.52%、德国为 4.82%、哈萨克斯坦为 19.42%、波兰为 6.78%、俄罗斯为 10.47%、中国为 6.71%；2015 年，白俄罗斯为 11.14%、德国为 4.71%、哈萨克斯坦为 23.36%、波兰为 7.09%、俄罗斯为 8.01%、中国为 7.14%；2016 年，白俄罗斯为 11.06%、德国为 4.6%、哈萨克斯坦为 15.75%、波兰为 7.40%、俄罗斯为 6.75%、中国为 7.24%。

③行业能源投入。

"渝新欧"穿越国家行业能源投入。2007 年，白俄罗斯为 333.8 万吨、德国为 5428.4 万吨、哈萨克斯坦为 448.6 万吨、波兰为 1469.5 万吨、俄罗斯 9250.5 万吨、中国为 16531.4 万吨；2008 年，白俄罗斯为 376.1 万吨、德国为 5349.3 万吨、哈萨克斯坦为 499.3 万吨、波兰为 1564.8 万吨、俄罗斯为 9719.9 万吨、中国为 18028.6 万吨；2009 年，白俄罗斯为 364.1 万吨、德国为 5257.0 万吨、哈萨克斯坦为 447.5 万吨、波兰为 1592.3 万吨、俄罗斯为 8961.4 万吨、中国为 18541.8 万吨；2010 年，白俄罗斯为 384.0 万吨、德国为 5316.1 万吨、哈萨克斯坦为 475.1 万吨、波兰为 1693.6 万吨、俄罗斯为 9648.5 万吨、中国为 20499.9 万吨；2011 年，白俄罗斯为 393.9 万吨、德国为 5364.7 万吨、哈萨克斯坦为 493.3 万吨、波兰为 1715.4 万吨、俄罗斯为 9841.3 万吨、中国为 22483.6 万吨；2012 年，白俄罗斯为 406.0 万吨、德国为 5324.0 万吨、哈萨克斯坦为 523.8 万吨、波兰为 1643.8 万吨、俄罗斯为 9362.3 万吨、中国为 24746.9 万吨；2013 年，白俄罗斯为 433.9 万吨、德国为 5422.2 万吨、哈萨克斯坦为 493.5 万吨、波兰为 1551.8 万吨、俄罗斯为 9384.7 万吨、中国为 26755.8 万吨；2014 年，白俄罗斯为 411.2 万吨、德国为 5499.8 万吨、哈萨克斯坦为 488.3 万吨、波兰为 1563.9 万吨、俄罗斯为 9474.7 万吨、中国为 27842.4 万吨；2015 年，白俄罗斯为 367.4 万吨、德国为 5569.3 万吨、哈萨克斯坦为 534.9 万吨、波兰为 1658.6 万吨、俄罗斯为9386.6万吨、中国为29859.6万吨；2016年，"渝新欧"穿越国家行业能源投入波动幅度不大，中国仍然排名第一，俄罗斯排名第二，德国排名第三，波兰排名第四，哈萨克斯坦排名第五，白俄罗斯排名第六。

④公路密度

"渝新欧"穿越国家公路密度（每平方公里内公路公里数）。2007年，白俄罗斯为0.47、德国为1.85、哈萨克斯坦为0.03、波兰为1.38、俄罗斯为0.06、中国为0.39；2008年与2007年相同，白俄罗斯为0.47、德国为1.85、哈萨克斯坦为0.03、波兰为1.38、俄罗斯为0.06、中国为0.39；2009年，白俄罗斯为0.47、德国为1.85、哈萨克斯坦为0.03、波兰为1.38、俄罗斯为0.06、中国为0.40；2010年，白俄罗斯为0.47、德国为1.85、哈萨克斯坦为0.03、波兰为1.38、俄罗斯为0.06、中国为0.40；2011年，白俄罗斯为0.47、德国为1.85、哈萨克斯坦为0.03、波兰为1.38、俄罗斯为0.06、中国为0.43；2012年，白俄罗斯为0.47、德国为1.85、哈萨克斯坦为0.03、波兰为1.38、俄罗斯为0.06、中国为0.44；2013年，白俄罗斯为0.47、德国为1.85、哈萨克斯坦为0.03、波兰为1.38、俄罗斯为0.06、中国为0.46；2014年，白俄罗斯为0.47、德国为1.85、哈萨克斯坦为0.03、波兰为1.38、俄罗斯为0.06、中国为0.47；2015年，白俄罗斯为0.47、德国为1.85、哈萨克斯坦为0.03、波兰为1.38、俄罗斯为0.06、中国为0.48；2016年，白俄罗斯为0.47、德国为1.85、哈萨克斯坦为0.03、波兰为1.38、俄罗斯为0.06、中国为0.49。

⑤铁路密度

"渝新欧"穿越国家铁路密度（每平方公里内铁路公里数）。2007年，白俄罗斯为0.0265、德国为0.0949、哈萨克斯坦为0.0052、波兰为0.0621、俄罗斯为0.0049、中国为0.0067；2008年，白俄罗斯为0.0264、德国为0.0948、哈萨克斯坦为0.0052、波兰为0.0628、俄罗斯为0.0049、中国为0.0064；2009年，白俄罗斯为0.0265、德国为0.0944、哈萨克斯坦为0.0052、波兰为0.0632、俄罗斯为0.0050、中国为0.0068；2010年，白俄罗斯为0.0265、德国为0.0944、哈萨克斯坦为0.0052、波兰为0.0630、

俄罗斯为 0.0050、中国为 0.0069；2011 年，白俄罗斯为 0.0264、德国为 0.0940、哈萨克斯坦为 0.0052、波兰为 0.0631、俄罗斯为 0.0050、中国为 0.0069；2012 年，白俄罗斯为 0.0263、德国为 0.0938、哈萨克斯坦为 0.0053、波兰为 0.0627、俄罗斯为 0.0049、中国为 0.0069；2013 年，白俄罗斯为 0.0263、德国为 0.0936、哈萨克斯坦为 0.0054、波兰为 0.0606、俄罗斯为 0.0050、中国为 0.0070；2014 年，白俄罗斯为 0.0263、德国为 0.0935、哈萨克斯坦为 0.0054、波兰为 0.0606、俄罗斯为 0.0050、中国为 0.0070；2015 年，白俄罗斯为 0.0263、德国为 0.0933、哈萨克斯坦为 0.0054、波兰为 0.0592、俄罗斯为 0.0050、中国为 0.0070；2016 年，白俄罗斯为 0.0263、德国为 0.0934、哈萨克斯坦为 0.0057、波兰为 0.0589、俄罗斯为 0.0050、中国为 0.0070。

⑥航空出港量

"渝新欧"穿越国家航空出港量。2007 年，白俄罗斯为 6210 万次、德国为 1126699 万次、哈萨克斯坦为 19138 万次、波兰为 89289 万次、俄罗斯为 467670 万次、中国为 1753550 万次；2008 年，白俄罗斯为 6371 万次、德国为 1154472 万次、哈萨克斯坦为 19229 万次、波兰为 90031 万次、俄罗斯为 522577 万次、中国为 1853088 万次；2009 年，白俄罗斯为 5868 万次、德国为 1080553 万次、哈萨克斯坦为 18832 万次、波兰为 83053 万次、俄罗斯为 475261 万次、中国为 2140124 万次；2010 年，白俄罗斯为 12101 万次、德国为 971803 万次、哈萨克斯坦为 33483 万次、波兰为 82630 万次、俄罗斯为 523759 万次、中国为 2377789 万次；2011 年，白俄罗斯为 14378 万次、德国为 1021899 万次、哈萨克斯坦为 40916 万次、波兰为 82052 万次、俄罗斯为 596042 万次、中国为 2538667 万次；2012 年，白俄罗斯为 14608 万次、德国为 985668 万次、哈萨克斯坦为 44580 万次、波兰为 81194 万次、俄罗斯为 636748 万次、中国为 2779741 万次；2013 年，白俄罗斯为 17820 万次、德国为 954874 万次、哈萨克斯坦为 66108 万次、波兰为 83336 万次、俄罗斯为 678071 万次、中国为 3073450 万次；2014 年，白俄罗斯为 21168 万次、德国为 946082 万次、哈萨克斯坦为 71220 万次、波兰为 77094 万次、俄罗

斯为 747804 万次、中国为 3356756 万次；2015 年，白俄罗斯为 22939 万次、
德国为 975472 万次、哈萨克斯坦为 72485 万次、波兰为 68326 万次、俄罗
斯为 767043 万次、中国为 3616026 万次；2016 年，白俄罗斯为 26857 万次、
德国为 1016649 万次、哈萨克斯坦为 73187 万次、波兰为 82596 万次、俄罗
斯为 746446 万次、中国为 3952098 万次。

⑦港口基础设施建设质量

"渝新欧"穿越国家港口基础设施建设质量（值 1~7，表示从欠发达到
十分发达高效）。2007 年，白俄罗斯为 0、德国为 6.53、哈萨克斯坦为
3.29、波兰为 3.20、俄罗斯为 3.69、中国为 3.98；2008 年，白俄罗斯为 0、
德国为 6.42、哈萨克斯坦为 3.15、波兰为 2.62、俄罗斯为 3.75、中国为
4.32；2009 年，白俄罗斯为 0、德国为 6.38、哈萨克斯坦为 3.03、波兰为
2.82、俄罗斯为 3.55、中国为 4.28；2010 年，白俄罗斯为 0、德国为 6.39、
哈萨克斯坦为 3.33、波兰为 3.26、俄罗斯为 3.66、中国为 4.32；2011 年，
白俄罗斯为 0、德国为 6.10、哈萨克斯坦为 3.60、波兰为 3.40、俄罗斯为
3.70、中国为 4.50；2012 年，白俄罗斯为 0、德国为 6.00、哈萨克斯坦为
3.40、波兰为 3.50、俄罗斯为 3.70、中国为 4.40；2013 年，白俄罗斯为 0、
德国为 5.80、哈萨克斯坦为 2.70、波兰为 3.70、俄罗斯为 3.90、中国为
4.50；2014 年，白俄罗斯为 0、德国为 5.70、哈萨克斯坦为 2.70、波兰为
4.00、俄罗斯为 3.90、中国为 4.60；2015 年，白俄罗斯为 0、德国为 5.61、
哈萨克斯坦为 2.91、波兰为 4.02、俄罗斯为 3.94、中国为 4.55；2016 年，
白俄罗斯为 0、德国为 5.60、哈萨克斯坦为 2.90、波兰为 4.00、俄罗斯为
3.90、中国为 4.50。

⑧出口所需文件数

2007~2009 年，"渝新欧"穿越国家平均每批次出口所需文件数相同，
分别为白俄罗斯 8 份、德国 4 份、哈萨克斯坦 11 份、波兰 5 份、俄罗斯 10
份、中国 4.4 份。

2010 年"渝新欧"穿越国家平均每批次出口所需文件数与前几年有些
许变化，分别为白俄罗斯 8 份、德国 4 份、哈萨克斯坦 10 份、波兰 5 份、

俄罗斯 10 份、中国 4.4 份。

2011～2016 年"渝新欧"穿越国家平均每批次出口所需文件数相同，分别为白俄罗斯 8 份、德国 4 份、哈萨克斯坦 10 份、波兰 5 份、俄罗斯 9 份、中国 4.4 份。

⑨进口所需文件数

2007 年和 2008 年"渝新欧"穿越国家平均每批次进口所需文件数相同，分别为白俄罗斯 10 份、德国 4 份、哈萨克斯坦 13 份、波兰 4 份、俄罗斯 12 份、中国 3.3 份，中国进口所需文件数出现下降。

2009 年"渝新欧"穿越国家平均每批次进口所需文件数与以前有所变化，分别为白俄罗斯 10 份、德国 4 份、哈萨克斯坦 13 份、波兰 4 份、俄罗斯 12 份、中国 2.8 份，其中中国进口所需文件数量进一步下降了。

2010 年"渝新欧"穿越国家平均每批次进口所需文件数与以前有所变化，分别为白俄罗斯 10 份、德国 4 份、哈萨克斯坦 12 份、波兰 4 份、俄罗斯 12 份、中国 2.8 份，其中哈萨克斯坦进口所需文件数量有所下降。

2011 年和 2012 年"渝新欧"穿越国家平均每批次进口所需文件数相同，分别为白俄罗斯 10 份、德国 4 份、哈萨克斯坦 12 份、波兰 4 份、俄罗斯 11 份、中国 2.8 份，其中俄罗斯进口所需文件数下降。

2013～2016 年"渝新欧"穿越国家平均每批次进口所需文件数相同，分别为白俄罗斯 10 份、德国 4 份、哈萨克斯坦 12 份、波兰 4 份、俄罗斯 10 份、中国 2.8 份，其中俄罗斯进口所需文件数量进一步下降。

（2）产出视角

①出口周转时间

出口周转时间是指从发货点到装货港的中值时间（即装运所需时间的 50%）。出口周转时间越短，货物出口效率越高；出口周转时间越长，货物出口效率越低。

2007 年，白俄罗斯的出口周转时间为 2 天，德国为 2.3 天，中国为 2.6 天，哈萨克斯坦和俄罗斯均为 2.8 天，波兰为 3 天。各国的出口周转时间差异不大，货物出口效率较高。

2008 年，"渝新欧"穿越国家的出口周转时间同上年保持一致。按照出口周转时间排序，由长到短分别是波兰、俄罗斯、哈萨克斯坦、中国、德国、白俄罗斯。根据欧盟和欧洲自由贸易联盟的惯例，波兰长期使用联合海关程序。执行该程序时，只需要一个报关单就可以跟周边国家完成货物周转，大大地提高了出口货物的效率。

2009 年，"渝新欧"穿越国家的出口周转时间跟前两年保持一致，各国的数据差异不大。长久以来，出口导向性经济在"渝新欧"穿越国家中，中国为最大的出口国，保持在高水平。波兰跟德国同属欧盟国家，其货物出口效率较高。波兰长期向中国出口金融矿产和工业设备等产品，是中国在欧洲中部最大的贸易合作伙伴之一。

2010 年，"渝新欧"穿越国家的出口周转时间相较上年有所变化。白俄罗斯保持不变，德国、波兰、俄罗斯和中国均有所上升，哈萨克斯坦有所下降。2010 年，哈萨克斯坦对外贸易呈现恢复性增长态势。是年，哈萨克斯坦仍旧以出口能源资源和矿产资源为主，其出口贸易总额同比增长 37.1%。出口贸易总额的提升将促进货物出口效率的提升以及出口周转时间的缩短。

2011 年的数据跟 2010 年保持一致。按照出口周转时间排序，由长到短依次是俄罗斯、德国、波兰、中国、白俄罗斯和哈萨克斯坦（白俄罗斯和哈萨克斯坦并列第五）。历年来，中国的出口总值稳中有升。2011 年 3 月 19 日，"渝新欧"国际铁路联运大通道正式开通。"渝新欧"将中国的货物运送到穿越国家和沿线国家，其出口周转效率保持在较高水平。

2012 年，"渝新欧"穿越国家的出口周转时间有所变化：波兰和中国有所上升，德国和俄罗斯有所下降，白俄罗斯和哈萨克斯坦保持不变。2007 ～ 2012 年，白俄罗斯的出口周转时间没有变化，货物出口效率保持在较高水平。长期以来，白俄罗斯不断提高产品质量、提升品牌形象、扩大出口规模，致力于发展出口导向型经济。

2013 年和 2012 年，"渝新欧"穿越国家的出口周转时间保持一致。德国和波兰同属欧盟国家，德国的出口周转时间为 1 天，波兰的出口周转时间为 4 天，德国的货物出口效率较高。2013 年，德国实现连续数年对外贸易

盈余，成为世界上最大的出口国之一。长久以来，波兰虽然视对外贸易为重要的发展要素，但其出口贸易额在世界贸易总额中一直占比不高。

2014年，"渝新欧"穿越国家的出口周转时间较前两年有所变化：白俄罗斯、德国和俄罗斯保持不变，哈萨克斯坦有所上升，中国和波兰有所下降。其中，波兰的下降幅度较大。是年，波兰贸易出口额为2166.7亿美元，比上年同期增长5.6%。贸易出口额的上升促进了波兰出口效率的提高，出口周转时间的缩短。

2015年，按照"渝新欧"穿越国家的出口周转时间排序，由长到短，哈萨克斯坦排在首位，白俄罗斯、俄罗斯和中国并列第二，德国和波兰并列第三。2015年，全球贸易额下降了13.8%，经历了全球金融危机之后的首次滑铁卢。在全球经济持续低迷的大背景下，中国本年的对外贸易也有下滑趋势，其中每月出口额的增速出现负增长的现象。

2016年，波兰的出口周转时间为1天，白俄罗斯为2天，德国、哈萨克斯坦和中国均为3天，俄罗斯为5天。中国和哈萨克斯坦同属亚洲国家。2007~2016年，中哈两国的出口周转时间都相对稳定。俄罗斯和白俄罗斯均属东欧国家。10年来，就出口周转时间而言，俄罗斯的起伏较为明显，白俄罗斯较为稳定。德国和波兰同属欧盟国家，2007~2016年，两国的出口周转时间起伏较大，货物出口效率不稳定。

②进口周转时间

货物进口周转时间是指从卸货港到收货人的中值时间（即装运所需时间的50%）。货物进口周转时间越短，货物进口效率越高；货物进口周转时间越长，货物进口效率越低。

2007年，德国货物进口周转时间为2.4天，白俄罗斯、波兰和俄罗斯均为3天，中国为3.8天，哈萨克斯坦为11.5天。各国的货物进口周转时间有所差异，大多数"渝新欧"穿越国家的货物进口效率较高。

2008年，"渝新欧"穿越国家的货物进口周转时间同上年保持不变。按照货物进口周转时间排序，由长到短分别是：哈萨克斯坦排在首位，中国排在第二位，白俄罗斯、波兰和俄罗斯并列排在第三位，德国排在末位。长久以来，德国的国民经济实力雄踞世界前列，究其原因，其繁荣的科学教育事业、坚实的物质技术基础、长远的经济发展方针和灵活的对外贸易政策都发挥了重要作用。德国政府始终积极发展对外贸易，这有利于德国货物进口效率提高和货物进口周转时间缩短。

2009年，哈萨克斯坦的货物进口周转时间跟其他"渝新欧"穿越国家的数据差距较大，哈萨克斯坦的货物进口周转时间较长，货物进口效率较低。是年，哈萨克斯坦对外贸易总额下降了34.4%。其中，进口总额同比下降25%，进口总额的大幅下滑不利于其货物进口周转时间的缩短以及货物进口效率的提高。

2010年，德国、俄罗斯和中国的货物进口总额均有所上升，德国进口总额增长20.0%，俄罗斯进口总额增长36.2%，中国进口总额增长38.7%。进口总额的上升有利于货物进口效率的提高和货物进口周转时间的缩短。是年，三国进口贸易的发展得益于全球经济的持续性复苏以及全球贸易自由化、多边化的全面推进。

2007～2011年，波兰的进口周转时间一直保持在比较平稳的水平。2011年，波兰的进口总额持续增长，贸易逆差同比扩大。是年，波兰的主要贸易伙伴为欧盟成员，中国仍然是波兰第三大进口来源国，波兰加大了与发展中国家的贸易比重。

2012年，"渝新欧"各穿越国家的进口周转时间有所变化，俄罗斯和中国有所上升，波兰有所下降，白俄罗斯、德国和哈萨克斯坦保持不变。是年，哈萨克斯坦进口周转时间跟其他五国仍旧保持较大的差距。

2013年，哈萨克斯坦进口周转时间有较大幅度的下降，由上年的11.5天变为本年度的3天。哈萨克斯坦进口周转时间下降得益于其进口贸易总额的增长。2013年上半年，哈萨克斯坦的进口总额达到227亿美元，同比增长9.4%。其主要进口贸易国分别是俄罗斯、中国和乌克兰。

2014年，除了中国，其他"渝新欧"穿越国家的进口周转时间都同上年保持一致。是年，中国进出口总额居世界第一位，进口同比增长0.4%。长久以来，中国不断优化进口结构，提升消费水平，加大开放力度，这都有

利于货物进口效率的提升和货物进口周转时间的缩短。

2015 年，"渝新欧"各穿越国家的进口周转时间较上年产生了变化：波兰有所下降，德国和俄罗斯有所上升，白俄罗斯、哈萨克斯坦和中国保持不变。是年，俄罗斯的进口周转时间大幅上升，这与其进口贸易的情况息息相关。2015 年，俄罗斯国民经济衰退，外部环境恶化。"内忧外患"的严峻形势冲击了俄罗斯的对外贸易，其进口总额同比下降了 36.7%。

2016 年，中国的进口周转时间较上年有所上升，其余"渝新欧"穿越国的进口周转时间保持不变。是年，俄罗斯和中国的进口周转时间数值较高，这与两国的对外贸易格局关系其密。2016 年，全球贸易不景气，中国对外贸易总额同比下降 0.9%，俄罗斯下降 11.2%。两国对外贸易总额的下滑将不利于货物进口效率的提升以及进口周转时间的缩短。

③货柜码头吞吐量

货柜码头吞吐量是指经由水运输出、输入港口，并经过装卸的货物总量，其计量单位为"标准箱（TEU）"。货柜码头吞吐量是港口经济活动的重要评价指标。

2007 年，在货柜码头吞吐量方面，"渝新欧"各穿越国家的差异较大，中国遥遥领先，排在第二位、第三位和第四位的分别是德国、俄罗斯和波兰。白俄罗斯和哈萨克斯坦暂无数据。长久以来，中国有较大规模的内河运输和海上运输。2007 年，上海港吞吐量已达到 5.31 亿吨。白俄罗斯和哈萨克斯坦都是内陆国家。白俄罗斯的国际运输采取多式联运：多式联运是先海运到立陶宛，再以公路运输到明斯克等城市。哈萨克斯坦的里海运输主要有三个港口，即阿克套港、包季诺港和库雷克港。

2008 年，中国、德国、俄罗斯和波兰的货柜码头吞吐量均有所上升。是年，世界海运贸易持续增长，但是受全球金融危机的影响，其增速有所放缓。2008 年上半年，中国航运市场保持上升态势；下半年，因受世界金融危机的波及，中国航运市场面临危机与挑战。

2009 年，中国、德国、俄罗斯和波兰的货柜码头吞吐量均有所下降。是年，受全球金融危机的持续影响，世界经济呈现下滑趋势，航运市场呈现萧条景象。2009 年上半年，全球港口吞吐量大幅下降，航运行业出现"滑铁卢"现象；下半年，世界航运市场触底回升，有所复苏。

据法国 Alphaliner 公司统计，2010 年，全球集装箱海运量整体攀升，部分国家达到历史较高水平。中国、俄罗斯和波兰的货柜码头吞吐量较上年均有所提升。俄罗斯本年的货柜码头吞吐为 3230676 标准箱，创下历史新高，这与俄罗斯逐渐走出全球金融危机的阴影息息相关。

2011 年，"渝新欧"穿越国家的货柜码头吞吐量呈小幅上升趋势。是年，全球经济逐渐走出衰退阴霾，缓慢复苏，但增速放缓。全球集装箱吞吐量有所增长，但较 2010 年，增幅下降。2011 年，中国上海港的货物吞吐量和集装箱吞吐量都占据世界第一的位置，表现亮眼。

2012 年，在"渝新欧"穿越国家中，中国、德国、俄罗斯和波兰的货柜码头吞吐量较上年均有所提高。2012 年，在全球经济低速增长的大背景下，世界班轮公司洞悉世界发展动态，把握航运市场形势，促使其业绩有所好转。由于对运力的有效把控以及对运价的良性调整，在世界贸易增长乏力的情况下，全球集装箱事业逆行而上。

2013 年，在"渝新欧"穿越国家中，中国、俄罗斯和波兰的货柜码头吞吐量较上年有小幅上升。是年，国际贸易缓慢回温，世界集运贸易顺势发展，从而促使全球港口集装箱吞吐量低速增长。2013 年，受欧债危机的波及，德国的货柜码头吞吐量小幅下降。根据德国联邦统计局的数据统计，是年，德国的集装箱运输低于整体货运水平，上半年，集装箱货运同比下降 1.3%。

2014 年，全球经济没有停止复苏的脚步，但发展不均衡。就货柜码头吞吐量而言，中国保持逐年增长，步伐较为稳健；俄罗斯较上年增长约14.6%，表现较为亮眼；欧洲经济艰难前行，但是全球油价下跌使航运成本降低，促使港口集装箱吞吐量有所增长，德国和波兰从中受益。

2015 年，在"渝新欧"穿越国家中，除中国以外，其他国家的货柜码头吞吐量均出现下滑：德国小幅下降，俄罗斯和波兰有较大幅度下降。是年，全球金融危机阴云未散，各国在经济复苏之路上屡遭挫折，世界贸易遭遇金融危机以来最大幅度缩水。俄罗斯的货柜码头吞吐量较上年下降

25.6%，这与其经济陷入衰退密切相关。

2007～2016年，在"渝新欧"穿越国家中，中国、德国、俄罗斯和波兰的货柜码头吞吐量整体呈上升趋势：中国2016年较2007年上升了92.2%，吞吐量逐年稳健增长；德国2016年较2007年上升了16.7%。10年间，德国货柜码头吞吐量经历了"几起几落"，但总体呈小幅上升态势；波兰2016年较2007年上升了164.3%，在全球经济发展乏力的大背景下，波兰的港口贸易逆流而上，表现突出；俄罗斯2016年较2007年上升了32.4%，10年来，俄罗斯的港口贸易虽然偶遇挫折，但整体呈上升趋势。

④铁路货运量

铁路货运是指通过铁路运输的货物总量，按吨乘以行驶的公里数计算。

2007年，"渝新欧"各穿越国家的铁路货运量相差较大。排在前三位的依次是中国、俄罗斯和哈萨克斯坦。排在后三位的依次是德国、白俄罗斯和波兰。排在后三位国家的铁路货运量整体水平较低。

2008年，在"渝新欧"各穿越国家中，中国的铁路货运量仍旧处于领先的位置。是年，中国深入实施"一主两翼两线三区域"战略，大力推进战略装车点建设和路企直通运输，构建区域集疏运系统，优化调整运输组织方案。在全球金融危机阴霾的笼罩下，铁路货运量仍旧实现了持续增长。

2009年，"渝新欧"六大穿越国家的铁路货运量较上年发生了变化，白俄罗斯、哈萨克斯坦、波兰和俄罗斯有所下降，德国和中国有所上升。是年，大多数"渝新欧"穿越国家的铁路货运量呈下滑趋势，这与全球金融危机震荡，铁路货运产品单一，产业结构布局调整，交通运输方式改变等因素有密切的关联。

2010年，"渝新欧"穿越国家铁路货运量分别为：白俄罗斯462.24亿吨公里、德国1057.94亿吨公里、哈萨克斯坦2131.74亿吨公里、波兰342.66亿吨公里、俄罗斯20113.08亿吨公里、中国24511.85亿吨公里。相对2009年，除中国铁路货运量有明显下滑外，其余国家均有或多或少的上升。

2011年，"渝新欧"穿越国家铁路货运量分别为，白俄罗斯494.06亿吨公里、德国1119.80亿吨公里、哈萨克斯坦2235.84亿吨公里、波兰

371.89 亿吨公里、俄罗斯 21272.12 亿吨公里、中国 25626.35 亿吨公里。相对 2010 年，各国均有不同程度的上升。

2012 年，"渝新欧"穿越国家铁路货运量分别为：白俄罗斯 483.51 亿吨公里、德国 1058.94 亿吨公里、哈萨克斯坦 2358.46 亿吨公里、波兰 329.04 亿吨公里、俄罗斯 22223.88 亿吨公里、中国 25183.10 亿吨公里。相对 2011 年，除俄罗斯与哈萨克斯坦以外，其余国家均有不同程度的下降。

2013 年，"渝新欧"穿越国家铁路货运量分别为：白俄罗斯 438.18 亿吨公里、德国 752.47 亿吨公里、哈萨克斯坦 2312.48 亿吨公里、波兰 332.56 亿吨公里、俄罗斯 21726.85 亿吨公里、中国 24734.77 亿吨公里。相对 2012 年，除波兰以外，其余国家均有不同程度的下降，其中德国下降幅度最大。

2014 年，"渝新欧"穿越国家铁路货运量分别为：白俄罗斯 449.97 亿吨公里、德国 748.18 亿吨公里、哈萨克斯坦 2165.24 亿吨公里、波兰 320.17 亿吨公里、俄罗斯 22985.64 亿吨公里、中国 23086.69 亿吨公里。相对 2013 年，"渝新欧"穿越国家中，仅有俄罗斯和白俄罗斯铁路货运量在保持上升。

2015 年，"渝新欧"穿越国家铁路货运量分别为：白俄罗斯 407.85 亿吨公里、德国 729.13 亿吨公里、哈萨克斯坦 1897.59 亿吨公里、波兰 287.20 亿吨公里、俄罗斯 23047.59 亿吨公里、中国 19800.61 亿吨公里。相对 2014 年，"渝新欧"穿越国家中，仅有俄罗斯一个国家的铁路货运量保持上升，而且超越了中国，居六国铁路货运量的首位。

2016 年，"渝新欧"穿越国家铁路货运量与 2015 年区别不大，仍然是俄罗斯第一位，中国第二位，哈萨克斯坦第三位，德国第四位，白俄罗斯第五位，波兰第六位。是年"渝新欧"穿越国家铁路货运量整体上除俄罗斯外，其余国家仍呈现下降趋势。

⑤航空货运量

2007 年，"渝新欧"穿越国家航空货运量分别为：白俄罗斯 1.239 万吨公里、德国 8528.959 万吨公里、哈萨克斯坦 17.212 万吨公里、波兰 83.145

万吨公里、俄罗斯 1224.313 万吨公里、中国 11189.538 万吨公里。中国排名第一位，德国排名第二位，接下来依次为俄罗斯、波兰、哈萨克斯坦和白俄罗斯。

2008 年，"渝新欧"穿越国家航空货运量分别为：白俄罗斯 1.225 万吨公里、德国 8352.882 万吨公里、哈萨克斯坦 16.487 万吨公里、波兰 78.921 万吨公里、俄罗斯 2399.593 万吨公里、中国 11386.055 万吨公里。相对 2007 年，除了俄罗斯与中国航空货运量有所上升外，其余国家航空货运量均有明显下滑。

2009 年，"渝新欧"穿越国家航空货运量分别为：白俄罗斯 1.022 万吨公里、德国 10187.719 万吨公里、哈萨克斯坦 14.584 万吨公里、波兰 55.475 万吨公里、俄罗斯 2305.548 万吨公里、中国 11976.438 万吨公里。相对 2008 年，除了德国与中国航空货运量有所上升外，其余国家航空货运量均有明显下滑。

2010 年，"渝新欧"穿越国家航空货运量分别为：白俄罗斯 1.539 万吨公里、德国 7487.4810 万吨公里、哈萨克斯坦 42.379 万吨公里、波兰 76.606 万吨公里、俄罗斯 3531.583 万吨公里、中国 17193.8774 万吨公里。相对 2009 年，除了德国的航空货运量有明显下降外，其余国家航空货运量均或多或少有所上升。

2011 年，"渝新欧"穿越国家航空货运量分别为：白俄罗斯 1.549 万吨公里、德国 7716.7619 万吨公里、哈萨克斯坦 50.977 万吨公里、波兰 39.4180 万吨公里、俄罗斯 3900.1200 万吨公里、中国 16764.869 万吨公里。相对 2010 年，除了中国与波兰的航空货运量有明显下降外，其余国家航空货运量均或多或少有所上升。

2012 年，"渝新欧"穿越国家航空货运量分别为：白俄罗斯 1.755 万吨公里、德国 7236.9806 万吨公里、哈萨克斯坦 53.977 万吨公里、波兰 91.8311 万吨公里、俄罗斯 4132.144 万吨公里、中国 15568.753 万吨公里。相对 2011 年，除了中国与德国的航空货运量有明显下降外，其余国家航空货运量均或多或少有所上升。

2013 年,"渝新欧"穿越国家航空货运量分别为:白俄罗斯 1.6960 万吨公里、德国 7335.6994 万吨公里、哈萨克斯坦 58.1990 万吨公里、波兰 97.6458 万吨公里、俄罗斯 4249.2688 万吨公里、中国 16053.7331 万吨公里。相对 2012 年,除了白俄罗斯的航空货运量有明显下降外,其余国家航空货运量均或多或少有所上升。

2014 年,"渝新欧"穿越国家航空货运量分别为:白俄罗斯 1.8220 万吨公里、德国 7184.1462 万吨公里、哈萨克斯坦 44.6100 万吨公里、波兰 120.8518 万吨公里、俄罗斯 4413.5594 万吨公里、中国 17822.5810 万吨公里。相对 2013 年,除了德国和哈萨克斯坦的航空货运量有明显下降外,其余国家航空货运量均或多或少有所上升。

2015 年,"渝新欧"穿越国家航空货运量分别为:白俄罗斯 1.8070 万吨公里、德国 6986.4054 万吨公里、哈萨克斯坦 37.6690 万吨公里、波兰 114.7916 万吨公里、俄罗斯 4761.0471 万吨公里、中国 19805.6300 万吨公里。相对 2014 年,除了德国、波兰和哈萨克斯坦的航空货运量有明显下降外,其余国家航空货运量均或多或少有所上升。

2016 年,"渝新欧"穿越国家航空货运量分别为:白俄罗斯 1.2660 万吨公里、德国 6985.6603 万吨公里、哈萨克斯坦 38.8945 万吨公里、波兰 155.5520 万吨公里、俄罗斯 5863.1965 万吨公里、中国 21304.5851 万吨公里。相对 2015 年,除了白俄罗斯和德国的航空货运量有明显下降外,其余国家航空货运量均或多或少有所上升,其中中国上升幅度最大。

⑥交通运输、仓储及通信产值

2007 年,"渝新欧"穿越国家交通运输、仓储及通信产值分别为:白俄罗斯 1.99 亿美元、德国 1450.52 亿美元、哈萨克斯坦 45.01 亿美元、波兰 198.87 亿美元、俄罗斯 203.08 亿美元、中国 2282.05 亿美元。其中中国排名第一位,德国排名第二位,接下来依次为俄罗斯、波兰、哈萨克斯坦和白俄罗斯。

2008 年,"渝新欧"穿越国家交通运输、仓储及通信产值分别为:白俄罗斯 2.33 亿美元、德国 1506.53 亿美元、哈萨克斯坦 53.75 亿美元、波兰

215. 61 亿美元、俄罗斯 240. 54 亿美元、中国 2557. 44 亿美元。

2009 年,"渝新欧"穿越国家交通运输、仓储及通信产值分别为:白俄罗斯 2. 64 亿美元、德国 1562. 54 亿美元、哈萨克斯坦 56. 94 亿美元、波兰 222. 36 亿美元、俄罗斯 239. 90 亿美元、中国 2581. 63 亿美元。

2010 年,"渝新欧"穿越国家交通运输、仓储及通信产值分别为:白俄罗斯 3. 15 亿美元、德国 1618. 54 亿美元、哈萨克斯坦 60. 14 亿美元、波兰 229. 11 亿美元、俄罗斯 270. 38 亿美元、中国 2934. 94 亿美元。

2011 年,"渝新欧"穿越国家交通运输、仓储及通信产值分别为:白俄罗斯 5. 44 亿美元、德国 1674. 55 亿美元、哈萨克斯坦 63. 34 亿美元、波兰 235. 86 亿美元、俄罗斯 297. 33 亿美元、中国 3412. 81 亿美元。

2012 年,"渝新欧"穿越国家交通运输、仓储及通信产值分别为:白俄罗斯 9. 98 亿美元、德国 1730. 56 亿美元、哈萨克斯坦 66. 54 亿美元、波兰 242. 61 亿美元、俄罗斯 339. 51 亿美元、中国 3713. 00 亿美元。

2013 年,"渝新欧"穿越国家交通运输、仓储及通信产值分别为:白俄罗斯 13. 58 亿美元、德国 1786. 56 亿美元、哈萨克斯坦 69. 74 亿美元、波兰 249. 36 亿美元、俄罗斯 365. 37 亿美元、中国 4069. 17 亿美元。

2014 年,"渝新欧"穿越国家交通运输、仓储及通信产值分别为:白俄罗斯 15. 44 亿美元、德国 1842. 57 亿美元、哈萨克斯坦 72. 94 亿美元、波兰 256. 11 亿美元、俄罗斯 391. 23 亿美元、中国 4453. 27 亿美元。

2015 年,"渝新欧"穿越国家交通运输、仓储及通信产值分别为:白俄罗斯 16. 72 亿美元、德国 1898. 58 亿美元、哈萨克斯坦 76. 13 亿美元、波兰 262. 86 亿美元、俄罗斯 417. 09 亿美元、中国 4763. 72 亿美元。

2016 年,"渝新欧"穿越国家交通运输、仓储及通信产值分别为:白俄罗斯 17. 50 亿美元、德国 1954. 58 亿美元、哈萨克斯坦 79. 33 亿美元、波兰 269. 61 亿美元、俄罗斯 442. 95 亿美元、中国 5211. 77 亿美元。

⑦公路货运量

公路货运量是指通过公路运输的货物总量,按吨乘以行驶的公里数计算。影响公路货运量的主要因素有工农业生产建设的规模和速度,企业原材料和产品的运输量以及国民经济结构的变化,等等。

2007 年,"渝新欧"穿越国的公路货运量存在较大差异,中国的公路货运量远高于其他 5 个地区,排在第 2 位和第 3 位的分别是德国和俄罗斯,排在后三位的分别是波兰、哈萨克斯坦和白俄罗斯。

2008 年,"渝新欧"穿越国家的公路货运量较上年有所变化,中国大幅上升,白俄罗斯、德国、哈萨克斯坦和波兰小幅上升,俄罗斯保持不变。2008 年,恰逢中国改革开放 30 年,中国在各方面都取得了巨大的成就,公路行业也实现了高速的发展。是年,公路里程增长、物流行业发展、柴油价格下调等促进了公路货运量不断提升。

2009 年,"渝新欧"穿越国家的公路货运量排序有所变化,波兰由上年的第 4 位上升为第 3 位,俄罗斯由上年的第 3 位下降为第 4 位,其余国家的排序跟上年保持不变。俄罗斯的公路密度小,每年因为公路原因造成的国民经济损失达到 GDP 的 6%。2009 年初,受全球金融危机的冲击,俄罗斯卢布贬值,公路建设一度出现资金短缺,造成了公路货运量的下滑。

2010 年,"渝新欧"穿越国家的公路货运量较上年均有所上升。是年,全球经济普遍复苏,无论是发达经济体、发展中经济体还是新兴经济体均呈现一定程度的经济增长。经济发展带动了公路货运量上升,加之公路运输具有通达性高、运输力强等优势,促使各国政府加强对公路行业的建设。

2011 年,"渝新欧"各穿越国家的公路货运量继续上升。其中,哈萨克斯坦实现了较大幅度的上升,较 2010 年增长了约 122%。是年,哈萨克斯坦实施《2010～2014 年国家加速工业创新发展纲要》,先行发展运输物流业,促使国家经济快速崛起。哈萨克斯坦政府一方面完善公路运输设备,对公路网进行现代化改造;另一方面消除贸易壁垒,吸引境内外货物运输,从而增加了公路货运量。

2007～2012 年,中国的公路货运量一直稳步增长,并实现了较大幅度的上升。但在全球金融危机的阴影下,中国的 GDP 仍呈现不断增长的态势,刺激了公路货运量的较快发展。同时,国家对经济结构进行了战略性调整,运输业由粗放型向集约型转变,促进了公路货运量的增加。在货运结构方

面，中国逐步推广多式联运，进一步提高了货运效率。

2013年，"渝新欧"各穿越国家的公路货运量较上年发生了变化，白俄罗斯、德国、波兰和俄罗斯有所上升，哈萨克斯坦和中国有所下降。是年，哈萨克斯坦公路货运量已经连续两年下降，其运输领域存在的问题阻碍了其货运量的上升：一是公路等级较差，路况堪忧，为公路运输增加了困难；二是交通工具普遍超龄使用，不利于运输效率的提高；三是运输业的人为关卡多，为公路运输增加了成本。

2014年，在"渝新欧"穿越国家中，哈萨克斯坦和俄罗斯的公路货运量有所下降，其余国家均有所上升。是年，世界经济处于全球金融危机之后的修复期，部分国家陷入困境。哈萨克斯坦和俄罗斯同属欧亚联盟，两国的经济遭遇危机，国际油价大跌使哈萨克斯坦的经济出现大幅下滑，就业压力陡增，居民收入锐减；俄罗斯油价下降，货币贬值，经济放缓。金融危机阻碍了运输业的发展，致使两国公路货运量下降。

2015年，"渝新欧"穿越国家的公路货运量均有所上升。这与各国的产业调整升级、运输结构变化、物流行业兴起、健全运输法律体系、加强网络运输布局、加大固定资产投资等因素有紧密联系。

2007~2016年，在"渝新欧"穿越国家中，白俄罗斯、哈萨克斯坦、波兰、俄罗斯和中国的公路货运量呈波动上升的趋势，其中，中国的上升幅度较大。德国的公路货运量呈波动下降的趋势。近年来，中国通过优化货运方式，培育货运企业，促进物流发展，完善公路功能，打造智能体系等方式大力提升了公路货运量。德国运输业面临人口老龄化造成的劳动力缺失，东西区域基础设施建设不平衡，交通基础设施亟待更新等问题，这为该国公路货运量增长造成负面影响。

（二）"渝新欧"辐射国家交通物流现状分析

（1）投入视角

①行业从业人员人数情况

2007年"渝新欧"辐射国家行业从业人员人数，比利时为31.6万人，保加利亚为 22.0 万人，克罗地亚为 12.1 万人，捷克为 36.4 万人，爱沙尼亚为 6.0 万人，匈牙利为 29.9 万人，拉脱维亚为 9.3 万人，立陶宛为 10.3 万人，荷兰为 51.1 万人，罗马尼亚为 48.9 万人，塞尔维亚为 17.0 万人，斯洛伐克为 16.5 万人，斯洛文尼亚为 6.0 万人。其中，法国的行业从业人员数最多；乌克兰排第二位，达到了 145.2 万人；阿尔巴尼亚最少，只有 4.4 万人。2007 年，萨科齐当选法国总统，力主改革现行社会福利和劳工制度，主张设计一种新的单一劳动合同，雇员的权利将随着时间的延长而增加，这种灵活性将会鼓励企业主雇请更多的工人，所以 2007 年法国行业从业人员数达到达到了 160.4 万人。

2008 年，阿尔巴尼亚行业从业人员数为 4.0 万人，较 2007 年有所减少；比利时、保加利亚、克罗地亚、捷克、爱沙尼亚、法国、拉脱维亚、匈牙利、立陶宛、荷兰、罗马尼亚、斯洛伐克、斯洛文尼亚行业从业人员数基本保持不变；塞尔维亚和 2007 年相比，行业从业人员人数稍有减少，有 15.7 万人；乌克兰行业从业人员人数略有增加，达到了 146.6 万人；法国由于新任总统萨科齐政策的推进，行业从业人员数保持稳定，仍然占据"渝新欧"辐射国家首位。

2009 年，阿尔巴尼亚行业从业人员数为 4.3 万人；比利时为 29.7 万人；保加利亚为 21.5 万人；克罗地亚为 12.9 万人；捷克为 36.2 万人；爱沙尼亚为 6.4 万人；匈牙利为 28.6 万人；拉脱维亚为 7.6 万人；立陶宛为 10.1 万人；荷兰为 46.6 万人；塞尔维亚为 15.4 万人；斯洛伐克为 15.6 万人；斯洛文尼亚为 5.8 万人；乌克兰为 148.3 万人，和上一年度相比，乌克兰 2009 年的行业从业人数略有增加，紧追法国的行业从业人员人数（148.6 万人）。特别是罗马尼亚一跃成为行业从业人员人数第三位的国家，达到了 48.8 万人，罗马尼亚经济成长率 2008 年达到 8%，在欧盟国家中最高。

2010 年，阿尔巴尼亚行业从业人员人数为 4.5 万人；比利时为 30.7 万人；保加利亚为 20.4 万人；和 2009 年相比，克罗地亚 2010 年行业从业人数有比较明显的减少，从业人员人数为 11.3 万人；捷克人数为 36.2 万人；爱沙尼亚也有略有减少；为 5.8 万人；法国行业从业人员人数较上一年度有

比较明显的减少，为145.1万人；匈牙利为29.1万人，略微增加；拉脱维亚明显减少，为6.9万人；立陶宛保持不变；荷兰为45.9万人；罗马尼亚为45.0万人；塞尔维亚为15.4万人；斯洛伐克为15.2万人；斯洛文尼亚保持不变；乌克兰从业人员人数有所减少，为147.0万人。

2011年，阿尔巴尼亚行业从业人员人数为4.0万人；比利时为30.9万人，较上年下降0.2万人；保加利亚从业人员人数略有增加，为21.0万人；捷克为36.9万人；爱沙尼亚为6.2万人，较2009年有所增加；法国为142.7万人，较上年明显减少；匈牙利为28.6万人；拉脱维亚为7.1万人；立陶宛为11.5万人；荷兰为46.4万人；罗马尼亚为44.3万人，略微有所减少。根据《塞尔维亚实施2011年国家就业行动计划决议》的规定，新增就业的私营企业可以获得就业补贴，所以2011年塞尔维亚行业从业人员人数增长迅速，较上年行业从业人员人数增长一倍，从业人数达到30.8万人；斯洛伐克变化较小，为15.2万人；斯洛文尼亚为5.5万人；乌克兰国家统计局数据显示，2011年乌克兰贸易逆差总额达141.97亿美元。所以经济情况整个比较糟糕，乌克兰2011年比2010年行业从业人员人数减少幅度大，为139.1万人。

2012年，阿尔巴尼亚行业从业人员人数为4.5万人，略有上升；比利时为29.3万人，稍微有所减少；保加利亚为21.2万人，基本保持不变；克罗地亚为10.8万人，捷克为34.8万人，有比较明显的减少；爱沙尼亚、法国与上年相同；匈牙利略微减少，为27.7万人；拉脱维亚较2011年增加0.2万人，为7.3万人；立陶宛为11.3万人；荷兰略有增加为47.3万人；罗马尼亚减少0.4万人，为43.9万人；塞尔维亚呈持续增加势头，为31.2万人；斯洛伐克小幅增加，为16.8万人；斯洛文尼亚保持不变；乌克兰也基本保持不变，为139.0万人。

2013年，阿尔巴尼亚行业从业人员人数下降明显，为3.4万人；比利时小幅增加为30.7万人；保加利亚为21.8万人，略有上升；克罗地亚为21.1万人；捷克下滑明显，为33.1万人；爱沙尼亚为5.6万人；法国为151.0万人，小幅度增加；匈牙利维持不变；拉脱维亚为8.2万人；立陶宛基本不变，为 11.1 万人；荷兰下降明显，为 44.3 万人；罗马尼亚明显增加，为 46.9 万人；塞尔维亚有所增加，为 32.6 万人；斯洛伐克小幅减少，为 15.5 万人；斯洛文尼亚为 5.4 万人；乌克兰基本不变，为 138.9 万人。

2014 年，阿尔巴尼亚行业从业人员人数和 2013 年基本保持不变；比利时减少 1 万人，为 29.7 万人；保加利亚小幅减少为 21.2 万人；克罗地亚由于国内生产总值增长率呈负增长，所以和 2013 年比，行业从业人员人数大幅度减少，仅为 13.7 万人；捷克略有减少，为 31.0 万人；爱沙尼亚基本维持不变；法国大幅度上升为 156.5 万人；匈牙利基本保持不变；拉脱维亚小幅度增加，为 9.7 万人；立陶宛增加了 1.0 万人；荷兰小幅减少，为 42.6 万人；罗马尼亚为 48.6 万人；塞尔维亚从业人数稳中有升；斯洛伐克小幅度增加，为 16.2 万人；斯洛文尼亚为 4.7 万人；乌克兰增加较多，行业从业人员人数为 143.8 万人。

2015 年，阿尔巴尼亚、比利时、保加利亚的行业人员从业人数基本不变；克罗地亚受到国内经济下滑影响，就业率持续走低，延续 2014 年的下降趋势，为 11.8 万人；捷克小幅增加，为 32.1 万人；爱沙尼亚为 5.4 万人；法国持续增加，为 160.2 万人，仍然占据辐射国家第一名的位置；匈牙利为 28.2 万人；拉脱维亚有减少趋势，为 9.3 万人；立陶宛为 11.8 万人；荷兰基本不变；罗马尼亚有增加趋势，2015 年行业从业人员人数为 53.2 万人；塞尔维亚为 29.7 万人；斯洛伐克、斯洛文尼亚基本维持不变；乌克兰有小幅增加，为 144.7 万人。

2016 年，阿尔巴尼亚行业从业人员人数为 4.0 万人；比利时为 30.2 万人；保加利亚为 23.3 万人；克罗地亚稳中有增，为 12.1 万人；捷克为 32.3 万人；爱沙尼亚也是稳中有增，为 6.0 万人；法国维持不变，居辐射国家第一位。匈牙利为 29.2 万人；拉脱维亚略微减少，人数为 8.9 万人；立陶宛小幅减少，为 11.6 万人；荷兰为 45.0 万人；罗马尼亚有所增加，为 54.6 万人；塞尔维亚稳中有增，为 30.4 万人；斯洛伐克为 16.4 万人；斯洛文尼亚为 5.2 万人；乌克兰仍旧以 146.1 万的行业从业人员人数排名"渝新欧"辐射国家的第二位。

②行业固定资产投资额占全社会固定资产投资的比重基本情况

2007年，阿尔巴尼亚行业固定资产投资额占全社会固定资产投资的比重为7.981%，保加利亚为17.505%，克罗地亚为9.642%，捷克为5.832%，爱沙尼亚为10.457%，法国为5.847%，匈牙利为8.164%；拉脱维亚为11.67%，立陶宛为11.08%，荷兰为6.118%，罗马尼亚为12.687%，塞尔维亚为15.262%，斯洛伐克为9.851%，斯洛文尼亚为10.635%，乌克兰为12.289%，保加利亚的固定资产投资占全社会固定资产投资的比重在"渝新欧"辐射国家中是最高的，塞尔维亚是第二高的国家；比利时为最低，仅有2.322%。

2008年阿尔巴尼亚行业固定投资额占全社会固定资产比重为8.777%；比利时为2.583%；保加利亚为16.82%；克罗地亚为9.66%；捷克为5.76%；爱沙尼亚为9.99%；法国为5.76%；匈牙利为9.12%；拉脱维亚为11.91%；立陶宛为11.06%；荷兰为6.31%；罗马尼亚为12.34%；塞尔维亚为13.35%；斯洛伐克为9.93%；斯洛文尼亚为11.15%；乌克兰为11.47%。

2009年，阿尔巴尼亚行业固定投资额占全社会固定资产比重为8.57%；比利时为2.36%；保加利亚，为12.13%，其下降幅度为"渝新欧"辐射国家中第二位；克罗地亚，为8.166%；捷克为6.14%；爱沙尼亚，为9.17%；法国，为5.85%；匈牙利为9.62%；拉脱维亚为10.17%；立陶宛为8.63%；荷兰为6.33%；罗马尼亚为11.14%；塞尔维亚为13.40%，跃居"渝新欧"辐射国家当中占比最高的国家；斯洛伐克为9.80%；斯洛文尼亚为10.74%；乌克兰为12.37%。

2010年，阿尔巴尼亚行业固定投资额占全社会固定资产比重为9.36%；比利时仍在"渝新欧"辐射国家中最低，仅为2.44%；保加利亚为13.47%，再度成为"渝新欧"辐射国家中占比最高的国家；克罗地亚，为8.41%；捷克为5.54%；爱沙尼亚为10%；法国为5.67%；匈牙利为9.62%；拉脱维亚为11.57%；立陶宛为9.78%；荷兰为6.0%；罗马尼亚为9.30%；塞尔维亚为13.32%，依然是"渝新欧"辐射国家中占比第二高的国家；斯洛伐克为9.46%；斯洛文尼亚为10.89%；乌克兰为11.44%。

2011年，阿尔巴尼亚行业固定投资额占全社会固定资产比重为9.16%；比利时为2.39%；保加利亚为13.38%；克罗地亚为8.465%；捷克为4.8%；爱沙尼亚为10.47%；法国为5.73%；匈牙利为8.97%；拉脱维亚为12.51%；立陶宛为8.28%；荷兰为5.86%；罗马尼亚为9.56%；塞尔维亚为12.93%；斯洛伐克为10.1%；斯洛文尼亚为11.46%；乌克兰11.81%；保加利亚、塞尔维亚和拉脱维亚占比分别"渝新欧"辐射国家的前三位。

2012年，阿尔巴尼亚为行业固定投资额占全社会固定资产比重8.96%，变化不大；比利时微量下跌，为2.25%；保加利亚为12.96%；克罗地亚为8.1%；捷克为4.47%；爱沙尼亚为10.70%；法国为5.72%；匈牙利为11.02%；拉脱维亚为12.25%；立陶宛为9.14%；荷兰为6.16%；罗马尼亚为10.02%；塞尔维亚为12.46%；斯洛伐克为9.72%；斯洛文尼亚为11.17%；乌克兰为11.62%。保加利亚占比仍为"渝新欧"辐射国家中最高的，拉脱维亚跃居占比第二高的国家。

2013年，阿尔巴尼亚行业固定投资额占全社会固定资产比重为10.1%；比利时为2.23%，仍旧为"渝新欧"辐射国家中最低的国家；保加利亚为12.73%；克罗地亚为7.97%；捷克为4.12%；爱沙尼亚为10.23%；法国为5.74%；匈牙利为11.27%；拉脱维亚为12.14%；立陶宛为9.11%；荷兰为6.08%；罗马尼亚约为10.24%；塞尔维亚为12.98%；斯洛伐克为9.43%；斯洛文尼亚为8.28%；乌克兰为10.63%。其中，塞尔维亚一跃成为"渝新欧"辐射国家中占比最高的国家，保加利亚占比降为"渝新欧"辐射国家中的第二位。

2014年，阿尔巴尼亚行业固定投资额占全社会固定资产比重为7.38%；比利时为2.21%，仍为"渝新欧"辐射国家中占比最低的国家；保加利亚为10.70%；克罗地亚为7.46%；捷克为3.71%；爱沙尼亚为10.64%；法国为5.55%；匈牙利有增加，为12.24%；拉脱维亚为12.34%；立陶宛为9.30%；荷兰为6.2%；罗马尼亚为10.20%；塞尔维亚为12.51%；斯洛伐

克为9.54%；斯洛文尼亚为10.55%；乌克兰为9.57%。

2015年，阿尔巴尼亚行业固定投资额占全社会固定资产比重为8.32%；比利时为2.25%，仍为"渝新欧"辐射国家中占比最低的国家；保加利亚为12.41%；克罗地亚为7.95%；捷克为3.76%；爱沙尼亚为10.33%；法国为5.68%；匈牙利为12.44%；拉脱维亚为12.87%；立陶宛为9.96%；荷兰为5.39%；罗马尼亚为10%；塞尔维亚为13.32%；斯洛伐克为9.98%；斯洛文尼亚为11.1%；乌克兰为11.86%.

2016年，阿尔巴尼亚行业固定投资额占全社会固定资产比重为9.32%；比利时为2.30%，仍为"渝新欧"辐射国家中行业固定资产投资额占比最低的国家；保加利亚为13.11%，再次成为"渝新欧"辐射国家当中占比最高的国家；克罗地亚为8.14%；捷克为3.81%；爱沙尼亚为10.02%；法国为5.82%；匈牙利为12.63%，跃居"渝新欧"辐射国家中占比第二位；拉脱维亚为12.41%；立陶宛为10.61%；荷兰为5.58%；罗马尼亚为9.91%；塞尔维亚为13.32%；斯洛伐克为10.42%；斯洛文尼亚为11.61%；乌克兰为12.1%。

③行业能源投入情况

2007年"渝新欧"辐射国家行业能源投入，阿尔巴尼亚为68.5万吨，比利时为908.7万吨，保加利亚为277.8万吨，克罗地亚为206.4万吨，捷克为633.3万吨，爱沙尼亚为81.2万吨，法国为4501.2万吨，匈牙利为442.4万吨，拉脱维亚为125.5万吨，立陶宛为175.0万吨，荷兰为1194.9万吨，罗马尼亚为457.4万吨，塞尔维亚为184.9万吨，斯洛伐克为242.2万吨，斯洛文尼亚为173.3万吨，乌克兰为1541.7万吨。其中，法国行业能源投入量为2007年"渝新欧"辐射国家的第一位，其次是乌克兰；阿尔巴尼亚行业能源投入量最少。

2008年"渝新欧"辐射国家行业能源投入，阿尔巴尼亚为74.2万吨，为所有"渝新欧"辐射国家中行业能源投入量最低的国家；比利时为903.8万吨；保加利亚为289.4万吨；克罗地亚为203.7万吨；捷克为635.0万吨；爱沙尼亚为78.9万吨；法国为4392.0万吨，其为2008年"渝新欧"

辐射国家的第一位;匈牙利为 452.7 万吨;拉脱维亚为 118.5 万吨;立陶宛为 174.7 万吨;荷兰为 1202.2 万吨;罗马尼亚为 518.1 万吨;塞尔维亚为 230.9 万吨;斯洛伐克为 266.0 万吨;斯洛文尼亚为 203.8 万吨;乌克兰为 1544.1 万吨。

2009 年"渝新欧"辐射国家行业能源投入,阿尔巴尼亚为 74.9 万吨;比利时为 897.2 万吨;保加利亚 277.3 万吨;克罗地亚为 203.8 万吨;捷克为 621.3 万吨;爱沙尼亚为 71.3 万吨,是 2009 年所有"渝新欧"辐射国家中行业能源投入量最低的国家;法国为 4358.6 万吨,其行业能源投入量仍然居 2009 年"渝新欧"辐射国家的第一位;匈牙利为 450.6 万吨;拉脱维亚为 104.1 万吨;立陶宛为 144.8 万吨;荷兰为 1162.4 万吨;罗马尼亚为 519.3 万吨;塞尔维亚为 219.9 万吨;斯洛伐克为 230.7 万吨;斯洛文尼亚为 172.2 万吨;乌克兰为 1279.2 万吨。

2010 年"渝新欧"辐射国家行业能源投入,阿尔巴尼亚为 72.8 万吨;比利时为 896.9 万吨;保加利亚为 271.7 万吨;克罗地亚为 195.8 万吨;捷克为 587.5 万吨;爱沙尼亚为 75.2 万吨;法国为 4360.7 万吨,其行业能源投入量仍然居 2010 年"渝新欧"辐射国家的第一位;匈牙利为 412.3 万吨;拉脱维亚为 108.6 万吨;立陶宛为 148.0 万吨;荷兰为 1168.1 万吨;罗马尼亚为 478.3 万吨;塞尔维为 218.3 万吨;斯洛伐克为 258.5 万吨;斯洛文尼亚为 178.0 万吨;乌克兰为 1291.6 万吨。

2011 年"渝新欧"辐射国家行业能源投入,阿尔巴尼亚为 76.4 万吨;比利时为 885.8 万吨;保加利亚为 277.0 万吨;克罗地亚为 191.9 万吨;捷克为 589.6 万吨;爱沙尼亚为 74.9 万吨;法国为 4343.5 万吨,其行业能源投入量仍然居 2011 年"渝新欧"辐射国家的第一位;匈牙利为 384.4 万吨;拉脱维亚为 96.7 万吨;立陶宛为 146.7 万吨;荷兰为 1180.1 万吨;罗马尼亚为 494.6 万吨;塞尔维亚为 199.4 万吨;斯洛伐克为 258.6 万吨;斯洛文尼亚为 188.4 万吨;乌克兰为 1291.7 万吨。

2012 年"渝新欧"辐射国家行业能源投入,阿尔巴尼亚为 73.3 万吨;比利时为 856.3 万吨;保加利亚为 292.3 万吨;克罗地亚为 188.3 万吨;捷

克为 575.2 万吨；爱沙尼亚为 75.8 万吨；法国为 4334.0 万吨，其行业能源投入量仍然居 2012 年"渝新欧"辐射国家的第一位；匈牙利为 372.2 万吨；拉脱维亚为 93.4 万吨；立陶宛为 149.2 万吨；荷兰为 1131.2 万吨；罗马尼亚为 536.7 万吨；塞尔维亚为 176.4 万吨；斯洛伐克为 231.4 万吨；斯洛文尼亚为 190.1 万吨；乌克兰为 1178.9 万吨，仍然在 2012 年"渝新欧"辐射国家行业能源投入量中排名第二位。

2013 年"渝新欧"辐射国家行业能源投入，阿尔巴尼亚为 80.0 万吨；比利时为 842.8 万吨；保加利亚为 263.6 万吨；克罗地亚为 190.4 万吨；捷克为 570.2 万吨；爱沙尼亚为 73.8 万吨；法国能源投入量仍然占据 2013 年"渝新欧"辐射国家的第一位，为 4309.0 万吨；匈牙利为 348.8 万吨；拉脱维亚为 94.5 万吨；立陶宛为 148.6 万吨；荷兰为 1100.8 万吨；罗马尼亚为 520.9 万吨；塞尔维亚为 192.8 万吨；斯洛伐克为 232.8 万吨；斯洛文尼亚为 181.1 万吨；乌克兰为 1185.5 万吨。

2014 年"渝新欧"辐射国家行业能源投入，阿尔巴尼亚为 82.9 万吨；比利时为 856.8 万吨；保加利亚为 294.6 万吨；克罗地亚为 188.2 万吨；捷克为 590.4 万吨；爱沙尼亚为 74.3 万吨；法国为 4336.6 万吨；匈牙利为 390.5 万吨；拉脱维亚为 98.7 万吨；立陶宛为 164.4 万吨；荷兰为 1028.0 万吨；罗马尼亚为 529.0 万吨；塞尔维亚为 199.5 万吨；斯洛伐克为 219.9 万吨；斯洛文尼亚为 179.8 万吨；乌克兰为 1032.7 万吨。

2015 年"渝新欧"辐射国家行业能源投入，阿尔巴尼亚为 82.5 万吨；比利时为 899.2 万吨；保加利亚为 323.5 万吨；克罗地亚为 197.8 万吨；捷克为 615.0 万吨；爱沙尼亚为 76.3 万吨；法国为 43799 千吨；匈牙利为 421.5 万吨；拉脱维亚为 104.2 万吨；立陶宛为 174.3 万吨；荷兰为 1043.6 万吨；罗马尼亚为 536.7 万吨；塞尔维亚为 196.9 万吨；斯洛伐克为 218.4 万吨；斯洛文尼亚为 177.4 万吨；乌克兰为 875.0 万吨。

2016 年"渝新欧"辐射国家行业能源投入，阿尔巴尼亚为 82.1 万吨；比利时为 941.6 万吨；保加利亚为 352.4 万吨；克罗地亚为 207.4 万吨；捷克为 639.6 万吨；爱沙尼亚为 78.3 万吨；法国为 4423.2 万吨；匈牙利为

452.5万吨；拉脱维亚为109.7万吨；立陶宛为184.2万吨；荷兰为1059.2万吨；罗马尼亚为544.4万吨；塞尔维亚为194.3万吨；斯洛伐克为216.9万吨；斯洛文尼亚为175.1万吨；乌克兰为717.3万吨。

④公路密度

2007年"渝新欧"辐射国家公路密度，阿尔巴尼亚的公路密度为0.657，比利时为5.028，保加利亚为0.370，克罗地亚为0.514，捷克为1.664，爱沙尼亚为1.345，法国为1.738，匈牙利为1.781，拉脱维亚为1.120，立陶宛为1.288，荷兰为4.013，罗马尼亚为0.865，塞尔维亚为37.001，斯洛伐克为0.908，斯洛文尼亚为1.915，乌克兰为0.292。其中塞尔维亚的公路密度最高，在2007年"渝新欧"辐射国家中排第一位；比利时公路密度排第二位；荷兰公路密度排第三位；乌克兰公路密度最低。

2008年"渝新欧"辐射国家公路密度，阿尔巴尼亚、比利时、保加利亚、克罗地亚、捷克、爱沙尼亚、法国、匈牙利、拉脱维亚、立陶宛、荷兰、罗马尼亚的公路密度没有变化。塞尔维亚公路密度有明显增加，为38.431，仍居2008年"渝新欧"辐射国家的公路密度第一位；斯洛伐克较2007年有微弱的增加，为0.91；斯洛文尼亚和乌克兰与上年相同。

2009年"渝新欧"辐射国家公路密度，阿尔巴尼亚、比利时、保加利亚、克罗地亚、捷克、爱沙尼亚保持不变。法国保持不变。匈牙利略微降低，为1.763。拉脱维亚略有增加，为1.121。立陶宛为1.288。荷兰微量增加，为4.016。罗马尼亚略有下降，为0.864。塞尔维亚公路密度仍居2008年"渝新欧"辐射国家的公路密度第一位，比2008年有所增加，为38.977。斯洛伐克、斯洛文尼亚和乌克兰保持不变。

2010年"渝新欧"辐射国家公路密度，阿尔巴尼亚、比利时保持不变。保加利亚微量增加，为0.371。克罗地亚、捷克、爱沙尼亚、法国、匈牙利保持不变。拉脱维亚略有减少，为1.120。立陶宛、荷兰、罗马尼亚公路密度保持不变。塞尔维亚公路密度仍居2010年"渝新欧"辐射国家的公路密度第一位，比2009年公路密度又有增加，为39.306。斯洛伐克、斯洛文尼亚、乌克兰公路密度保持不变。

2011 年"渝新欧"辐射国家公路密度，阿尔巴尼亚、比利时、保加利亚、克罗地亚、捷克、爱沙尼亚、法国、匈牙利、拉脱维亚、立陶宛公路密度保持不变。荷兰公路密度略有增加，为 4.017。罗马尼亚公路密度保持不变。塞尔维亚公路密度仍居 2011 年"渝新欧"辐射国家的公路密度第一位，但比 2009 年有所下降，为 38.765。斯洛伐克、斯洛文尼亚、乌克兰公路密度保持稳定。

2012 年"渝新欧"辐射国家公路密度，阿尔巴尼亚、比利时仍居 2012 年"渝新欧"辐射国家公路密度第二位。保加利亚、克罗地亚、捷克、爱沙尼亚、法国、匈牙利公路密度保持不变。拉脱维亚公路密度微量增加 0.001，为 1.121。立陶宛、荷兰、罗马尼亚公路密度保持不变。塞尔维亚公路密度持续有下降，为 38.367。斯洛伐克、斯洛文尼亚、乌克兰公路密度保持不变。

2013 年"渝新欧"辐射国家公路密度，阿尔巴尼亚、比利时、保加利亚、克罗地亚、捷克、爱沙尼亚、法国、匈牙利。拉脱维亚公路密度微量减少 0.001，为 1.120。立陶宛、公路密度保持不变。荷兰公路密度增加 0.006，为 4.023。罗马尼亚、公路密度不变。塞尔维亚公路密度有明显提升，增加了 0.981，为 39.348。斯洛伐克、斯洛文尼亚、乌克兰公路密度保持不变。

2014 年"渝新欧"辐射国家公路密度，阿尔巴尼亚、比利时、保加利亚、克罗地亚、捷克、爱沙尼亚、法国、匈牙利、拉脱维亚、立陶宛、荷兰、罗马尼亚公路密度保持不变。塞尔维亚公路密度仍居 2014 年"渝新欧"辐射国家的公路密度第一位，但公路密度下降非常明显，下降了 2.02，为 37.328。斯洛伐克、斯洛文尼亚、乌克兰公路密度稳定。

2015 年"渝新欧"辐射国家公路密度，阿尔巴尼亚、比利时、保加利亚、克罗地亚、捷克、爱沙尼亚、法国、匈牙利、拉脱维亚、立陶宛、荷兰、罗马尼亚、塞尔维亚、斯洛伐克、斯洛文尼亚、乌克兰公路密度均保持不变。

2016 年"渝新欧"辐射国家公路密度，阿尔巴尼亚的公路密度保持不变；比利时公路密度排 2016 年"渝新欧"辐射国家中的公路密度第二位。保加利亚、克罗地亚、捷克、爱沙尼亚、法国、匈牙利、拉脱维亚、立陶宛、荷兰、罗马尼亚公路密度保持不变。为 0.864；塞尔维亚公路密度保持不变，仍居 2016 年"渝新欧"辐射国家的公路密度第一位。斯洛伐克、公路密度不变，还是为 0.91；斯洛文尼亚、公路密度基本不变，为 1.915；乌克兰公路密度稳定不变。

⑤铁路密度

2007 年"渝新欧"辐射国家铁路密度，阿尔巴尼亚为 0.0147，是 2007 年"渝新欧"辐射国家铁路密度最低的国家；比利时为 0.1105；保加利亚为 0.0363；克罗地亚为 0.0481；捷克为 0.1203，是 2007 年"渝新欧"辐射国家中铁路密度最高的国家；爱沙尼亚为 0.0213；法国为 0.0537；匈牙利为 0.0856；拉脱维亚为 0.0351；立陶宛为 0.0270；荷兰为 0.0668；罗马尼亚为 0.0447；塞尔维亚为 0.0459；斯洛伐克为 0.0740；斯洛文尼亚为 0.0606；乌克兰为 0.0363。

2008 年"渝新欧"辐射国家铁路密度，阿尔巴尼亚仍为 0.0147；比利时铁路密度较 2007 年度有所增加，为 0.1150；保加利亚铁路密度有微量增加，为 0.0375；克罗地亚和捷克铁路密度维持不变；爱沙尼亚铁路密度有所降低，为 0.0180；法国铁路密度有微量增加，为 0.0545；匈牙利铁路密度略有下降，为 0.0854；拉脱维亚和立陶宛铁路密度保持不变；荷兰铁路密度略有增加，为 0.0697；罗马尼亚铁路密度有所增加，为 0.0452；塞尔维亚铁路密度保持不变；斯洛伐克铁路密度有所下降，为 0.0733；斯洛文尼亚铁路密度维持不变；乌克兰铁路密度有所下降，为 0.0359。

2009 年"渝新欧"辐射国家铁路密度，阿尔巴尼亚铁路密度仍为 0.0147；比利时铁路密度继续有所增加，为 0.1172；保加利亚铁路密度有微量降低，为 0.0374；克罗地亚铁路密度仍为 0.0481；捷克铁路密度有所增加，为 0.121；爱沙尼亚铁路密度有所增加，为 0.0205；法国铁路密度继续有微量增加为，0.0615；匈牙利铁路密度下降，为 0.0838；拉脱维亚铁路密度有所降低，为 0.0291；立陶宛铁路密度有微量增加，为 0.0271；荷

兰铁路密度有所降低，为 0.0695；罗马尼亚铁路密度仍为 0.0452；塞尔维亚铁路密度仍为 0.0459；斯洛伐克铁路密度有所增加，为 0.0739；斯洛文尼亚和乌克兰铁路密度保持不变。

2010 年"渝新欧"辐射国家铁路密度，阿尔巴尼亚和比利时铁路密度保持不变；保加利亚铁路密度有微量降低，为 0.0369；克罗地亚、捷克和爱沙尼亚铁路密度保持不变；法国铁路密度有微量减少，为 0.0612；匈牙利铁路密度有所增加，为 0.0848；拉脱维亚铁路密度有所增加，为 0.0294；立陶宛铁路密度保持不变；荷兰铁路密度有微量增加，为 0.0726；罗马尼亚和塞尔维亚铁路密度保持不变；斯洛伐克铁路密度有所降低，为 0.0731；斯洛文尼亚铁路密度保持不变；乌克兰铁路密度有微量增加，为 0.0360。

2011 年"渝新欧"辐射国家铁路密度，阿尔巴尼亚和比利时铁路密度保持不变；保加利亚铁路密度继续降低，为 0.0356；克罗地亚铁路密度保持不变；捷克铁路密度有所下降，为 0.1201；爱沙尼亚铁路密度有微量增加，为 0.0175；法国铁路密度有微量增加，为 0.0631；匈牙利铁路密度继续有所增加，为 0.0850；拉脱维亚铁路密度有所降低，为 0.0289；立陶宛、荷兰、罗马尼亚和塞尔维亚铁路密度保持不变；斯洛伐克铁路密度有所增加，为 0.0739；斯洛文尼亚铁路密度有所下降，为 0.0596；乌克兰铁路密度有微量减少，为 0.0359。

2012 年"渝新欧"辐射国家铁路密度，阿尔巴尼亚铁路密度仍然保持不变；比利时铁路密度有微量减少，为 0.1171；保加利亚铁路密度有微量增加，实际铁路密度为 0.0367；克罗地亚、捷克和爱沙尼亚铁路密度保持不变；法国铁路密度有所下降，为 0.0547；匈牙利铁路密度有所降低，为 0.0847；拉脱维亚铁路密度继续有所降低，为 0.0288；立陶宛、荷兰和罗马尼亚铁路密度保持不变；塞尔维亚铁路密度有微量下降，为 0.0458；斯洛伐克铁路密度继续有所下降，为 0.0733；斯洛文尼亚和乌克兰铁路密度保持不变。

2013 年"渝新欧"辐射国家铁路密度，阿尔巴尼亚和比利时铁路密度保持不变；保加利亚铁路密度有所降低，为 0.0363；克罗地亚铁路密度保持不变；捷克铁路密度有所下降，为0.1199；爱沙尼亚和法国铁路密度保持不变；匈牙利铁路密度有所增加，为0.0849；拉脱维亚、立陶宛、荷兰和罗马尼亚铁路密度保持不变；塞尔维亚铁路密度继续下降，为0.0431；斯洛伐克铁路密度有所增加，为0.0741；斯洛文尼亚铁路密度保持不变；乌克兰铁路密度有微弱下降，为0.0358。

2014年"渝新欧"辐射国家铁路密度，阿尔巴尼亚铁路密度保持不变；比利时铁路密度有所增加，为0.1189；保加利亚铁路密度继续下降，为0.0362；克罗地亚铁路密度有所下降，为0.0460；捷克铁路密度保持不变；爱沙尼亚铁路密度有明显增加，为0.0225；法国、匈牙利、拉脱维亚、立陶宛、荷兰、罗马尼亚和塞尔维亚铁路密度保持不变；斯洛伐克铁路密度有微量降低，为0.0740；斯洛文尼亚和乌克兰铁路密度保持不变。

2015年"渝新欧"辐射国家铁路密度，阿尔巴尼亚铁路密度保持不变；比利时铁路密度有所降低，为0.1181；保加利亚和克罗地亚铁路密度保持不变；捷克铁路密度有微量增加，为0.1200；爱沙尼亚、法国、匈牙利和拉脱维亚铁路密度保持不变；立陶宛铁路密度有所增加，为0.0288；荷兰、罗马尼亚、塞尔维亚斯洛伐克、斯洛文尼亚铁路密度保持不变，乌克兰铁路密度有所下降，为0.0348。

2016年"渝新欧"辐射国家铁路密度，阿尔巴尼亚铁路密度保持不变；比利时铁路密度继续有所降低，为0.1180；保加利亚铁路密度有所增加，为0.0363；克罗地亚和捷克铁路密度保持不变；爱沙尼亚铁路密度有明显增加，为0.0272；法国铁路密度保持不变；匈牙利铁路密度有明显下降，为0.0833；拉脱维亚铁路密度仍然保持不变；立陶宛铁路密度有所增加，为0.0293；荷兰、罗马尼亚、塞尔维亚、斯洛伐克和斯洛文尼亚铁路密度保持不变；乌克兰铁路密度有所增加，为0.0358。

⑥航空出港量

2007年"渝新欧"辐射国家航空出港量，阿尔巴尼亚为4930万次，数量最低，列2007年"渝新欧"辐射国家航空出港量最后一位；比利时为173818万次，列2007年"渝新欧"辐射国家航空出港量第三位；保加利亚

为 12221 万次；克罗地亚为 22391 万次；捷克为 75830 万次，列 2007 年 "渝新欧" 辐射国家航空出港量第四位；爱沙尼亚为 9214 万次；法国为 825471 万次，列 2007 年 "渝新欧" 辐射国家航空出港量首位；匈牙利为 51003 万次；拉脱维亚为 28182 万次；立陶宛为 10823 万次；荷兰为 259827 万次，位列 2007 年 "渝新欧" 辐射国家航空出港量第二位；罗马尼亚为 51222 万次；塞尔维亚为 19971 万次；斯洛伐克为 23997 万次；斯洛文尼亚为 23165 万次；乌克兰为 30029 万次。

2008 年 "渝新欧" 辐射国家航空出港量，阿尔巴尼亚为 5058 万次，较上年有明显上升；比利时航空出港量比上年显著增加，为 179019 万次，保加利亚为 15974 万次，比上年明显增加；克罗地亚比上年明显增加，为 24728 万次；捷克为 78377 万次，相比上年有所增加；爱沙尼亚航空出港量较上年明显增加，为 11478 万次；法国航空出港量比上年显著增加，为 827851 万次；匈牙利航空出港量较上年有所下降，为 49795 万次；拉脱维亚航空出港量比上年微量增加，为 28915 万次；立陶宛航空出港量比上年增加，为 12238 万次；荷兰为 262848 万次，也比上年有明显提升；罗马尼亚航空出港量比上年度明显提升，为 55386 万次；塞尔维亚有小幅下降，为 19586 万次；斯洛伐克航空出港量为 24044 万次，比上年微量增加；斯洛文尼亚也有所增加，为 24477 万次；乌克兰航空出港量比上年有大幅度提升，为 52509 万次。

2009 年 "渝新欧" 辐射国家航空出港量，阿尔巴尼亚为 5040 万次，较上年有较小幅度下浮；比利时航空出港量比上年大幅度的增加，为 249997 万次；保加利亚为 11237 万次，比上年明显下滑；克罗地亚比上年少量下降，为 24613 万次；捷克为 78153 万次，比上年少量下降；爱沙尼亚航空出港量较上年有明显减少，为 8592 万次；法国航空出港量比上年明显下降，为 771675 万次；匈牙利航空出港量较上年有所下降，为 45861 万次；拉脱维亚航空出港量比上年有所下降，为 27123 万次；立陶宛航空出港量比上年有所减少，为 11633 万次；荷兰为 291713 万次，比上年航空出港量明显降低；罗马尼亚航空出港量比上年稍有提升，为 57893 万次；塞尔维亚比上年有较为明显的降低，为 17208 万次；斯洛伐克航空出港量为 32020 万次，比上年微量增加；斯洛文尼亚比上年有所增加，为 25478 万次；乌克兰航空出港量比上年有大幅度提升，为 58756。

2010 年"渝新欧"辐射国家航空出港量，阿尔巴尼亚为 9412，较上年有大幅提升；比利时航空出港量比上年大幅度降低，为 127678 万次；保加利亚为 11321 万次，比上年度有稍少的增加；克罗地亚比上年有少量增加，为 24766 万次；捷克为 72137 万次，相比上年下降明显；爱沙尼亚航空出港量较上年有明显增加，为 12208 万次；法国航空出港量也比上年明显下降，为 738003 万次；匈牙利航空出港量较上年增幅明显，为 111307 万次；拉脱维亚航空出港量比上年有所增加，为 54589 万次；立陶宛航空出港量比上年明显下滑，为 4973 万次；荷兰航空出港量为 268542 万次，比上年明显降低；罗马尼亚航空出港量比上年有少量增加，为 61515 万次；塞尔维亚比上年有所降低，为 16893 万次；斯洛伐克航空出港量大幅度下滑，仅为 2702 万次，列 2010 年"渝新欧"辐射国家航空出港量倒数第一位；斯洛文尼亚，为 21840 万次，比上年有明显降低；乌克兰航空出港量比上年有较为明显的提升，为 66038 万次。

2011 年"渝新欧"辐射国家航空出港量，阿尔巴尼亚为 10373 万次，较上年有小幅度提升；比利时航空出港量比上年有所增加，为 131577 万次；保加利亚为 12297 万次，上年有所增加；克罗地亚比上年有少量增加，为 26743 万次；捷克为 61476 万次，比上年明显下降；爱沙尼亚航空出港量较上年也有所增加，为 13492 万次；法国航空出港量比上年明显增加，为 754292 万次；匈牙利航空出港量较上年有一定的增幅，为 120826 万次；拉脱维亚航空出港量比上年有所降低，为 54241 万次；立陶宛航空出港量比上年有小幅度增加，为 7122 万次；荷兰为 293886 万次，比上年航空出港量明显大幅增加；罗马尼亚航空出港量比上年有少量减少，为 57823 万次；塞尔维亚有少量增加，为 17303 万次；斯洛伐克航空出港量大幅度持续下滑，仅为 990 万次，仍为"渝新欧"辐射国家航空出港量倒数第一；斯洛文尼亚继续下降，为 21370 万次；乌克兰航空出港量比上年有一定提升，为 76652

万次。

2012 年"渝新欧"辐射国家航空出港量，阿尔巴尼亚为 10309 万次，较上年有小幅度降低；比利时航空出港量比上年有所增加，为 132099 万次；保加利亚为 11826 万次，比上年有所下降；克罗地亚比上年少量减少，为 26456 万次；捷克为 44189 万次，相比上年下降；爱沙尼亚航空出港量较上年有大幅度增加，为 26778 万次；法国航空出港量比上年明显下降，为 739354 万次；匈牙利航空出港量较上年有一定降幅，为 88802 万次；拉脱维亚航空出港量比上年有所降低，为 46732 万次；立陶宛航空出港量比上年有小幅度增加，为 11874 万次；荷兰为 307221 万次，比上年航空出港量有所增加；罗马尼亚航空出港量比上年度有少量减少，为 51685 万次；塞尔维亚有少量减少，为 16841 万次；斯洛伐克航空出港量虽有所提高，但仅为 1439 万次；斯洛文尼亚航空出港量比上年有所降低，为 18141 万次；乌克兰航空出港量比上年有一定的减少，为 73379 万次。

2013 年"渝新欧"辐射国家航空出港量，阿尔巴尼亚为 11196 万次，较上年有小幅度提高；比利时航空出港量比上年有小幅降低，为 130230 万次；保加利亚为 11736 万次，比上年有所下降；克罗地亚比上年少量减少，为 26305 万次；捷克为 54948 万次，相比上年有所增加；爱沙尼亚航空出港量较上年明显大幅度降低，为 13356 万次；法国航空出港量比上年明显下降，为 641440 万次；匈牙利航空出港量较上年增幅明显，为 103080 万次；拉脱维亚航空出港量比上年有所降低，为 43836 万次；立陶宛航空出港量比上年有小幅度的降低，为 9900 万次；荷兰为 312910 万次，比上年航空出港量有所增加；罗马尼亚航空出港量比上年度有少量减少，为 43956 万次；塞尔维亚比上年有少量增加，为 18156 万次；斯洛伐克航空出港量虽比上年有所提高，但仅为 1824 万次；斯洛文尼亚航空出港量比上年有所降低，为 17212 万次；乌克兰航空出港量相比上年有明显降低，为 58474 万次。

2014 年"渝新欧"辐射国家航空出港量，阿尔巴尼亚为 1992 万次，较上年急速下滑；比利时航空出港量比上年有小幅度提高，为 132977 万次；

保加利亚为 11755 万次，比上年有微量增加；克罗地亚比上年少量减少，为 25161 万次；捷克为 48975 万次，相比上年有所下降；爱沙尼亚航空出港量较去上有少量增加，为 13524 万次；法国航空出港量也比上年有明显下降，为 610197 万次；匈牙利航空出港量较上年增幅明显，为 123708 万次；拉脱维亚航空出港量比上年有所降低，为 42107 万次；立陶宛航空出港量比上年有小幅度的增加，为 12622；荷兰为 304795 万次，比上年航空出港量有所下滑；罗马尼亚航空出港量比上年有少量下降，为 42250 万次；塞尔维亚比上年有显著增加，为 28944 万次；斯洛伐克航空出港量比上年明显下滑，仅为 721 万次；斯洛文尼亚航空出港量比上年有所降低，为 16557 万次；乌克兰航空出港量相比上年有明显降低，为 47927 万次。

2015 年"渝新欧"辐射国家航空出港量，阿尔巴尼亚为 992 万次，较上年急速下滑；比利时航空出港量比上年有小幅度提高，为 14116 万次；保加利亚为 11768 万次，比上年有微量增加；克罗地亚比上年少量增加，为 25183；捷克为 55775 万次，相比上年有所增加；爱沙尼亚航空出港量较上年有少量增加，为 13954.44；法国航空出港量比上年明显下降，为 607168；匈牙利航空出港量较上年增幅明显，为 145481 万次；拉脱维亚航空出港量比上年有所降低，为 41734 万次；立陶宛航空出港量比上年有小幅度的降低，为 121989 万次；荷兰为 305541 万次，比上年航空出港量有所提升；罗马尼亚航空出港量比上年度有所增加，为 45573 万次；塞尔维亚比上年有所增加，为 31304 万次；斯洛伐克航空出港量持续下滑，仅为 70 万次；斯洛文尼亚航空出港量比上年有所增加，为 17931 万次；乌克兰航空出港量相比上年有明显降低，为 45803 万次。

2016 年"渝新欧"辐射国家航空出港量，阿尔巴尼亚为 306 万次，较上年持续下滑；比利时航空出港量比上年有大幅度提高，为 147807 万次；保加利亚为 12187 万次，比上年有所增加；克罗地亚比上年少量增加，为 26171 万次；捷克为 66166 万次，比上年有所增加；爱沙尼亚航空出港量较上年有大幅度下降，为 8600 万次；法国航空出港量比上年有所下降，为 599427；匈牙利航空出港量较上年有所降低，为 137605 万次；拉脱维亚航

空出港量比上年有所增长，为42718万次；立陶宛航空出港量比上年有明显降低，为9320万次；荷兰为316956万次，比上年航空出港量有所增加；罗马尼亚航空出港量比上年有所增加，为46733万次；塞尔维亚比上年有微量增加，为31958万次；斯洛伐克航空出港量比上年有微量增长，但仅为85万次；斯洛文尼亚航空出港量比上年有所减少，为17825万次；乌克兰航空出港量比上年有所增加，为54590万次。

多年来"渝新欧"辐射国家航空出港量，法国一直排在首位，荷兰居第二位，比利时为第三位；在2009年以前阿尔巴尼亚居最后一位，从2010年开始斯洛伐克居最后一位。

⑦港口基础设施建设质量

2007年"渝新欧"辐射国家港口基础设施建设质量①。阿尔巴尼亚为2.072，比利时为6.384，保加利亚为3.582，克罗地亚为3.281，捷克为4.281，爱沙尼亚为5.338，法国为5.872，匈牙利为3.703，立陶宛为4.074，拉脱维亚为4.457，荷兰为6.667，罗马尼亚为3.015，塞尔维亚为3.5，斯洛伐克为4.476，斯洛文尼亚为4.452，乌克兰为3.363。其中，港口基础设施建设质量最高的是荷兰，居2007年"渝新欧"辐射国家第一位；比利时和法国分列第二位和第三位；阿尔巴尼亚港口基础设施建设质量最低。

2008年"渝新欧"辐射国家港口基础设施建设质量，阿尔巴尼亚为2.438，较上年有所提升；比利时为6.302，较上年有微量下降；保加利亚为3.668，较上年有一定的提升；克罗地亚为3.350，较上年也有一定的提升；捷克为4.150，较上年有所下降；爱沙尼亚为5.478，较上年有所提升；法国较上年有较小的提高，为5.939；匈牙利也有所提升，为3.860；立陶宛为4.554，也较上年有小的提高；拉脱维亚较上年微有所下降，为4.375；荷兰为6.614，较上年稍微有所下降；罗马尼亚较上年有略微提升，为3.129；塞尔维亚较上年基本持平，为3.492；斯洛伐克较上年有所下降，

---

① 港口基础设施建设质量通过调查、问卷等方式，采用打分制评价，分值为1~7，从欠发达到发达高效。

为4.255；斯洛文尼亚较上年有略微提高，为4.813；乌克兰较上年略微提升，为3.466。

2009年"渝新欧"辐射国家港口基础设施建设质量，阿尔巴尼亚为3.221，较上年有明显提升；比利时为6.339，较上年有微量上升；保加利亚为3.620，较上年有一定的降低；克罗地亚为3.752，较上年有一定的提升；捷克为4.161，较上年有所提升；爱沙尼亚为5.602，较上年有所提升；法国较上年有提高，为5.886；匈牙利较上年有所提升，为3.925；立陶宛为4.733，也较上年有小的提高；拉脱维亚较上年有所提高，为4.404；荷兰为6.600，较上年有所下降；罗马尼亚较上年有略微的提升，为3.258；塞尔维亚较上年有所下降，为3.268；斯洛伐克较上年有微量降低，为4.125；斯洛文尼亚较上年有明显的提高，为5.248；乌克兰较上年有略微提升，为3.705。

2010年"渝新欧"辐射国家港口基础设施建设质量，阿尔巴尼亚为3.541，较上年有明显的提升；比利时为6.400，较上年有微量上升；保加利亚为3.787，较上年有提高；克罗地亚为3.997，较上年有微弱的提升；捷克为4.588，较上年有所提升；爱沙尼亚为5.626，较上年有上升趋势；法国较上年有所下降，为5.873；匈牙利较上年有所提升，为4.012；立陶宛为4.738，比上年略有所提高；拉脱维亚较上年有所提高，为4.689；荷兰为6.568，略有下降；罗马尼亚比上年有所下降，为2.968；塞尔维亚比上年有所下降，为2.826；斯洛伐克比上年有微量降低，为3.999；斯洛文尼亚比上年有微量的提高，为5.298；乌克兰基本稳定，为3.637。

2011年"渝新欧"辐射国家港口基础设施建设质量，阿尔巴尼亚为3.90，较上年有所提升；比利时为6.50，较上年有微量上升；保加利亚为3.80，较上年微有下降；克罗地亚为4.00，较上年基本稳定；捷克为4.7，较上年有所提升；爱沙尼亚为5.60，较上年微有下降；法国较上年有所下降，为5.60；匈牙利基本保持稳定，为4.00；立陶宛为4.90，较上年有所提高；拉脱维亚较上年微升，为4.70；荷兰为6.60，较上年微升；罗马尼亚较上年有所下降，为2.80；塞尔维亚有所下降，为2.70；斯洛伐克较上

年有微量降低，实际为3.90；斯洛文尼亚较上年有微量降低，为5.2；乌克兰较上年微升，为3.7。

2012年"渝新欧"辐射国家港口基础设施建设质量，阿尔巴尼亚为3.7，较上年有所下降；比利时为6.3，较上年有所下降；保加利亚为3.7，较上年有所下降；克罗地亚仍为4.0，与上年持平；捷克为4.6，较上年有所下降；爱沙尼亚仍与上年持平为5.6；法国较上年呈下降趋势，为5.4；匈牙利仍为4.0；立陶宛为5.2，较上年有明显提高；拉脱维亚较上年有一定提高，为4.8；荷兰为6.8，较上年稳中有升；罗马尼亚有所下降，为2.6；塞尔维亚仍为2.7；斯洛伐克较上年有微量增加，为4.0；斯洛文尼亚仍为5.2；乌克兰为4，较上年有明显提高。

2013年"渝新欧"辐射国家港口基础设施建设质量，阿尔巴尼亚为3.5，较上年持续下降；比利时仍为6.3；保加利亚为3.9，较上年有所提高；克罗地亚较上年有所提高，为4.3；捷克为4.4，较上年有所下降；爱沙尼亚仍为5.6；法国仍为5.4；匈牙利较上年有所下降为3.9；立陶宛为5.1，较上年有微量下降；拉脱维亚较上年有一定的提高，为5.1；荷兰保持仍为6.8；罗马尼亚较上年有所提高，为3.0；塞尔维亚较上年微量下降，为2.6；斯洛伐克较上年有所下降，为3.7；斯洛文尼亚较上年有所下降，为5.1；乌克兰3.7，较上年有较明显的下降趋势。

2014年"渝新欧"辐射国家港口基础设施建设质量，阿尔巴尼亚为3.7，较上年有所提高；比利时为6.4，较上年有所提高；保加利亚为4.2，较上年有所提高；克罗地亚较上年有所提高，为4.6；捷克为4.0，较上年有所下降；爱沙尼亚仍为5.6；法国较上年有所下降，为5.2；匈牙利较上年有所下降，为3.8；立陶宛为4.9，较上年有下降趋势；拉脱维亚较上年有一定提高，为5.2；荷兰仍为6.8；罗马尼亚较上年有所提高，为3.4；塞尔维亚仍为2.6；斯洛伐克较上年有所下降，为3.5；斯洛文尼亚较上年有所下降，为5.0；乌克兰较上年有较明显下降，为3.3。

2015年"渝新欧"辐射国家港口基础设施建设质量，阿尔巴尼亚为4.151，较上年有所提高；比利时为6.308，较上年有所下降；保加利亚为

3.905，较上年有所下降；克罗地亚较上年有微弱的下降，为4.549；捷克为3.604，较上年有所下降；爱沙尼亚较上年有微量降低，为5.547；法国较上年有微量提升，为5.281；匈牙利较上年有所下降，为3.372；立陶宛为4.855，较上年有下降趋势；拉脱维亚较上年微降，为5.180；荷兰较上年微降，为6.766；罗马尼亚较上年有所提高，为3.42；塞尔维亚较上年稳中有升，为2.673；斯洛伐克较上年有所下降，为3.165；斯洛文尼亚较上年有所下降，为4.970；乌克兰较上年有所下降，为3.161。

2016年"渝新欧"辐射国家港口基础设施建设质量，阿尔巴尼亚为4.2，较上年有较小幅度提高；比利时较上年保持稳定，为6.3；保加利亚为3.9，较上年保持稳定；克罗地亚较上年有微弱下降，为4.5；捷克为3.6，较上年保持稳定；爱沙尼亚较上年有微量降低，为5.5；法国较上年有微小上升为5.3；匈牙利较上年有较小提升，为3.4；立陶宛为4.9，较上年有上升趋势；拉脱维亚较上年有微小幅度上升，为5.2；荷兰较上年有微小幅度上升，6.8；罗马尼亚较上年微降，为3.4；塞尔维亚较上年稳中有升，为2.7；斯洛伐克较上年稳中有升，为3.2；斯洛文尼亚较上年有所增加，为5；乌克兰港口较上年有所提升，为3.2。

⑧出口所需文件数

2007年"渝新欧"辐射国家出口所需文件数，阿尔巴尼亚7份，比利时4份，保加利亚4份，克罗地亚6份，捷克4份，爱沙尼亚3份，法国4份，匈牙利6份，拉脱维亚5份，立陶宛4份，荷兰4份，罗马尼亚5份，塞尔维亚6份，斯洛伐克5份，斯洛文尼亚5份，乌克兰8份。其中，乌克兰出口所需文件数在2007年"渝新欧"辐射国家中最多，其次是阿尔巴尼亚，克罗地亚、匈牙利、塞尔维亚出口所需文件数并列第三位；爱沙尼亚是出口所需文件数最少的国家。

2008年"渝新欧"辐射国家出口所需文件数，阿尔巴尼亚7份，比利时4份，保加利亚4份，克罗地亚6份，捷克4份，爱沙尼亚3份，法国2份，匈牙利6份，拉脱维亚5份，立陶宛4份，荷兰4份，罗马尼亚5份，塞尔维亚6份，斯洛伐克5份，斯洛文尼亚5份，乌克兰8份。2008年

"渝新欧"辐射国家中出口所需文件数最多的国家仍是乌克兰；阿尔巴尼亚仍排第二位；塞尔维亚、匈牙利、克罗地亚仍然并列第三位；法国代替爱沙尼亚成为出口所需文件最少的国家。

2009年"渝新欧"辐射国家出口所需文件数，阿尔巴尼亚7份，比利时为4份，保加利亚4份，克罗地亚6份，捷克4份，爱沙尼亚3份，法国2份，匈牙利6份，拉脱维亚5份，立陶宛4份，荷兰4份，罗马尼亚5份，塞尔维亚6份，斯洛伐克5份，斯洛文尼亚5份，乌克兰8份。2009年"渝新欧"辐射国家中出口所需文件数量排名前三位和最后一位与上年相同。

2010年"渝新欧"辐射国家出口所需文件数，阿尔巴尼亚7份，比利时4份，保加利亚4份，克罗地亚6份，捷克4份，爱沙尼亚3份，法国2份，匈牙利6份，拉脱维亚5份，立陶宛4份，荷兰4份，罗马尼亚5份，塞尔维亚6份，斯洛伐克5份，斯洛文尼亚5份，乌克兰8份。2010年"渝新欧"辐射国家中出口所需文件数量排名前三位和最后一位与上年相同。

2011年"渝新欧"辐射国家出口所需文件数，阿尔巴尼亚7份，比利时4份，保加利亚4份，克罗地亚6份，捷克4份，爱沙尼亚3份，法国2份，匈牙利6份，拉脱维亚5份，立陶宛4份，荷兰4份，罗马尼亚5份，塞尔维亚6份，斯洛伐克5份，斯洛文尼亚5份，乌克兰8份。2011年"渝新欧"辐射国家中出口所需文件数量排名前三位和最后一位与上年相同。

2012年"渝新欧"辐射国家出口所需文件数，阿尔巴尼亚7份，比利时4份，保加利亚4份，克罗地亚6份，捷克4份，爱沙尼亚3份，法国2份，匈牙利6份，拉脱维亚5份，立陶宛4份，荷兰4份，罗马尼亚5份，塞尔维亚6份，斯洛伐克5份，斯洛文尼亚5份，乌克兰8份。2012年"渝新欧"辐射国家中出口所需文件数排名前三位和最后一位与上年相同。

2013年"渝新欧"辐射国家出口所需文件数，阿尔巴尼亚7份，比利时4份，保加利亚4份，克罗地亚6份，捷克4份，爱沙尼亚3份，法国2

份，匈牙利6份，拉脱维亚5份，立陶宛4份，荷兰4份，罗马尼亚5份，塞尔维亚6份，斯洛伐克5份，斯洛文尼亚5份，乌克兰8份。2013年"渝新欧"辐射国家中出口所需文件数排名前三位和最后一位与上年相同。

2014年"渝新欧"辐射国家出口所需文件数，阿尔巴尼亚7份，比利时4份，保加利亚4份，克罗地亚6份，捷克4份，爱沙尼亚3份，法国2份，匈牙利6份，拉脱维亚5份，立陶宛4份，荷兰4份，罗马尼亚5份，塞尔维亚6份，斯洛伐克5份，斯洛文尼亚5份，乌克兰8份。2014年"渝新欧"辐射国家中出口所需文件数排名前三位和最后一位与上年相同。

2015年"渝新欧"辐射国家出口所需文件数，阿尔巴尼亚7份，比利时4份，保加利亚4份，克罗地亚6份，捷克4份，爱沙尼亚3份；法国2份，匈牙利6份，拉脱维亚5份，立陶宛4份，荷兰4份，罗马尼亚5份，塞尔维亚6份，斯洛伐克5份，斯洛文尼亚5份，乌克兰8份。2015年"渝新欧"辐射国家中出口所需文件数排名前三位和最后一位与上年相同。

2016年"渝新欧"辐射国家出口所需文件数，每个国家出口所需文件数没有变化的。阿尔巴尼亚7份，比利时4份，保加利亚4份，克罗地亚6份，捷克4份，爱沙尼亚3份，法国为2份，匈牙利6份，拉脱维亚5份，立陶宛4份，荷兰4份，罗马尼亚5份，塞尔维亚6份，斯洛伐克5份，斯洛文尼亚5份，乌克兰8份。2016年"渝新欧"辐射国家中出口所需文件数排名前三位和最后一位与上年相同。

⑨进口所需文件数

2007年"渝新欧"辐射国家进口所需文件数，阿尔巴尼亚8份，比利时4份，保加利亚5份，克罗地亚7份，捷克6份，爱沙尼亚4份，法国5份，匈牙利6份，拉脱维亚6份，立陶宛5份，荷兰5份，罗马尼亚6份，塞尔维亚7份，斯洛伐克5份，斯洛文尼亚7份，乌克兰9份。其中，乌克兰进口所需文件数量为2007年"渝新欧"辐射国家中最多，阿尔巴尼亚以8份文件排名第二位；克罗地亚、塞尔维亚、斯洛文尼亚以7份文件数，并列第三位。比利时、爱沙尼亚两份国家并列为所需文件数最少的国家。

2008年"渝新欧"辐射国家进口所需文件数，阿尔巴尼亚8份，比利

时4份，保加利亚5份，克罗地亚7份，捷克6份，爱沙尼亚4份，法国2份，匈牙利6份，拉脱维亚6份，立陶宛5份，荷兰5份，罗马尼亚6份，塞尔维亚7份，斯洛伐克5份，斯洛文尼亚7份，乌克兰9份。2008年"渝新欧"辐射国家中进口所需文件数最多的前三位国家不变，而排名最后的由法国代替了比利时和爱沙尼亚。

2009年"渝新欧"辐射国家进口所需文件数，阿尔巴尼亚8份，比利时4份，保加利亚5份，克罗地亚7份，捷克6份，爱沙尼亚4份，法国2份，匈牙利6份，拉脱维亚6份，立陶宛5份，荷兰5份，罗马尼亚6份，塞尔维亚7份，斯洛伐克5份，斯洛文尼亚7份，乌克兰9份。2009年"渝新欧"辐射国家中进口所需文件数排名前三位和排名最后一位与上年相同。

2010年"渝新欧"辐射国家进口所需文件数，阿尔巴尼亚8份，比利时4份，保加利亚5份，克罗地亚7份，捷克6份，爱沙尼亚4份，法国2份，匈牙利6份，拉脱维亚6份，立陶宛5份，荷兰5份，罗马尼亚6份，塞尔维亚7份，斯洛伐克5份，斯洛文尼亚7份，乌克兰9份。2010年"渝新欧"辐射国家中进口所需文件数排名前三位和排名最后一位与上年相同。

2011年"渝新欧"辐射国家的进口所需文件数，阿尔巴尼亚8份，比利时是4份，保加利亚5份，克罗地亚7份，捷克6份，爱沙尼亚4份，法国2份，匈牙利6份，拉脱维亚6份，立陶宛5份，荷兰5份，罗马尼亚6份，塞尔维亚7份；斯洛伐克5份，斯洛文尼亚7份，乌克兰9份。2011年"渝新欧"辐射国家中进口所需文件数排名前三位和排名最后一位与上年相同。

2012年"渝新欧"辐射国家进口所需文件数，阿尔巴尼亚8份，比利时4份，保加利亚5份，克罗地亚7份，捷克6份，爱沙尼亚4份，法国2份，匈牙利6份，拉脱维亚6份，立陶宛5份，荷兰4份（比2011年出口所需文件数量减少1份），罗马尼亚6份，塞尔维亚7份，斯洛伐克5份，斯洛文尼亚7份，乌克兰9份。2012年"渝新欧"辐射国家中进口所需文件数排名前三位和最后一位与上年相同。

2013 年"渝新欧"辐射国家进口所需文件数，阿尔巴尼亚 8 份，比利时 4 份；保加利亚 5 份，克罗地亚 7 份，捷克 6 份，爱沙尼亚 4 份，法国 2 份，匈牙利 6 份，拉脱维亚 5 份（比上年进口所需文件数减少 1 份），立陶宛 5 份，荷兰 4 份，罗马尼亚 6 份；塞尔维亚 7 份；斯洛伐克 5 份，斯洛文尼亚 7 份，乌克兰 9 份。2013 年"渝新欧"辐射国家中进口所需文件数排名前三位和最后一位与上年相同。

2014 年"渝新欧"辐射国家的进口所需文件数，阿尔巴尼亚 8 份，比利时 4 份，保加利亚 5 份，克罗地亚 7 份，捷克 6 份；爱沙尼亚 4 份，法国 2 份，匈牙利 6 份，拉脱维亚 5 份，立陶宛 5 份，荷兰 4 份，罗马尼亚 6 份；塞尔维亚 7 份；斯洛伐克 5 份；斯洛文尼亚 7 份，乌克兰 9 份。2014 年"渝新欧"辐射国家中进口所需文件数排名前三位和最后一位与上年相同。

2015 年"渝新欧"辐射国家的进口所需文件数，阿尔巴尼亚 8 份，比利时 4 份，保加利亚 5 份，克罗地亚 7 份，捷克 6 份；爱沙尼亚 4 份，法国 2 份，匈牙利 6 份，拉脱维亚 5 份，立陶宛 5 份，荷兰 4 份，罗马尼亚 6 份，塞尔维亚 7 份，斯洛伐克 5 份，斯洛文尼亚 7 份，乌克兰 9 份。2015 年"渝新欧"辐射国家中进口所需文件数排名前三位和最后一位与上年相同。

2016 年"渝新欧"辐射国家的进口所需文件数，阿尔巴尼亚 8 份，比利时 4 份，保加利亚 5 份，克罗地亚 7 份，捷克 6 份，爱沙尼亚 4 份，法国 2 份，匈牙利 6 份，拉脱维亚 5 份，立陶宛 5 份，荷兰 4 份，罗马尼亚 6 份；塞尔维亚 7 份；斯洛伐克 5 份；斯洛文尼亚 7 份，乌克兰 9 份。2016 年"渝新欧"辐射国家中进口所需文件数排名前三位和最后一位与上年相同。

（2）产出视角

①出口周转时间

2007 年"渝新欧"沿线辐射国家出口周转时间中，捷克需要的周转时间最长，平均为 4.8 天；立陶宛排名第二，平均为 4.5 天的时间；第三为克罗地亚，需要为 4.3 天。保加利亚最短，平均为 1 天；其次为爱沙尼亚，平均为 1.3 天。大部分国家基本都能在 2 ~ 4 天进完成口周转。各个国家在经

历了之前三年的经济高增长后，2007年经济增长有所放缓，并且是经济危机爆发前一年，经济全球化还未完全成熟，出口周转所需要的时间长短不一。总体而言，周转时间较长的多为内陆国家，较短的多为沿海较为开放的国家。

2008年出口周转时间最长的国家依然是捷克，立陶宛和克罗地亚，需要的时间都为4~5天；最短的也依然是保加利亚，平均仅需要1天的时间。至于其他国家，基本没有太大的变化，所需时间和2007年无太大区别，都能在2~4天内完成出口周转。可见2008年全球经济危机虽然爆发，出口增速大幅下降、企业利润严重压缩、贸易环境不断恶化等，但是对于16个"渝新欧"沿线辐射国家来看，其出口周转所需要的时间变化不大，各个国家出口都保持在之前的水平。

2009年各个辐射国家的出口周转时间依然没有变化，和前两年维持一样的水平，最长时间的捷克，需要4.8天；最短时间的保加利亚，需要1天。可以看出，2008~2009年，各个国家的出口周转时间没有太大变化，都维持在一个稳定的水平，说明在全球经济危机的大背景下，各国经济发展止步不前，外贸方环境也开始恶化，各国交通物流等设施发展也受到阻碍，导致各国无法缩短出口周转所需时间。

2010年各国的出口周转时间开始降低，捷克、立陶宛等国家变化明显，从之前的4天左右降为2天左右。与之相反，爱沙尼亚周转时间明显变长，由之前的1天变为4天，成为出口周转所需时间最长的国家。此外，变化明显的国家还有斯洛文尼亚和克罗地亚，分别由3.7天降为1天，4.3天降为1天，成为16个沿线辐射国家中所需时间最短的两个国家。可以看出，2010年各个国家的外贸情况都有了一定的调整和发展，各国在经济危机后开始对外贸的发展进行调整，逐步开始降低出口周转所需时间。

2011年各国出口周转所需要的时间和2010年持平，各国几乎都没有太大变化，依然是爱沙尼亚所需时间最长，斯洛文尼亚和克罗地亚所需时间最短，其余各个国家平均所需要的周转时间都是两天左右。从中可以看出，这两年各国交通物流水平没有太大发展，维持现状。各国都在曲折缓慢地从经济危机当中复苏，外贸环境也在一步步恢复，需要一定的时间来调整和规划。

2012 年，大部分国家有效地缩短了出口周转时间，塞尔维亚、克罗地亚、拉脱维亚、立陶宛和爱沙尼亚都只需要 1 天的时间即可完成出口周转，爱沙尼亚不再是出口周转时间最长的国家，其他大部分国家也仅仅需要 2 天时间。变化比较大的国家还有阿尔巴尼亚，从 2011 年的平均 1.73 天变为 11 天。数据显示，2012 年阿尔巴尼亚整体外贸总额同比下滑。另外，时间延长的国家还有捷克，从 2.45 天上升为 5 天，2012 年捷克受欧债危机影响，经济进入衰退期，对外贸的影响也非常深远。

2013 年各个国家出口周转时间和 2012 年一样，没有任何变化，阿尔巴尼亚以 11 天的出口周转时间成为 16 个国家中用时最长的国家。阿尔巴尼亚的经济增长到 2013 年一直呈现削弱状态，经济发展缓慢，出口效率略低。

2014 年和 2013 年比较，有变化的国家不多。乌克兰从 2 天的出口周转时间增长为 5 天，匈牙利、荷兰、保加利亚和法国 4 个国家由上年的 2 天的出口周转时间降为 1 天，克罗地亚增加了一天，变为 2 天的出口周转时间，阿尔巴尼亚则降到了只需要 1 天的时间即可完成周转，其余国家均与上年同。"渝新欧"沿线各个辐射国家在经济危机爆发 5 年后，都在缓慢的复苏，特别是几个欧洲较大的经济体，如法国、荷兰等，在经历了欧债危机后外贸行业都已经开始慢慢步入正轨，物流效率开始提高。

2015 年和 2014 年情况一致，各个国家依旧保持 2014 年的进口周转时间。

2016 年部分国家出口周转时间有一些调整，但基本和之前保持了相对稳定。罗马尼亚由之前的 2 天周转时间变为 3 天，乌克兰由 5 天降为 3 天周转时间，荷兰由 1 天调整为 3 天，立陶宛由 1 天变为 2 天。捷克依然是所需时间最长的国家，需要 5 天，并且连续 5 年没有变化。比较稳定的国家是法国、保加利亚和萨尔维亚等，基本都能实现 1 天的出口周转时间。2015 年整个世界经济增速放缓，国际贸易呈负增长，对各个国家的出口周转时间都会有一定影响，对各国的国内物流发展也会带来挑战。

②进口周转时间

2007 年，"渝新欧"沿线辐射国家进口周转时间较为平均，基本为 2～4 天，其中所需时间最长的为捷克，平均需要 5.4 天的时间，时间最短的国家为保加利亚，只需 1 天时间即可完成进口周转；其次则是爱沙尼亚，只需 2.3 天。从各个国家进口时间可以看出，进口周转所需时间的长短排名和出口的排名相似，出口周转较快的国家进口时所需时间也较短，出口周转较慢的国家则在进口时耗时也较长。说明这些国家在进出口贸易中效率较高，发展较快，物流效率也会相对高一些。

2008～2009 年"渝新欧"辐射国家进口周转时间与 2007 年相同，没有变化。

2010 年部分国家进口周转时间波动较大。乌克兰从之前的 2.4 天变为 7 天，捷克从之前的 5.4 天降为 3.46 天，克罗地亚从 2.9 天降为 1 天，立陶宛从 4.5 天降为 2.29 天，爱沙尼亚从 2.3 天升为 4 天，保加利亚从 1 天升为 3.87 天，法国从之前的 4.5 天上升为 9 天，一跃成为需要时间最多的国家，比利时则从 3.5 天下降为 1.62 天。克罗地亚和拉脱维亚成为所需时间最少的两个国家。其余国家基本都能在 2～4 天内完成周转，与 2010 年出口周转时间对比来看，进口时间都要长于出口时间，特别是法国，受欧债危机影响，进口需要比其他国家多出一倍的时间，在进口周转上效率较低。

2011 年与 2010 年一样，各国没有变化。

2012 年大部分国家进口周转时间有所降低，平均只需要 1～2 天的时间即可完成周转，例如斯洛伐克、塞尔维亚、乌克兰、匈牙利、立陶宛、爱沙尼亚都在一定程度上缩短了进口周转所需时间。时间增加较显著的国家有克罗地亚，从 2011 年的 1 天增加为 8 天，捷克从 3.46 天增加到 5 天。法国依然保持最长的进口的周转时间，9 天。

2013 年，连续三年进口周转时间最长的法国在这一年将时间降为 1 天，成为与萨尔维亚、立陶宛、阿尔巴尼亚和爱沙尼亚四个国家所需时间并列的国家。乌克兰在这一年进口周转时间也出现了变化，从之前的 2 天变为 5 天，克罗地亚从 8 天调整为 3 天，其余国家基本保持不变。与 2013 年出口周转时间相比,各个国家在进口中都会消耗更多时间,平均时间都会多1~2天,这说明各个国家的进口工序更多,程序更复杂,效率要略低于出口。

2014年"渝新欧"辐射国家进口周转时间与2013年相同。

2015年与前两年相比变化不大,罗马尼亚从之前的2天时间变为3天,萨尔维亚从之前1天调整为2天,乌克兰从5天又重新回到2天时间,拉脱维亚由2天降为1天,立陶宛从1天增长为3天;捷克依然是需要时间最长的国家,平均需要5天的时间。与各个国家同年出口时间相对比,2015年各个国家进口需要的周转时间依然长于出口,但总体来说差别不太大,捷克在进出口周转中都需要5天的时间。

2016年"渝新欧"辐射国家进口周转时间与2015年数据相同。

③货柜码头吞吐量

特别说明,2007~2016年斯洛伐克、萨尔维亚、匈牙利和捷克四个国家,货柜码头吞吐量为0。

2007年,各个国家货柜码头吞吐量差异非常显著,荷兰、法国和比利时三个国家拥有较高的吞吐量,分别为11290260标准箱、4984492标准箱和10257511标准箱。其余国家的吞吐量都不大,都在1500000标准箱以内,最少的国家阿尔巴尼亚,一年只有33127标准箱。可以看出,各个国家之间,特别是发展国家和发展中国家,在港口生产经营活动上差距比较明显,像荷兰、法国这样的经济大国在港口经营、管理和操作中也会更有优势,更有效率。

2008年大部分国家货运码头吞吐量有一定的提高,其中荷兰提高了0.6%,达到11362089标准箱,比利时提高了6.6%,达到10937134标准箱。货运码头吞吐量第三位的法国或许是受金融危机影响,在2008年数据有所下降,比上一年降低了1.9%,只有4887718标准箱。其余国家除了罗马尼亚、拉脱维亚两个国家数据有所下滑外,其余都有一定比例的提高。增幅最显著的国家为保加利亚,从130694标准箱增加为203253标准箱,增加了55.5%。排名最后的阿尔巴尼亚在这一年货运码头吞吐量也有显著的提高,从33127标准箱提高到46798标准箱,有41.3%的增长。

受全球金融危机的影响，2009 年除阿尔巴尼亚以外的所有国家货运码头吞吐量开始大量下滑，只有阿尔巴尼亚从上年的 46798 标准箱增加为 68780 标准箱，实现了 47% 的增长，但总体来说依然是所有国家中吞吐量最少的国家。排名第一位和第二位的荷兰、比利时吞吐量分别下降了 11.4% 和 11.3%，为 10066374 标准箱和 9701494 标准箱，排名第三的法国下降较少，从 4887718 标准箱下降为 4674198 标准箱，下降了 4.4%。受影响最深的国家是罗马尼亚，从 1380935 标准箱降为 594299 标准箱，下降了 57%。另外变化较多的国家是乌克兰，下降了 54%。

2010 年部分国家港口经营开始复苏，货运码头吞吐量开始恢复，荷兰从上年的 10066374 标准箱恢复到 11420107 标准箱，增加了 13.4%；比利时从 9701494 标准箱恢复到 11051290 标准箱，增加了 13.9%；法国依然呈下降趋势，从上年的 4674198 标准箱继续下降到 4580142 标准箱，下降了 20.1%，还没有从危机当中恢复。其余货柜码头吞吐量低于 1500000 标准箱的国家中，除罗马尼亚吞吐量持续在下降外，其余国家都有了一定的调整和上涨。爱沙尼亚上涨幅度最大，提高了 72.9%，从 2009 年的 130939 标准箱提高到 226457 标准箱。

2011 年，荷兰货柜码头吞吐量上升明显，从 11420107 标准箱上升为 12266249 标准箱，提高了 7.4%，国家的港口经营活动渐渐恢复。比利时吞吐量下降，从 11051290 标准箱下降到 10950721 标准箱，下降 0.9%，虽然变化不大，但拉开了与荷兰的差距。法国在 2011 年继续下降，货柜码头吞吐量下降到 4564238 标准箱，下降了 0.3%。其余国家除爱沙尼亚在下降了 12.7% 以外，都出现了稳定的增长。增长最为明显的国家为立陶宛，从 295226 标准箱增加为 382185 标准箱，增幅达 29.4%。

2012 年各个国家货柜码头吞吐量基本保持平稳不变，排名第一的荷兰从 2011 年的 12266249 标准箱增长到 12282447 标准箱，增幅仅为 0.1%。比利时吞吐量略微有一些下降，有 2.5% 的下降幅度，为 10676498 标准箱。法国在经历了连续四年的吞吐量下降后，开始有所回升，达到 4797777 标准箱，增长了 5.1%。其余国家都的货柜码头吞吐量都基本和上年持平，保持小幅度增长，其中拉脱维亚一直保持稳健的发展，在 2012 年提高了 19.6%。

2013 年各个国家依然保持了稳定缓慢的增长。排名第一的荷兰吞吐量有所下降，从上年的 12282447 标准箱下降到 12046068 标准箱，下降幅度为 1.9%。比利时有 1.8% 的增长幅度，吞吐量为 10868949 标准箱。排名第三的法国也持续增长，达到 4988448 标准箱，增幅为 4%。其余较小经济体的国家平均增幅在 5% 左右，这表明在 2013 年，各个国家在金融危机爆发的 5 年后，都逐渐恢复了进出港口的经营情况，能及时做出相应的调整，保证了货柜码头吞吐量不受太大的波动。

2014 年，除乌克兰外各个国家的货柜码头吞吐量都有了一定的上升。荷兰在这一年提高了 5.2% 的吞吐量，为 12671464 标准箱；比利时提升了 1.8%，达到 11061400 标准箱；法国提升了 4.3%，达到 5207128 标准箱。

2015 年受世界经济波动影响，荷兰货柜码头吞吐量有所降低，由上年的 12671464 标准箱下降为 12609016 标准箱，下降 0.4%；法国和比利时都能够保持平稳上升，分别提高了 8.1% 和 1.6%，吞吐量分别为 5627630 标准箱和 11237600 标准箱。在其余国家中增长幅度较大的有斯洛文尼亚，提高了 22.2%，达到 791000 标准箱；下降幅度的国家有乌克兰（降低 27.8%）、克罗地亚（降低 14.2%）、爱沙尼亚（降低 19.8%）和立陶宛（降低 12.7%）。

2016 年各个国家都从经济危机中得到复苏，货柜码头吞吐量都得到了一定程度的上升。发展最快、港口经营最完善的依然是荷兰、比利时和法国三个国家。荷兰吞吐量为 12800244 标准箱，比上年增加了 1.5%；比利时比上年增加了 2%，为 11459909 标准箱；法国比上年增加了 2.5%，为 5768351 标准箱。其余国家基本达到了 5% ~10% 的增幅。

④铁路货运量

2007 年，在"渝新欧"沿线 16 个辐射国家中，乌克兰铁路货运量最高，总共 2408.10 亿吨公里，领先排名第二的铁路货运量为 424.35 亿吨公里的法国五倍。16 个国家中货运量最低的国家为阿尔巴尼亚，仅有 0.53 亿

吨公里。其余铁路货运量超过 100 亿吨的国家只有罗马尼亚、捷克、拉脱维亚、立陶宛四个国家。值得注意的是，荷兰作为欧洲经济大国，在铁路货运量上面却只有 29.70 亿吨公里，说明铁路不是荷兰的主要运输工具。辐射国家的铁路货运量普遍偏低，说明在铁路方面各国的周转能力不是很强，铁路运输产量不高。

2008 年乌克兰铁路货运量有了一定的提高，由上年的 2408.10 亿吨提高到 2570.06 亿吨公里，提高了 6.7%。货运量最低的依然是阿尔巴尼亚，保持 0.53 亿吨公里不变。受 2008 年美国金融危机影响，大部分国家铁路货运量在这一年有所降低。比利时由 2007 年的 93.57 亿吨公里下降为 78.82 亿吨公里，保加利亚由 52.42 亿吨下降为 46.73 亿吨公里，捷克由 169.72 亿吨公里下降为 159.61 亿吨公里，爱沙尼亚由 81.53 亿吨公里下降为 56.83 亿吨公里，法国由 424.35 亿吨公里下降为 415.30 亿吨公里，克罗地亚由 35.74 亿吨公里下降为 33.12 亿吨公里，匈牙利由 83.23 亿吨公里下降为 77.86 亿吨公里，罗马尼亚由 134.71 亿吨公里下降为 128.61 亿吨公里，塞尔维亚由 44.17 亿吨公里下降为 42.14 亿吨公里，斯洛伐克由 99.31 亿吨公里下降为 99.04 亿吨公里，斯洛文尼亚由 36.03 亿吨公里下降为 35.20 亿吨公里。

2009 年，罗马尼亚货运量持续下降，为 89.02 亿吨公里，斯洛伐克降为 64.65 亿吨公里，斯洛文尼亚下降至 26.68 亿吨公里，塞尔维亚下降至 30.13 亿吨公里，乌克兰也呈下降势态，为 1961.88 亿吨公里。匈牙利下降严重，仅有 4.47 亿吨公里的货运量。荷兰表现较稳定，总共为 31.00 亿吨公里。捷克下降至 112.49 亿吨公里，克罗地亚降为 26.41 亿吨公里，依然下降。拉脱维亚表现良好，货运量有一定提升，为 186.93 亿吨公里。立陶宛也呈下降趋势，为 118.88 亿吨公里。阿尔巴尼亚则仅有 0.46 亿吨公里货运量。爱沙尼亚略有提高，为 57.80 亿吨公里。保加利亚货运量降为 31.52 亿吨公里。法国则下降严重，货运量为 264.82 亿吨公里，为改善铁路货运，法国政府宣布，在 2020 年前将向铁路货运投资 70 亿欧元，以减少公路货运和二氧化碳排放量。比利时依然是下降趋势，货运量为 54.72 亿吨公里。

2010 年各个国家的铁路货运量表现如下。罗马尼亚为 91.34 亿吨公里，斯洛伐克为 76.69 亿吨公里，斯洛文尼亚为 32.83 亿吨公里，塞尔维亚为 38.68 亿吨公里，乌克兰为 2180.91 亿吨公里，匈牙利为 10.00 亿吨公里，荷兰为 35.00 亿吨公里，捷克为 135.92 亿吨公里，克罗地亚为 26.18 亿吨公里，拉脱维亚为 171.64 亿吨公里，立陶宛为 134.31 亿吨公里，阿尔巴尼亚为 0.46 亿吨公里，爱沙尼亚为 62.61 亿吨公里，保加利亚为 30.61 亿吨公里，法国为 228.40 亿吨公里，比利时为 54.39 亿吨公里。与 2009 年相比，罗马尼亚、斯洛伐克、斯洛文尼亚、塞尔维亚、乌克兰、匈牙利、荷兰、捷克、立陶宛、爱沙尼亚货运量有所提高，而克罗地亚、拉脱维亚、保加利亚、法国、比利时五个国家依然持续下降。

2011 年各个国家的铁路货运量表现如下。罗马尼亚为 135.39 亿吨公里，斯洛伐克为 72.90 亿吨公里，斯洛文尼亚为 35.84 亿吨公里，塞尔维亚为 37.97 亿吨公里，乌克兰为 2438.66 亿吨公里，匈牙利为 7.33 亿吨公里，荷兰为 35.00 亿吨公里，捷克为 138.72 亿吨公里，克罗地亚为 24.38 亿吨公里，拉脱维亚为 171.64 亿吨公里，立陶宛为 150.88 亿吨公里，阿尔巴尼亚为 0.446 亿吨公里，爱沙尼亚为 60.34 亿吨公里，保加利亚为 32.91 亿吨公里，法国为 232.42 亿吨公里，比利时为 54.39 亿吨公里。与 2010 年相比，罗马尼亚、斯洛文尼亚、乌克兰、荷兰、捷克、立陶宛、保加利亚、法国货运量有所提高，而斯洛伐克、萨尔维亚、匈牙利、克罗地亚、拉脱维亚、爱沙尼亚六个国家依然持续下降，拉脱维亚、阿尔巴尼亚和比利时保持不变。

2012 年各国数据变化不大，阿尔巴尼亚和比利时依然维持货运量不变，分别为 0.46 亿吨公里和 54.39 亿吨公里。罗马尼亚继续下降，货运量为 11.20 亿吨公里。斯洛伐克几乎没有变化，为 72.62 亿吨公里。斯洛文尼亚下降为 32.27 亿吨公里。塞尔维亚下降较多，为 29.55 亿吨公里。乌克兰基本保持稳定，货运量为 2377.22 亿吨公里。匈牙利增加明显，货运量为 11.79 亿吨公里。荷兰则表现平平，货运量为 40.00 亿吨公里。捷克有所下降，为 114.23 亿吨公里。克罗地亚保持稳定，为 23.32 亿吨公里。立陶宛

变化也不大，为141.72亿吨公里。保加利亚有所下降，为28.50亿吨公里。法国增长明显，为316.16亿吨公里。

2013年，阿尔巴尼亚的铁路货运量依然没有变化，为0.46亿吨公里。爱沙尼亚为48.07亿吨公里。罗马尼亚为90.92亿吨公里，斯洛伐克为68.10亿吨公里，斯洛文尼亚为35.34亿吨公里，塞尔维亚为26.46亿吨公里，乌克兰为2244.34亿吨公里，匈牙利为7.05亿吨公里，荷兰为39.74亿吨，捷克为105.88亿吨公里，克罗地亚为20.86亿吨公里，拉脱维亚为149.91亿吨公里，立陶宛为133.44亿吨公里，保加利亚为25.91亿吨公里，法国为240.32亿吨公里，比利时为52.20亿吨公里。2013年，部分国家铁路货运量波动较大，如匈牙利、法国、拉脱维亚等。

2014年，除阿尔巴尼亚和爱沙尼亚铁路货运量和2013年相比没有变化外，其余国家数据如下。罗马尼亚为102.65亿吨公里，斯洛伐克为68.88亿吨公里，斯洛文尼亚为38.47亿吨公里，塞尔维亚为25.89亿吨公里，乌克兰为2112.33亿吨公里，匈牙利为4.39亿吨公里，捷克为98.71亿吨公里，克罗地亚为21.19亿吨公里，拉脱维亚为152.57亿吨公里，立陶宛为143.07亿吨公里，保加利亚为25.72亿吨公里，法国为245.98亿吨公里，比利时为54.39亿吨公里。总体来说2014年各个国家基本保持稳定，变化幅度不大，大部分国家的铁路货运量都有小幅度增长。匈牙利是波动较大的国家，货运量大幅下降。

2015年，阿尔巴尼亚、爱沙尼亚和比利时维持与2014年相同的铁路货运量。罗马尼亚为105.98亿吨公里，斯洛伐克为68.39亿吨公里，斯洛文尼亚为38.53亿吨公里，塞尔维亚为29.42亿吨公里，乌克兰为1950.54亿吨公里，匈牙利为4.48亿吨公里，荷兰为41.00亿吨公里，捷克为110.95亿吨公里，克罗地亚为21.84亿吨公里，拉脱维亚为130.23亿吨公里，立陶宛为140.36亿吨公里，保加利亚为26.33亿吨公里，法国为331.16亿吨公里，法国是16个国家中货运量上涨幅度最大国家，达34.6%。

2016年，各个国家的铁路货运量相对稳定，只有罗马尼亚和拉脱维亚下降为较明显，前者由2015年的105.98亿吨公里下降为85.87亿吨公里，后者由 130.23 亿吨公里下降为 118.38 亿吨公里。其余国家中，斯洛伐克货运量为 70.72 亿吨公里，斯洛文尼亚为 39.63 亿吨公里，塞尔维亚为 30.86 亿吨公里，乌克兰为 1875.57 亿吨公里，匈牙利为 4.55 亿吨公里，荷兰为 41.90 亿吨公里，捷克为 109.49 亿吨公里，克罗地亚为 18.71 亿吨公里，立陶宛为 137.90 亿吨公里，保加利亚为 23.64 亿吨公里。阿尔巴尼亚、爱沙尼亚、法国和比利时货运量没有发生变化。

从过去的 10 年可以看出，乌克兰一直是最重视铁路货运的国家，货运量一直遥遥领先与其他"渝新欧"沿线辐射国家。

⑤航空货运量

2007 年，在"渝新欧"沿线 16 个辐射国家中，除荷兰、法国和比利时三个欧洲经济大国外，其余国家几乎没有航空货运，如阿尔巴尼亚、爱沙尼亚等国家，航空货运量平均只有 100 万吨公里，稍微高一点的乌克兰，也只有 6320 万吨公里。航空货运量最高的是法国，在 2007 年的货运量为 64.25 亿万吨公里；其次是荷兰，货运量为 50.06 亿吨公里；最后是比利时，货运量为 7.55 亿吨公里。相比铁路运输，航空运输更加安全、快捷、方便，因此更受荷兰、法国和比利时这样的国家欢迎，发展和运营更加完善。而其他国家经济条件有限，航空运输发展缓慢滞后。

2008 年受经济危机的影响，荷兰和法国的航空货运量都有所降低，荷兰降为 49.03 亿吨公里，法国为 61.88 亿吨公里，唯有比利时在 2008 年货运量提高，由 7.55 亿吨公里提高到 9.82 亿吨公里，提高了 30%。其他国家，罗马尼亚 642 万吨公里，斯洛伐克为 4591 万吨公里，斯洛文尼亚为 195 万吨公里，塞尔维亚 341 为万吨公里，乌克兰为 6336 万吨公里，匈牙利为 1176 百万吨公里，捷克为 2717 万吨公里，克罗地亚为 233 万吨公里，拉脱维亚为 1378 万吨公里，立陶宛为 129 万吨公里，阿尔巴尼亚为 11 万吨公里，爱沙尼亚为 97 万吨公里，保加利亚为 228 万吨公里。各个国家之间在航空运输中相差比较大。

2009 年法国和比利时货运量上涨明显，分别由 61.88 亿吨公里和 9.82 亿万吨公里增长至 66.25 亿吨公里和 14.28 亿吨公里。荷兰略微有一些下降，为 45.20 亿吨公里。变化较明显的还有斯洛伐克，航空货运量仅为 23

万吨公里。立陶宛在增加了一定的货运量，达743万吨公里。至于其他国家，乌克兰和去年相比没有变化，阿尔巴尼亚上升至15万吨公里，罗马尼亚下降至398万吨公里，斯洛文尼亚上升至283万吨公里，匈牙利下降至98万吨公里，捷克下降至2238万吨公里，克罗地亚下降至192万吨公里，拉脱维亚上升至1836万吨公里，爱沙尼亚下降至58万吨公里，保加利亚下降至173万吨公里。

2010年荷兰航空货运量上涨明显，成为16个辐射国家中货运量最多的国家，达到64.44亿吨公里，法国则从第一位降至第二位，货运量为50.98亿吨公里。比利时货运量也有所下降，为10.67亿吨公里，依然处于辐射国家中第三位。其余国家波动幅度不大，罗马尼亚为516万吨公里，斯洛伐克为2591万吨公里，斯洛文尼亚为153万吨公里，塞尔维亚为213万吨公里，乌克兰为6932万吨公里，匈牙利为561万吨公里，捷克为1799万吨公里，克罗地亚为152万吨公里，拉脱维亚为548万吨公里，立陶宛为264万吨公里，阿尔巴尼亚为16万吨公里，爱沙尼亚为415万吨公里，保加利亚为214万吨公里。

2011年荷兰货运量有所下降，为63.47亿万吨公里，法国基本保持稳定，货运量为50.69亿吨公里，比利时增长较明显，货运量达12.41亿吨公里。其余国家没有太大变化，罗马尼亚为61万吨公里，斯洛伐克为161万吨公里，塞尔维亚为223万吨公里，乌克兰为8092万吨公里，匈牙利为585万吨公里，捷克为1672万吨公里，克罗地亚为167万吨公里，拉脱维亚为531万吨公里，立陶宛为229万吨公里，阿尔巴尼亚为17万吨公里，爱沙尼亚为487百万吨公里，保加利亚为23万吨公里。

2012年荷兰和法国航空货运量下降明显，荷兰下降至60.15亿吨公里，法国下降至46.26亿吨公里，比利时达13.70亿吨公里。克罗地亚为174万吨公里，斯洛伐克为2591万吨公里，斯洛文尼亚为113万吨公里，塞尔维亚为145万吨公里，乌克兰为7578万吨公里，捷克为111万吨公里，克罗地亚为174万吨公里，立陶宛为306万吨公里，阿尔巴尼亚为16万吨公里，爱沙尼亚为252万吨公里，保加利亚为193万吨公里。波动较大的国家为匈牙利，从上年的 585 万吨公里降至 47 万吨公里，匈牙利航空公司在年初，宣布停止运转。

2013 年荷兰和法国航空货运量持续降低，分别为 57.54 亿吨公里和 43.27 亿吨公里。比利时则上升为 15.61 亿吨公里。罗马尼亚为 526 万吨公里，斯洛伐克为 2591 万吨公里，斯洛文尼亚为 99 万吨公里，塞尔维亚为 145 万吨公里，乌克兰为 1438 万吨公里，匈牙利为 585 万吨公里，捷克为 1993 万吨公里，克罗地亚为 147 万吨公里，拉脱维亚为 376 万吨公里，立陶宛为 500 万吨公里，阿尔巴尼亚为 16 万吨公里，爱沙尼亚为 11 万吨公里，保加利亚为 173 万吨公里。总体来说 2013 年除乌克兰大幅下降外，各国航空货运量变化幅度不大，少部分国家货运量提升。

2014 年世界贸易环境改善，全球航空货运量都有所增加。16 个辐射国家航空货运量如下，罗马尼亚 529 万吨公里，斯洛伐克 2591 万吨公里，斯洛文尼亚 109 万吨公里，塞尔维亚 275 万吨，乌克兰 2209 万吨，匈牙利 585 万吨，荷兰 57.26 亿吨公里，捷克 3082 万吨公里，克罗地亚 98 万吨公里，拉脱维亚 351 万吨公里，立陶宛 47 万吨公里，阿尔巴尼亚 16 万吨公里，爱沙尼亚 90 万吨公里，保加利亚 172 万吨公里，法国 41.51 亿吨公里，比利时 15.96 亿吨公里。在三大航空国家中，法国和荷兰的货运量依然持续下降，比利时持续上升，其他国家变化不大。

2015 年国际航空货运量得到提振，特别是客运增长达到了 2004～2007 年的增长水平，而航空货运市场也温和增长。"渝新欧"沿线 16 个辐射国家货运量如下：罗马尼亚 472 万吨公里，斯洛伐克 2591 万吨公里，斯洛文尼亚 97 万吨公里，塞尔维亚 317 万吨公里，乌克兰 3774 万吨公里，匈牙利 585 万吨公里，荷兰 52.93 亿吨公里，捷克 2662 万吨公里，克罗地亚 78 万吨公里，拉脱维亚 228 万吨公里，立陶宛 57 万吨公里，阿尔巴尼亚 16 万吨公里，爱沙尼亚 87 万吨公里，保加利亚 153 万吨公里，法国 40.98 亿吨公里，比利时 14.80 亿吨公里。

2016 年初全球航空货运量疲软之后，下半年出现复苏。特别是硅原料货运量增加及新出口订单明显好转都推动了下半年的需求，为 2016 年年终

航空货运稳健增长起到了一定的推动作用。在辐射国家中，荷兰虽然有所下降，但依然以47.46亿吨公里稳居第一位，法国以41.55亿吨公里的货运量实现了上涨，比利时为15.00亿吨公里。在其余国家中，罗马尼亚422万吨公里，斯洛伐克2591万吨公里，斯洛文尼亚87万吨公里，塞尔维亚458万吨公里，乌克兰4007万吨公里，匈牙利585万吨公里，捷克2529万吨公里，克罗地亚66万吨公里，拉脱维亚216万吨，立陶宛49万吨公里，阿尔巴尼亚16万吨公里，爱沙尼仅有0.3万吨公里，保加利亚177万吨公里。

⑥交通运输、仓储及通信产值

2007年，法国是交通运输、仓储及通信产值最高的国家，达1273.30亿美元，远远高于其他国家；其次是荷兰，产值为412.60亿美元；排名第三的是比利时，产值为290.46亿美元；产值最低的国家为斯洛伐克，仅4682美元。其余国家产值分别为：罗马尼亚110.05亿美元，斯洛文尼亚27.53亿美元，塞尔维亚16.86亿美元，乌克兰26.82亿美元，匈牙利65.68亿美元，捷克152.55亿美元，克罗地亚34.80亿美元，拉脱维亚22.34亿美元，立陶宛189.26亿美元，阿尔巴尼亚9.15亿美元，爱沙尼亚20.32亿美元，保加利亚30.28亿美元。

2008年各国交通运输、仓储及通信产值均有所提高，经济危机的影响还没有波及交通运输产值。其中法国增长为1314.40亿美元，荷兰为411.90亿美元，比利时增为300.30亿美元。其余国家比上年都有一定比例的增长，罗马尼亚产值增长至130.14亿美元，斯洛伐克为5443美元，斯洛文尼亚为29.32亿美元，塞尔维亚为19.91亿美元，乌克兰为33.33亿美元，匈牙利为69.41亿美元，捷克为159.66亿美元，克罗地亚为38.87亿美元，拉脱维亚为25.90亿美元，立陶宛为203.53亿美元，阿尔巴尼亚为8.15亿美元，爱沙尼亚为21.39亿美元，保加利亚为35.36亿美元。

2009年受经济危机影响，部分国家产值开始下降，罗马尼亚下降至118.64亿美元，斯洛伐克下降至4825美元，斯洛文尼亚下降至26.07亿美元，克罗地亚下降为34.28亿美元，拉脱维亚下降至22.46亿美元，立陶宛下降至190.02亿美元，爱沙尼亚下降至19.07亿美元。其余国家则保持着上升的趋势，塞尔维亚为 20.70 亿美元，乌克兰、匈牙利和捷克表现良好，总产值分别为 37.15 亿美元、73.14 亿美元和 166.77 亿美元，比上年有较大幅度提升。荷兰为 412.19 亿美元。阿尔巴尼亚为 8.35 亿美元，保加利亚为 36.34 亿美元，法国和比利时则变化不大，分别为 1331.03 亿美元和 310.17 美元。

2010 年各国产值如下：罗马尼亚为 116.44 亿美元，斯洛伐克为 4855 美元，斯洛文尼亚为 28.82 亿美元，塞尔维亚为 21.48 亿美元，乌克兰为 42.49 亿美元，匈牙利为 768.70 亿美元，荷兰为 412.48 亿美元，捷克为 173.88 亿美元，克罗地亚为 33.56 亿美元，拉脱维亚为 23.88 亿美元，立陶宛为 196.53 亿美元，阿尔巴尼亚为 7.97 亿美元，爱沙尼亚为 19.83 亿美元，保加利亚为 35.80 亿美元，法国为 1347.65 亿美元，比利时为 320.04 亿美元。

2011 年，各国产值如下：罗马尼亚为 119.24 亿美元，斯洛伐克为 5326 美元，斯洛文尼亚为 31.57 亿美元，塞尔维亚为 22.26 亿美元，乌克兰为 50.98 亿美元，匈牙利为 806.01 亿美元，荷兰为 412.78 亿美元，捷克为 180.98 亿美元，克罗地亚为 33.09 亿美元，拉脱维亚为 25.30 亿美元，立陶宛为 203.02 亿美元，阿尔巴尼亚为 8.58 亿美元，爱沙尼亚为 21.56 亿美元，保加利亚为 36.26 亿美元，法国为 1364.27 亿美元，比利时为 329.92 亿美元。在 16 个国家中，斯洛文尼亚、匈牙利以及阿尔巴尼亚增长较多，发展较快。

2012 年依然是较为稳定的一年，各个国家产值没有太大变化。罗马尼亚为 122.03 亿美元，斯洛伐克为 5068 美元，斯洛文尼亚为 34.32 亿美元，塞尔维亚为 23.05 亿美元，乌克兰为 49.68 亿美元，匈牙利为 84.33 亿美元，荷兰为 413.07 亿美元，捷克为 188.09 亿美元，克罗地亚为 36.62 亿美元，拉脱维亚为 26.72 亿美元，立陶宛为 209.52 亿美元，阿尔巴尼亚为 8.52 亿美元，爱沙尼亚为 23.04 亿美元，保加利亚为 36.72 亿美元，法国为 1380.90 亿美元，比利时为 33.98 亿美元。

2013 年各国交通运输、仓储及通信产值都得到了一定的发展，除阿尔

巴尼亚和爱沙尼亚两个国家有略微下滑。以法国为代表的欧洲国家，在2013年加速了信息化的发展，信息技术产业在欧洲经济中占有的地位越来越高。法国在2013年的总产值为1397.52亿美元，第二名的荷兰产值为413.37亿美元，比利时为349.67亿美元。其余国家成绩如下：罗马尼亚124.84亿美元，斯洛伐克5342美元，斯洛文尼亚37.07亿美元，塞尔维亚23.84亿美元，乌克兰51.59亿美元，匈牙利88.06亿美元，捷克195.20亿美元，克罗地亚40.16亿美元，拉脱维亚28.14亿美元，立陶宛216.02亿美元，阿尔巴尼亚7.85亿美元，爱沙尼亚22.79亿美元，保加利亚37.18美元。

2014年除阿尔巴尼亚外，所有国家的产值都得到了一定的提升与发展。各国数据如下：罗马尼亚为127.64亿美元，斯洛伐克为5476美元，斯洛文尼亚为39.82亿美元，塞尔维亚为24.62亿美元，乌克兰为53.51亿美元，匈牙利为91.80亿美元，荷兰为413.66亿美元，捷克为202.31亿美元，克罗地亚为43.69亿美元，拉脱维亚为29.56亿美元，立陶宛为222.51亿美元，阿尔巴尼亚为7.07亿美元，爱沙尼亚为23.54亿美元，保加利亚为37.64亿美元，法国为1414.15亿美元，比利时为359.54亿美元。

2014年，阿尔巴尼亚获得了欧盟候选国资格，但阿尔巴尼亚整体经济增长放慢，财政赤字增加，影响到交通运输、仓储及通信产值的发展。

2015年增长最快的国家为克罗地亚，增长幅度达8%，总产值达到47.22亿美元。荷兰没有变化，为413.95亿美元。唯一一个产值降低的国家为斯洛伐克，由之前的5476美元降为4747美元。其余国家的产值分别为：罗马尼亚为130.43美元，斯洛文尼亚为42.57亿美元，塞尔维亚为25.41美元，乌克兰为55.42亿美元，匈牙利为95.53亿美元，捷克为209.42美元，拉脱维亚为30.97亿美元，立陶宛为229.01亿美元，阿尔巴尼亚为7.28亿美元，爱沙尼亚为24.29亿美元，保加利亚为38.11亿美元，法国为1430.77亿美元，比利时为369.42亿美元。

2016年所有国家的产值都有所提升，但增长幅度较上年较低。增长最快都依然是克罗地亚，维持了其7.5%的增长率，产值为50.76亿美元，该国在这两年期间发展也较为迅速。法国发展依然遥遥领先于其他国家，产值为 1447.40 亿美元。荷兰为 414.25 亿美元，比利时为 379.29 亿美元，罗马尼亚为 133.23 亿美元，斯洛伐克为 4870 美元，斯洛文尼亚为 45.32 亿美元，塞尔维亚为 26.19 亿美元，乌克兰为 57.33 亿美元，匈牙利为 99.26 亿美元，捷克为 216.53 亿美元，拉脱维亚为 32.39 亿美元，立陶宛为 23551 亿美元，阿尔巴尼亚为 7.49 亿美元，爱沙尼亚为 25.04 亿美元，保加利亚为 38.57 亿美元。

⑦公路货运量

2007 年，公路货运量最高的国家为法国，远远超过其他辐射国家，为 3300 亿吨；公路运输是法国各种运输方式中的主要方式，法国的公路网在欧盟国家中是最密集和最长的，其公路的质量和密度也居世界前列。其余国家发展比较平均，基本都在 500 亿吨以内。超过 500 亿吨的国家有，罗马尼亚 595.17 亿吨，荷兰 664.80 亿吨，比利时 520 亿吨。其他国家公路货运量如下：斯洛伐克 236.78 亿吨，斯洛文尼亚 137.34 亿吨，塞尔维亚 9.10 亿吨，乌克兰 310.53 亿吨，匈牙利 304.95 亿吨，捷克 481.41 亿吨，克罗地亚 105.02 亿吨，拉脱维亚 131.42 亿吨，立陶宛 202.78 亿吨，阿尔巴尼亚 5.30 亿吨，爱沙尼亚 121.31 亿吨，保加利亚 177.78 亿吨。

2008 年。罗马尼亚降至 563.77 亿吨，拉脱维亚降至 123.44 亿吨，法国降至 3130 亿吨，比利时降至 468.91 亿吨。以下国家有一定程度的增加，塞尔维亚为 11.12 亿吨，克罗地亚为 110.42 亿吨，立陶宛为 204.19 亿吨，斯洛伐克为 252.42 亿吨，斯洛文尼亚为 162.61 亿吨，乌克兰为 368.66 亿吨，匈牙利为 357.43 亿吨，荷兰为 695.80 亿吨，捷克为 508.80 亿吨，爱沙尼亚为 131.99 亿吨，保加利亚为 216.07 亿吨。

2009 年各国公路货运量如下：克罗地亚为 632.37 亿吨，斯洛伐克为 268.06 亿吨，斯洛文尼亚为 187.88 亿吨，塞尔维亚为 9.62 亿吨，乌克兰为 331.9 亿吨，匈牙利为 369.91 亿吨，荷兰为 726.8 亿吨，捷克为 449.60 亿吨，克罗地亚为 115.82 亿吨，拉脱维亚为 135.46 亿吨，立陶宛为 205.60 亿吨，阿尔巴尼亚为 4.60 亿吨，爱沙尼亚为 107.21 亿吨，保加利亚为

206.05 亿吨，法国为 2650 亿吨，比利时为 497.82 亿吨。其中，法国受经济危机影响，货运量下降明显，达 15%。

2010 年欧洲经济开始缓慢复苏，法国和比利时等国家公路货运量都开始增加。克罗地亚为 600.97 亿吨，斯洛伐克为 283.70 亿吨，斯洛文尼亚为 213.15 亿吨，塞尔维亚为 8.91 亿吨，乌克兰为 343.90 亿吨，匈牙利为 362.39 亿吨，荷兰为 757.8 亿吨，捷克为 518.30 亿吨，克罗地亚为 121.22 亿吨，拉脱维亚为 147.48 亿吨，立陶宛为 207.01 亿吨，阿尔巴尼亚为 4.60 亿吨，爱沙尼亚为 106.33 亿吨，保加利亚为 200.99 亿吨，法国为 2890.00 亿吨，比利时为 526.73 亿吨。在经历 2008 年经济危，2009 年货运量出现负增长后，各个国家基本都能在 2010 年出现好转，公路货运量由负转正并保持较快增长趋势。

2011 年各国基本保持了稳定的增长趋势。罗马尼亚为 569.57 亿吨，斯洛伐克为 299.34 亿吨，斯洛文尼亚为 218.42 亿吨，塞尔维亚为 10.49 亿吨，乌克兰为 386.00 亿吨，匈牙利为 384.87 亿吨，荷兰为 757.50 亿吨，捷克为 548.30 亿吨，克罗地亚为 126.62 亿吨，拉脱维亚为 159.5 亿吨，立陶宛为 208.42 亿吨，阿尔巴尼亚为 4.60 亿吨，爱沙尼亚为 126.40 亿吨，保加利亚为 228.02 亿吨，法国为 2930.00 亿吨，比利时为 535.64 亿吨。各个国家近年都在积极建设公路，提高公路质量，提升货运效率，积极减少延误和成本，使公路货运稳定发展。

2012 年公路货运量情况为：罗马尼亚为 638.17 亿吨，斯洛伐克为 314.98 亿吨，斯洛文尼亚为 233.69 亿吨，塞尔维亚为 9.20 亿吨，乌克兰为 389.5 亿吨，匈牙利为 367.35 亿吨，荷兰为 767.20 亿吨，捷克为 512.3 亿吨，克罗地亚为 132.02 亿吨，拉脱维亚为 151.52 亿吨，立陶宛为 209.83 亿吨，阿尔巴尼亚为 4.60 亿吨，爱沙尼亚为 125.72 亿吨，保加利亚为 214.06 亿吨，法国为 2834.00 亿吨，比利时为 544.55 亿吨。除捷克、保加利亚和法国货运量有所下降外，其余国家都有一定的增加或保持平稳。以发达国家为首的各个国家在近几年的运输中进一步深化，使公路运输市场细化，并朝着专业化的方向发展。

2013 年各国发展状况良好。罗马尼亚货运量为 606.77 亿吨，斯洛伐克为 330.62 亿吨，斯洛文尼亚为 228.96 亿吨，塞尔维亚为 10.28 亿吨，乌克兰为 399.77 亿吨，匈牙利为 399.83 亿吨，荷兰为 766.90 亿吨，捷克为 548.93 亿吨，克罗地亚为 137.42 亿吨，拉脱维亚为 153.54 亿吨，立陶宛为 211.24 亿吨，阿尔巴尼亚为 4.60 亿吨，爱沙尼亚为 137.14 亿吨，保加利亚为 221.43 亿吨，法国为 2886.18 亿吨，比利时为 543.46 亿吨。2013 年全球经济开始复苏，欧洲国家基本都实现了公路货运量的上升。法国、荷兰、罗马尼亚等国家，无论是物流效率还是安全性都较前几年有所提高。

2014 年各国公路货运量如下：罗马尼亚为 675.37 亿吨，斯洛伐克为 346.26 亿吨，斯洛文尼亚为 214.23 亿吨，塞尔维亚为 9.98 亿吨，乌克兰为 219.20 亿吨，匈牙利为 372.31 亿吨，荷兰为 766.60 亿吨，捷克为 540.92 亿吨，克罗地亚为 132.82 亿吨，拉脱维亚为 155.56 亿吨，立陶宛为 212.65 亿吨，阿尔巴尼亚为 4.60 亿吨，爱沙尼亚为 143.07 亿吨，保加利亚为 225.30 亿吨，法国为 2884.31 亿吨，比利时为 542.37 亿吨。

2015 年世界经济虽增长缓慢，部分国家受其影响货运量有所下降，其中包括罗马尼亚，萨尔维亚，爱沙尼亚以及保加利亚。具体数据如下：罗马尼亚为 643.97 亿吨，斯洛伐克为 361.90 亿吨，斯洛文尼亚为 239.50 亿吨，塞尔维亚为 8.39 亿吨，乌克兰为 338.62 亿吨，匈牙利为 424.79 亿吨，荷兰为 776.3 亿吨，捷克为 542.91 亿吨，克罗地亚为 138.22 亿吨，拉脱维亚为 167.58 亿吨，立陶宛为 214.06 亿吨，阿尔巴尼亚为 4.60 亿吨，爱沙尼亚为 123.11 亿吨，保加利亚为 199.35 亿吨，法国为 2887.44 亿吨，比利时为 571.28 亿吨。

2016 年除拉脱维亚外，所有国家公路货运量都有一定程度的提高，法国和比利时则保持稳定。罗马尼亚为 712.57 亿吨，斯洛伐克为 377.54 亿吨，斯洛文尼亚为 244.77 亿吨，塞尔维亚为 8.65 亿吨，乌克兰为 341.95 亿吨，匈牙利为 437.27 亿吨，荷兰为 779.00 亿吨，捷克为 544.90 亿吨，克罗地亚为 143.62 亿吨，拉脱维亚为 59.60 亿吨，立陶宛为 215.47 亿吨，阿尔巴尼亚为 4.60 亿吨，爱沙尼亚为 127.32 亿吨，保加利亚为 211.42 亿

吨，法国为 2885.57 亿吨，比利时为 570.19 亿吨。拉脱维亚在 2016 年货运量下降明显，主要是受俄罗斯经济恶化的影响。

（二）"渝新欧"沿线国家交通物流现状分析

1. 投入视角

①行业从业人员人数

10 年来，"渝新欧"沿线 22 国交通物流从业人员数量从高到低排列依次为：中国、俄罗斯、德国、法国、乌克兰、波兰、哈萨克斯坦、罗马尼亚、荷兰、捷克、白俄罗斯、比利时、匈牙利、塞尔维亚、保加利亚、斯洛伐克、克罗地亚、立陶宛、拉脱维亚、爱沙尼亚、斯洛文尼亚和阿尔巴尼亚。整体来看，大部分国家交通物流行业从业人员数量都呈现缓慢上升趋势，中国和白俄罗斯上升幅度最为显著。

②行业固定资产投资额占比

"渝新欧"沿线 22 国交通物流行业固定资产投资额占比从高到低排列依次为：哈萨克斯坦、保加利亚、塞尔维亚、拉脱维亚、乌克兰、白俄罗斯、俄罗斯、斯洛文尼亚、罗马尼亚、匈牙利、爱沙尼亚、斯洛伐克、立陶宛、阿尔巴尼亚、克罗地亚、波兰、中国、荷兰、法国、捷克、德国、比利时。其中阿尔巴尼亚、匈牙利、拉脱维亚、斯洛伐克、斯洛文尼亚和中国对交通物流行业固定资产投资额占比呈现明显上升趋势。需要说明的是，由于该指标反映的是一个相对值概念（比值），并不意味排名第一的国家交通物流行业投入就最大，只是说明该国对交通物流行业投入占社会固定资本总投入的比重最高，即在一定程度上反映该国对交通物流行业投入的重视程度。

③行业能源投入

"渝新欧"沿线 22 国交通物流行业能源投入从高到低依次排列为：中国、俄罗斯、德国、法国、波兰、乌克兰、荷兰、比利时、捷克、罗马尼亚、哈萨克斯坦、匈牙利、白俄罗斯、保加利亚、斯洛伐克、塞尔维亚、克罗地亚、斯洛文尼亚、立陶宛、拉脱维亚、阿尔巴尼亚和爱沙尼亚。从这个排序中可看出，国土面积较大、经济实力较强、交通基础设施发展较为完善的国家行业能源投入普遍较高。

④公路密度

"渝新欧"沿线 22 国公路密度从高到低依次排列为：塞尔维亚、比利时、荷兰、斯洛文尼亚、德国、匈牙利、法国、捷克、波兰、爱沙尼亚、立陶宛、拉脱维亚、斯洛伐克、罗马尼亚、阿尔巴尼亚、克罗地亚、白俄罗斯、中国、保加利亚、乌克兰、俄罗斯和哈萨克斯坦。10 年间，几乎所有国家公路密度都呈现上升趋势，中国上升幅度最高，达到了 25% 的增幅。

⑤铁路密度

"渝新欧"沿线 22 国铁路密度从高到低依次排列为：捷克、比利时、德国、匈牙利、斯洛伐克、荷兰、波兰、斯洛文尼亚、法国、克罗地亚、罗马尼亚、塞尔维亚、保加利亚、乌克兰、拉脱维亚、立陶宛、白俄罗斯、爱沙尼亚、阿尔巴尼亚、中国、哈萨克斯坦和俄罗斯。10 年间，爱沙尼亚、哈萨克斯坦、荷兰、立陶宛、比利时和中国有明显上升，其中爱沙尼亚达到 27.75% 的增幅。

⑥航空出港量

"渝新欧"沿线 22 国航空出港量从高到低依次排列为：中国、德国、法国、俄罗斯、荷兰、比利时、匈牙利、波兰、捷克、乌克兰、罗马尼亚、哈萨克斯坦、拉脱维亚、克罗地亚、塞尔维亚、斯洛文尼亚、白俄罗斯、爱沙尼亚、保加利亚、立陶宛、斯洛伐克和阿尔巴尼亚。10 年间，白俄罗斯、匈牙利、哈萨克斯坦和中国 4 国的航空出港量增幅巨大，分别达到了 332.48%、169.80%、282.42% 和 125.38%。

⑦港口基础设施建设质量

"渝新欧"沿线 22 国港口基础设施建设质量从高到低依次排列为：荷兰、比利时、德国、法国、爱沙尼亚、斯洛文尼亚、拉脱维亚、立陶宛、中国、捷克、克罗地亚、斯洛伐克、保加利亚、匈牙利、俄罗斯、乌克兰、波兰、阿尔巴尼亚、哈萨克斯坦、罗马尼亚、塞尔维亚和白俄罗斯。港口基础设施建设质量是通过在线调查问卷或面谈而获得的数据，并且采用打分制来

评价，主要衡量各国的企业高管对本国港口设施的主观感受，因此具有一定的主观性。除波兰、阿尔巴尼亚、哈萨克斯坦、罗马尼亚、塞尔维亚和白俄罗斯以外，其余国家港口基础设施建设质量均维持在 3.5 分以上。

⑧出口所需文件数

"渝新欧"沿线 22 国出口所需文件数从高到低依次排列为：哈萨克斯坦、俄罗斯、白俄罗斯、乌克兰、阿尔巴尼亚、克罗地亚、匈牙利、塞尔维亚、拉脱维亚、波兰、罗马尼亚、斯洛伐克、斯洛文尼亚、中国、比利时、保加利亚、捷克、德国、立陶宛、荷兰、爱沙尼亚和法国。其中哈萨克斯坦出口所需文件数最高，达到 10 件以上，法国最低为 2~3 件。不过，随着时间的推移，"渝新欧"沿线 22 国出口所需文件数量整体呈现出明显下降趋势。

⑨进口所需文件数

"渝新欧"沿线 22 国进口所需文件数从高到低依次排列为：哈萨克斯坦、俄罗斯、白俄罗斯、乌克兰、阿尔巴尼亚、克罗地亚、塞尔维亚、斯洛文尼亚、捷克、匈牙利、罗马尼亚、拉脱维亚、保加利亚、立陶宛、斯洛伐克、荷兰、比利时、爱沙尼亚、德国、波兰、中国和法国。其中进口所需文件数达到 10 件以上的国家有哈萨克斯坦、俄罗斯和白俄罗斯，进口所需文件数为 2~3 件的国家为中国和法国。不过，随着时间的推移，渝新欧沿线 22 国进口所需文件数整体也呈现明显下降趋势。

2. 产出视角

①出口周转时间

"渝新欧"沿线 22 国出口周转时间从高到低依次排列为：捷克、俄罗斯、乌克兰、中国、波兰、哈萨克斯坦、斯洛伐克、立陶宛、斯洛文尼亚、克罗地亚、罗马尼亚、匈牙利、德国、法国、荷兰、白俄罗斯、比利时、爱沙尼亚、阿尔巴尼亚、塞尔维亚、拉脱维亚和保加利亚。"渝新欧"沿线 22 国出口周转时间波动范围保持在 1~5 天，除了捷克和俄罗斯为 5 天以外，其余国家均维持在 3 天以下。

②进口周转时间

"渝新欧"沿线 22 国进口周转时间从高到低依次排列为：俄罗斯、捷克、中国、白俄罗斯、比利时、德国、克罗地亚、匈牙利、哈萨克斯坦、立陶宛、罗马尼亚、斯洛伐克、保加利亚、荷兰、塞尔维亚、斯洛文尼亚、乌克兰、阿尔巴尼亚、爱沙尼亚、法国、拉脱维亚和波兰。2016年，俄罗斯、捷克、中国和白俄罗斯4国进口周转时间分别为7天、5天、5天和4天，其余国家均维持在3天以下。

③货柜码头吞吐量

"渝新欧"沿线22国货柜码头吞吐量从高到低依次排列为：中国、德国、荷兰、比利时、法国、俄罗斯、波兰、罗马尼亚、乌克兰、斯洛文尼亚、立陶宛、拉脱维亚、爱沙尼亚、保加利亚、克罗地亚、阿尔巴尼亚、白俄罗斯、捷克、匈牙利、哈萨克斯坦、塞尔维亚和斯洛伐克。10年间，渝新欧沿线22国各自的货柜码头吞吐量均有明显上升。

④铁路货运量

"渝新欧"沿线22国铁路货运量从高到低依次排列为：中国、俄罗斯、乌克兰、哈萨克斯坦、德国、白俄罗斯、波兰、法国、拉脱维亚、立陶宛、捷克、罗马尼亚、斯洛伐克、比利时、爱沙尼亚、荷兰、斯洛文尼亚、塞尔维亚、保加利亚、克罗地亚、匈牙利和阿尔巴尼亚。10年间，除俄罗斯和斯洛文尼亚铁路货运量有上升趋势外，"渝新欧"沿线其余20个国家铁路货运量均有明显下降。

⑤航空货运量

"渝新欧"沿线22国航空货运量从高到低依次排列为：中国、德国、荷兰、法国、俄罗斯、比利时、波兰、乌克兰、哈萨克斯坦、斯洛伐克、捷克、匈牙利、拉脱维亚、罗马尼亚、塞尔维亚、立陶宛、保加利亚、斯洛文尼亚、爱沙尼亚、克罗地亚、白俄罗斯和阿尔巴尼亚。其中比利时、哈萨克斯坦、波兰、俄罗斯和中国5国的航空货运量增幅巨大。

⑥交通运输、仓储及通讯产值

"渝新欧"沿线22国交通运输、仓储及通信产值从高到低依次排列为：中国、德国、法国、荷兰、比利时、俄罗斯、波兰、立陶宛、捷克、罗马尼亚、匈牙利、哈萨克斯坦、乌克兰、克罗地亚、保加利亚、斯洛文尼亚、拉

脱维亚、塞尔维亚、爱沙尼亚、白俄罗斯、阿尔巴尼亚和斯洛伐克。就该指标而言，10 年间渝新欧沿线 22 国均有普遍上升。

⑦公路货运量

"渝新欧"沿线 22 国公路货运量从高到低依次排列为：中国、德国、法国、俄罗斯、波兰、哈萨克斯坦、荷兰、罗马尼亚、比利时、捷克、匈牙利、乌克兰、白俄罗斯、斯洛伐克、保加利亚、立陶宛、斯洛文尼亚、拉脱维亚、克罗地亚、爱沙尼亚、塞尔维亚和阿尔巴尼亚。就该指标而言，10 年间渝新欧沿线 22 国均有普遍的上升。

（四）小结

从整个"渝新欧"铁路沿线的 22 个国家来看，中国毫无疑问是最具发展潜力的国家，其交通物流各项数据几乎都遥遥领先于其他 21 个国家。与德国、法国等其他只重视航空货运发展的欧洲发达国家不同，中国对航空、铁路、公路的货运发展极其重视并在这 10 年内发展迅速，成为名副其实的交通物流大国。

在其余国家中，俄罗斯交通物流行业从业人数是除中国以外最多的国家，并且也是以铁路货运为主的国家，10 年来其在政府不断调控和努力中，交通运输行业一直稳健发展。公路、铁路密度最高的 3 个国家，塞尔维亚，比利时和捷克，国内经济受 2008 年以来金融危机影响，其货运量一直表现平平。而其余欧洲发达国家，如法国、德国、荷兰等，这 10 年虽然各项数据有所波动，但在总体上基本保持了平稳发展的势态。

三 "渝新欧"沿线国家交通物流效率评价

中欧班列（渝新欧）作为我国丝绸之路经济带的陆地脊梁，其自身以及沿线国家的交通物流效率的提升，将显著影响我国内陆地区对外开放以及"一带一路"发展建设。因此，对"渝新欧"沿线国家交通物流效率进行系统研究，具有显著的理论价值和现实意义。本部分将运用 DEA 模型及

Malmquist 指数分析方法，从静态和动态双重角度对"渝新欧"铁路沿线的 22 个国家 2007～2016 年交通物流发展进行定量分析研究，测算并评价这期间"渝新欧"沿线各个国家交通物流效率情况。

（一）"渝新欧"沿线国家交通物流效率分析：DEA 模型

本部分属于静态研究，主要采用 DEA 模型来进行。DEA 模型包含的子模型多种多样，本部分将采用 CCR 模型和 BCC 模型两种模型来测算交通物流效率。CCR 模型是一种基本的效率评价模型，它的假设前提是规模收益不变，该模型测算出来的效率值称为综合效率（也叫技术效率，TE），BCC 模型是在 CCR 模型基础上发展而来的，是将综合效率 TE 进一步分解为纯技术效率（Pure Technical Efficiency，PTE）和规模效率（Scale Efficiency，SE），综合效率在数量上便等于纯技术效率与规模效率的乘积。随着社会和物流产业的快速发展，规模报酬一般也会一直处于持续的变化之中，基本不存在规模收益不变的情形。因此，单独采用 CCR 模型研究物流业的投入产出效率具有局限性，但结合运用 BCC 模型便可以弥补 CCR 模型的不足，同时还能够更深入地分析各国的物流业投入产出效率。

1. "渝新欧"穿越国家交通物流效率比较分析

本文采用 MaxDEA 7.0 软件中的 CCR 模型对"渝新欧"穿越 6 国交通物流综合效率进行测算。交通物流综合效率是指一国在现有经济、技术水平下交通物流发展的实际产出与所能达到的最大产出的比例，若 TE≥1，即 DEA 有效，表明该国交通物流发展的投入已经完全转化成了产出，投入与产出情况完全匹配，交通物流发展投入的资源已被充分利用；若 TE<1，即 DEA 无效，则说明该国交通物流效率没有达到有效水平，产出与投入未达成最佳比例，有待调整。

（1）综合交通物流效率

2007 年，"渝新欧"穿越 6 国交通物流综合效率的平均值为 3.72，效率水平值较高。这表明，"渝新欧"穿越六国的交通物流部门在该年得到了高速发展，各国在交通物流部门各种硬性、软性要素等方面的大量投入带来了

较好的产出回报，具有较强的增长潜力。而从分国家的测算结果来看，国家间综合交通物流效率差距较大，由高到低排列依次为俄罗斯、中国、哈萨克斯坦、波兰，效率最低的德国和白俄罗斯均为1，即所有国家的效率值都高于等于1，均为有效。可以发现，中国综合交通物流效率表现较好，水平值为6.92，与中国毗邻的俄罗斯和哈萨克斯坦也展现出高增长潜力，效率值分别为8.83和2.42（见图1），尤其是铁路网密集的俄罗斯，在该年的综合交通物流效率水平高于中国，这对中国尤其是中国东北地区来说是利好消息，能够为中国经济向东北开放奠定良好的硬件设施基础。

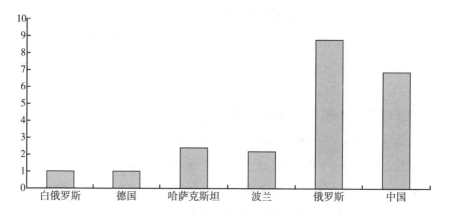

图1　2007年"渝新欧"穿越6国交通物流综合效率

2008年，"渝新欧"穿越6国交通物流综合效率平均值为3.82，效率水平值较前一年有所提高。这表明，"渝新欧"穿越6国的交通物流部门在该年的发展情况趋好，投入回报率增高，具有很强的增长力。从分国家的测算结果来看，国家间综合交通物流效率差异依然较大，由高到低排列依次为俄罗斯、中国、哈萨克斯坦、德国、波兰和白俄罗斯，效率最低的白俄罗斯效率值为1，即所有国家的效率值都高于等于1，均为有效。对比上一年度的表现，可以发现，中国以及中国毗邻的俄罗斯和哈萨克斯坦都展现出高增长潜力，3国从高到低效率值分别为8.95、6.77和3.50，而德国也由上一年度的1增长为1.60，排名最后的白俄罗斯保持1的水平值不变，只有波兰由去年的2.17下降到了1.10，是唯一一个综合效率值降低的国家（见图2）。

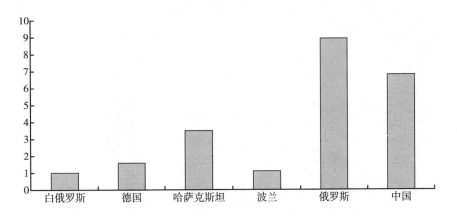

图2　2008 年"渝新欧"穿越6国交通物流综合效率

2009 年，"渝新欧"穿越6国交通物流综合效率的测算结果，平均值仅为 2.68，效率水平值虽然仍为有效，但较上年大幅度降低。这表明，"渝新欧"穿越六国的交通物流部门虽然在该年的各种投入也得到了较好的回报，发展情况也较好，但是出现了暂时的回落。从综合交通物流效率分国家的测算结果来看，各国差异依然较大，由高到低排列依次为俄罗斯、哈萨克斯坦、德国、波兰，中国和白俄罗斯，效率最低的中国和白俄罗斯均为1，即所有国家的效率值都高于等于1，均为有效。在"渝新欧"穿越6国中，综合交通物流效率下降得最为明显的是中国，由上一年度的 6.77 下降到1，而毗邻的俄罗斯和哈萨克斯坦也有少许回落，分别从 8.95 和 3.50 降到 7.40 和 3.43。白俄罗斯连续三年都为1，较为稳定。逆势增长的是德国和波兰，德国由 1.60 进一步增长到 1.92，波兰由 1.10 增长到 1.30（见图3）。

2010 年，"渝新欧"穿越6国交通物流综合效率的平均值为 3.81，保持较高的效率水平。尽管如此，但是各国具体的情况却有较大的差异，由高到低依次为中国（8.02）、俄罗斯（7.81）、波兰（3.45）、哈萨克斯坦（1.77）、白俄罗斯（0.94）和德国（0.88）（见图4）。其中，白俄罗斯和德国综合效率低于了1。白俄罗斯的效率值为 0.94，主要是由于白俄罗斯政府在交通物流的固定资产投入较之前有所下降，较上年下降了近15%。而德国的效率值只有 0.88，是因为年初航空企业大罢工持续影响导致航空运输量下

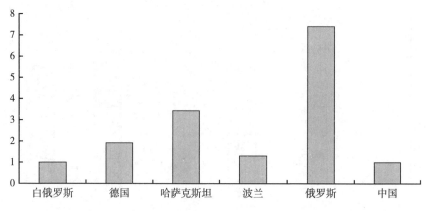

图3　2009年"渝新欧"穿越6国交通物流综合效率

降超过10%，并且从业人员数量也有明显下降，对交通物流部门造成负面影响。而中国、俄罗斯、波兰和哈萨克斯坦都维持在一个较高的增长水平，这得益于前期的3国在交通物流部门的硬性、软性要素等多方面投入奠定了较好的发展基础，使交通物流部门得以保持一个较高的增长潜力和持续动力，尽管哈萨克斯坦较之前增加有所放缓，也有接近两倍的产出效率。中国在2010年有了一个较高的效率值8.02，主要归功于交通能源投入、航空运输量以及GDP这三方面的增加起到了很好的回报，其中GDP增长贡献最为突出，上涨幅度达到了接近20%。这对跟中国接壤面积最多的俄罗斯来说，是一个利好的消息，使俄罗斯也在2010年处于一个综合效率较高的水平，达到了7.81。

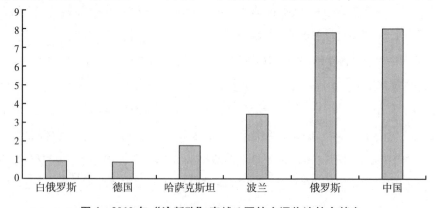

图4　2010年"渝新欧"穿越6国的交通物流综合效率

2011年，"渝新欧"穿越6国交通物流综合效率的平均值为3.84，穿越六国的综合效率值均高于或等于1，是有效率的，并且基本都保持一个较高的效率水平。6国综合效率排名为：中国（8.31）、俄罗斯（7.41）、哈萨克斯坦（3.29）、德国（1.72）、波兰（1.33）、白俄罗斯（1.00）（见图5）。其中需要注意的是德国、哈萨克斯坦和波兰这3个国家。德国在经历上一年的航空企业罢工整顿以后，航空运输量和从人员数量都有明显回升，恢复到了往期水平，并且GDP也有所增长，因此德国又恢复了较高的综合效率水平。哈萨克斯坦在2011年效率值达到了一个较高的突破，得益于多方原因，包括航空运输量的增加、港口基础设施质量的提升、政府固定资产投资的增加和GDP的快速攀升，其中港口基础设施质量评价达到了近年来的最高点3.6，航空运输量也提升了接近20%，这些投入的共同相互作用使哈萨克斯坦在产出方面有了明显提高。波兰的效率值较前几年有所回落，受前一年总统飞机失事的影响，航空运输量比前几年有明显的下降，这对整个交通物流部门效率产生了影响。

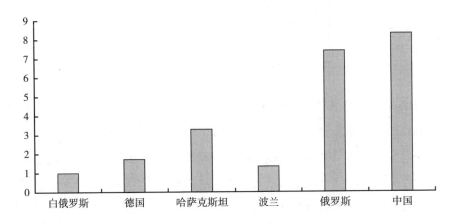

图5 2011年"渝新欧"穿越6国交通物流综合效率

2012年，"渝新欧"穿越6国交通物流综合效率均值为4.6，各国的效率值均达到了1以上，都是有效的。2012年穿越六国的综合效率排名为：中国（8.90）、哈萨克斯坦（7.88）、俄罗斯（7.27）、德国（1.28）、波兰

（1.28）、白俄罗斯（1.00）（见图6）。各国基本保持着往年水平，尽管德国（1.28）和波兰（1.28）有所降价，但是降幅不大，而俄罗斯和中国依然保持了强劲势头，分别维持在7.27和8.9。其中比较引人注目的是哈萨克斯坦，该国在本年度的综合效率有了飞速攀升，从2011年的3.29到2012年的7.88。哈萨克斯坦在2012年的各方面投入都有很大的提高，包括从业人员数量、政府固定资产投入、交通能源投入、航空运输量以及GDP总量等方面上升的幅度为5%～8%。由此观之，哈萨克斯坦在交通物流部门硬性、软性要素等方面的投入得到了十分理想的结果。

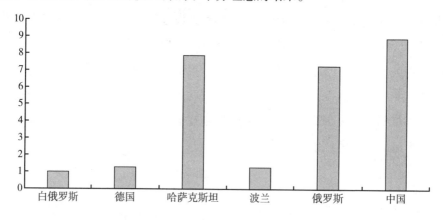

图6 2012年"渝新欧"穿越6国交通物流综合效率

2013年，"渝新欧"穿越6国交通物流综合效率的平均值为4.06，效率水平值较高。总体来看，"渝新欧"穿越6国的交通物流部门在该年发展势头较好，各国在交通物流部门各种硬性、软性要素等方面的大量投入带来了较好的产出回报，具有较强的增长潜力。从对各国家的测算结果来看，国家间综合交通物流效率差异较大，呈现明显的"三高三低"状态，中国、俄罗斯、哈萨克斯坦分别位列第一、第二、第三，效率值分别为8.16、7.12、5.12（见图7），可以看出3个国家综合交通物流效率表现都很好，都展现出了高增长潜力；波兰以1.58的效率值位列第四，效率最低的白俄罗斯和德国均为1，虽然比前3国效率明显偏低，但是所有国家的效率值都高于等于1，均为有效。

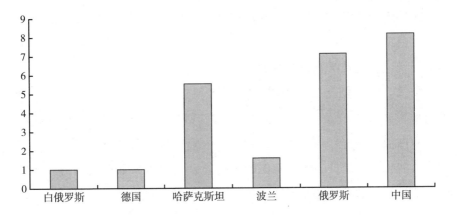

图7　2013年"渝新欧"穿越6国交通物流综合效率

2014年，"渝新欧"穿越6国交通物流综合效率从总体上来说是较高的，其平均值达到4.01，这表明"渝新欧"穿越6国的交通物流部门在该年得到了高速发展、增长潜力较强。从单个国家的测算结果来看，国家，由高到低排列依次为俄罗斯、中国、哈萨克斯坦、波兰、德国，白俄罗斯以水平值1垫底，所有国家的效率值都高于等于1，均为有效。从中可以发现，中国综合交通物流效率表现较好，水平值为7.01（见图8），与中国毗邻的俄罗斯和哈萨克斯坦也展现出了高增长潜力，效率值分别为8.07和5.12，这对中国北部地区来说是利好消息，能够为中国经济向北部开放奠定良好的基础。

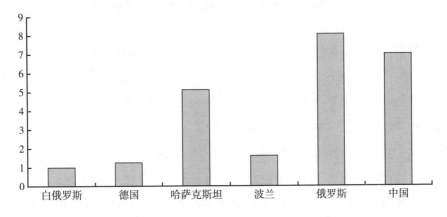

图8　2014年"渝新欧"穿越6国的交通物流综合效率

2015 年，"渝新欧"穿越 6 国交通物流综合效率的平均值为 4.65，效率水平值依旧较高。总体来看，"渝新欧"穿越 6 国的交通物流部门在该年得到快速发展且都取得较好的投入产出比、发展潜力较强。而各个国家之间的综合交通物流效率差异较大，俄罗斯以 9.71 的水平值居第一位；中国水平值为 8.12，居第二位；哈萨克斯坦以 5.92 居第三位；而波兰、德国和白俄罗斯分别以 1.84、1.29、1 居第四位、第五位、第六位。该年整体排名和上年保持一致，除白俄罗斯外，其他国家都在上年的水平值上有一定提升，这无疑是一个好现象，表示各国交通物流部门都得到了较好的发展。

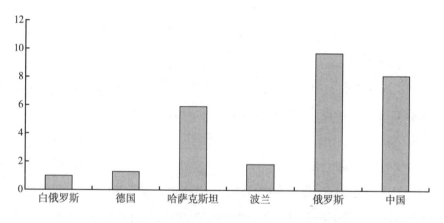

图 9 2015 年"渝新欧"穿越 6 国交通物流综合效率

从总体来看，2016 年"渝新欧"穿越 6 国交通物流综合效率的平均值为 4.59，表明穿越 6 国交通物流业仍处于有效率状态，具有较强的增长潜力。从各国家的测算结果来看，国家间综合交通物流效率差距较大，仍呈现明显的"三高三低"状态，俄罗斯、中国、哈萨克斯坦居第一位、第二位、第三位，效率值分别为 10.25、8.14 和 5.52（见图 10），可以看出三个国家综合交通物流效率表现都很好，都展现出了高潜力；波兰居第四位，接下来为德国和白俄罗斯，虽然比起前 3 国效率明显偏低，但是所有国家的效率值都高于等于 1，均为有效。

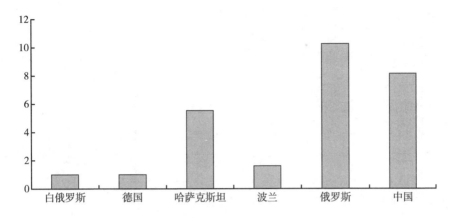

图10 2016年"渝新欧"穿越6国交通物流综合效率

（2）交通物流规模效率

交通物流规模效率反映了一国的物流业是否达到了最合适的发展规模，若SE≥1，即DEA有效，表明该国当前的交通物流发展规模是有效率的；若SE<1，即DEA无效，则说明该国当前在交通物流发展方面还未达到最合适的规模，需要扩大或缩小现有规模。DEA模型可将综合效率进一步分解为规模效率和纯技术效率。2007~2016年"渝新欧"穿越六国交通物流规模效率如下。

2007年，"渝新欧"穿越6国交通物流规模效率的平均值为3.45，处于较高的效率水平，这表明各国交通物流部门投入使用率较高，投入量和实际使用量相差不大，不存在较大的投入冗余和资源浪费，基本在较合适的投入规模下运营。具体对比"渝新欧"穿越的六个国家，其交通物流规模效率由高到低排名为俄罗斯、中国、哈萨克斯坦、白俄罗斯、波兰、德国。其中排名靠后的波兰的规模效率值为0.98，德国的规模效率值为0.55（见图11），并未达到有效水平，表明这两个国家存在一定的资源浪费和投入冗余。俄罗斯和中国的交通物流规模效率与综合效率值一样，依然处于最高水平，分别为8.83和6.92，说明这两个国家在交通物流部门的投入较大，并且由于投入的增加带来了较大的回报。

2008年，"渝新欧"穿越6国交通物流规模效率的整体平均值为3.77，

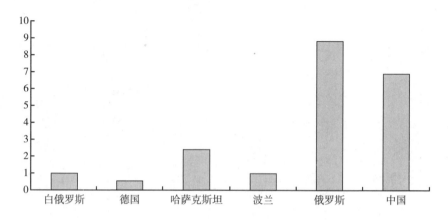

图 11　2007 年"渝新欧"穿越 6 国交通物流规模效率

比上一年度有所增长，处于较高的效率水平。这表明"渝新欧"穿越六国在交通物流部门投入规模较大，且不存在明显的投入冗余和资源浪费，整体运行规模合适。"渝新欧"穿越 6 个国家的交通物流规模效率由高到低排名为俄罗斯、中国、哈萨克斯坦、德国、白俄罗斯和波兰。其中，排名最后的波兰的规模效率值为 0.78（见图 12），并未达到有效水平，并且比上一年度更加恶化，表明波兰的交通物流行业存在一定的资源浪费和投入冗余；中国的交通物流规模效率虽然依然处于较高水平，为 6.77，但比上一年度的 6.92 有所回落；处于最高位的俄罗斯由上一年度的 8.83 增加到 8.95；处于较高水平的哈萨克斯坦由上一年度的 2.42 增加到 3.50，说明了这两个国家在交通物流部门的投入保持较高水平和较高的回报率。上一年度排名最末的德国增长幅度较大，由 0.55 增加到了 1.60，可见该国交通物流行业在 2008 年得到很大重视，政府和企业对交通物流行业投入增大，提高了投入效率。

2009 年，"渝新欧"穿越 6 国交通物流规模效率整体有所回落，平均值为 2.41，但从整体看依然处于较高的位置，这表明各国交通物流部门投入使用率仍保持较高水平，只是暂时性地出现了向下的趋势。具体对比"渝新欧"穿越的 6 个国家，国家间差异也很大，各国交通物流规模效率的排名为俄罗斯、哈萨克斯坦、中国、白俄罗斯、波兰、德国。其中排名靠后的波兰规模效率值为 0.90，德国的规模效率值为 0.73，并未达到有效水平，

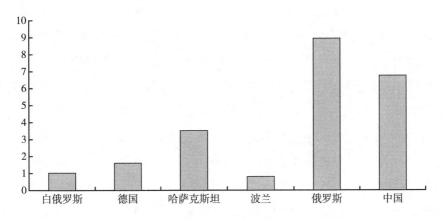

图 12　2008 年"渝新欧"穿越 6 国交通物流规模效率

表明这两个国家存在一定的资源浪费和投入冗余，其中德国下降幅度较大。
白俄罗斯连续三年稳定在 1 的水平值，俄罗斯和哈萨克斯坦的交通物流规模
效率与综合效率值一样，依然处于最高水平，分别为 7.40 和 3.43，但是比
上一年度均有所回落，说明这两个国家交通物流部门的投入依然较大，政府
和企业发展交通物流行业的欲望保持旺盛。在这六国中，降幅最大的是中
国，由上一年度的 6.77 降到 1（见图 13），虽然依然有效，但是展现出极强
的向下趋势。

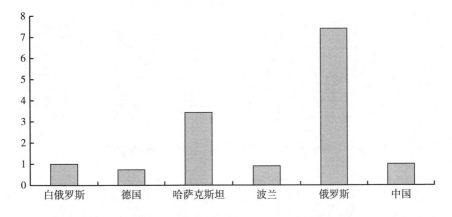

图 13　2009 年"渝新欧"穿越 6 国交通物流规模效率

2010年，"渝新欧"穿越6国交通物流规模效率为3.66，总体呈现较高的效率水平。这表明，各国交通物流部门的投入使用率比较高，存在较少的资源浪费，投入规模得到了比较合理的资源分配。综合6国情况，2010年"渝新欧"穿越六国的交通物流规模效率排名依次为：中国（8.02）、俄罗斯（7.81）、波兰（2.54）、哈萨克斯坦（1.77）、白俄罗斯（0.94）、德国（0.88）（见图14）。其中排名靠后的白俄罗斯和德国的规模效率值分别为0.94和0.88，没有达到有效水平，表明存在一定的资源浪费和投入冗余。尤其是德国，作为发达国家，在交通物流部门的规模效率水平没有达到十分理想的情况比较少见，受到经济危机的影响，德国在2010年的从业人员数量有明显的下降，政府在固定资产方面的投入也出了罕见的减少，加上航空企业罢工的影响，航空运输量也没有恢复以往水平，诸多原因导致德国在交通物流规模效率方面出现了低效率的结果。而中国和俄罗斯则处于极高的规模效率水平，分别为8.02和7.81，说明两国在投入资源的利用分配上非常高效，投入产生了有效回报。

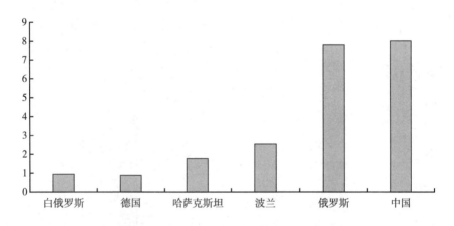

图14 2010年"渝新欧"穿越6国交通物流规模效率

2011年，"渝新欧"穿越6国交通物流效率出现了一定的波动。尽管均值还维持在一个较高的水平，达到了3.78，但是各国的排名发生了一些变化。从排名情况来看，依次为中国（8.31）、俄罗斯（7.41）、哈萨克斯坦

（3.29）、德国（1.72）、白俄罗斯（1）、波兰（0.98）（见图15）。与前一年的数据相比，中国和俄罗斯依然处于一个高规模效率的水平，德国和白俄罗斯也有所提升，分别为1.27和1，达到了有效水平，值得关注的是哈萨克斯坦和波兰，出现了较大的变动。哈萨克斯坦从2010年的1.77提升到了2011年的3.29，规模效率水平出现了较大提升；而波兰则出现了明显的下滑，甚至低于1，出现投入和产出效率低下的情况，这些都影响了综合效率水平。

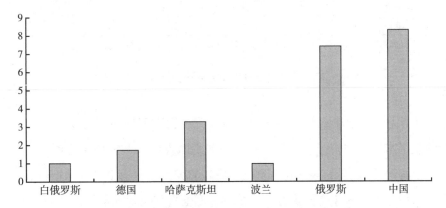

图15 2011年"渝新欧"穿越6国交通物流规模效率

2012年，"渝新欧"穿越6国交通物流规模效率出现了较大波动，穿越六国交通物流规模效率均值为3.49，尽管从均值上看还处于比较理想的状态，但是从各国的实际数据来看，排名发生了较大变化，从高到低依次为中国（8.90）、哈萨克斯坦（7.88）、德国（1.28）、白俄罗斯（1.00）、俄罗斯（0.95）、波兰（0.94）（见图16）。尽管均值方面看起来不算低，但其中只有中国、哈萨克斯坦和白俄罗斯3个国家达到了有效水平。除了中国维持以往高效率水平以外，在均值上贡献较大的哈萨克斯坦在规模效率值上也有了大幅度提升，达到了7.88，说明该国在交通物流部门的投入得到了合理高效的分配从而取得巨大的回报。白俄罗斯维持以往水平不变。德国和波兰略有下降，而俄罗斯出现了巨大的跌幅，从之前的高效率水平跌至0.95的无效率水平，这与俄罗斯大选、国内政治局面不明朗对整个交通物流部门产生负面影响不无关系。

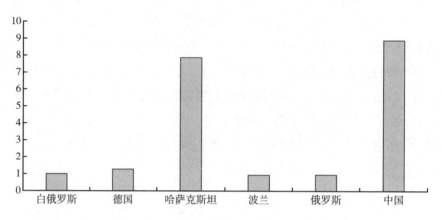

图16　2012年"渝新欧"穿越6国交通物流规模效率

2013年，"渝新欧"穿越6国交通物流规模效率平均值为2.1，处于较低的效率水平。除中国、白俄罗斯以外的4国规模效率值均未达到1，这4国当中德国的规模效率值仅为0.74，最高的波兰也只有0.99，都没有达到有效水平，表明这4个国家存在一定的资源浪费和投入冗余。白俄罗斯规模效率为1，中国的规模效率最高为8.16（见图17），均为有效，意味着两国交通物流部门投入量和实际使用量相差不大，不存在较大的投入冗余和资源浪费，基本在较合适的投入规模下进行运营。尤其中国的高规模效率可以看出其在交通物流部门的投入较大，并带来了较大回报。

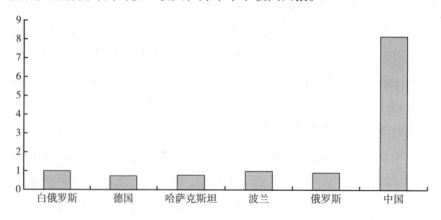

图17　2013年"渝新欧"穿越6国交通物流规模效率

2014年，"渝新欧"穿越6国交通物流规模效率平均值为3.17，处于较高的效率水平。从总体来看，各国交通物流部门投入使用率较高，投入量和实际使用量相差不大，不存在较大的投入冗余和资源浪费，基本在较合适的投入规模下进行运营。就具体国家而言，俄罗斯反超中居第一位，六国交通物流规模效率的从高到低依次为俄罗斯、中国、德国、白俄罗斯、波兰、哈萨克斯坦。其中排名靠后的波兰规模效率值为0.98，哈萨克斯坦的规模效率值为0.73，并未达到有效水平，表明这两个国家存在一定的资源浪费和投入冗余。俄罗斯和中国的交通物流规模效率处于最高水平，分别为8.07和7.01（见图18），说明这两个国家在交通物流部门投入较大，并带来了较大的回报。

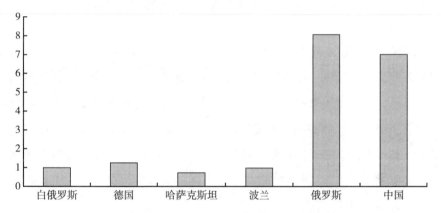

图18 2014年"渝新欧"穿越6国交通物流规模效率

2015年，"渝新欧"穿越6国交通物流规模效率较高，达到3.66，这意味着各国交通物流部门投入使用率较高，不存在较大的投入冗余和资源浪费，基本在较合适的投入规模下进行运营。从各国家情况来看，俄罗斯交通物流规模效率最高，达到9.71，这也是俄罗斯2007年以来的峰值；中国以8.12的规模效率居第二位，中俄两国在交通物流部门的投入较大，并带来了较大的回报。而德国、白俄罗斯、波兰、哈萨克斯坦四国规模效率差异不大，分别以1.29、1、0.98、0.87排在第三位、第四位、第五位、第六位（见图19）。其中，波兰和哈萨克斯坦的规模效率小于1，未达到有效水平，表明这两个国家存在一定的资源浪费和投入冗余。

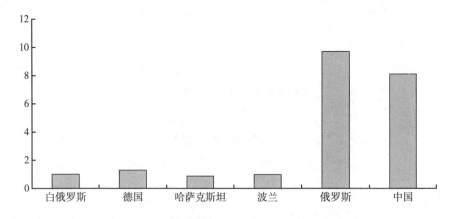

图 19   2015 年"渝新欧"穿越 6 国交通物流规模效率

2016 年,"渝新欧"穿越 6 国交通物流规模效率较高,达到 3.67,这意味着各国交通物流部门硬件设施投入使用率较高,投入冗余和资源浪费情况较少。从各国家情况来看,俄罗斯交通物流规模效率仍保持第一位,中国规模效率居第二位,而德国、白俄罗斯、波兰、哈萨克斯坦四国规模效率差异不大,其中德国、波兰和哈萨克斯坦的规模效率小于 1 (见图 20),未达到有效水平,表明这三个国家在 2016 年交通物流发展的硬件投入上存在一定的资源浪费和投入冗余。

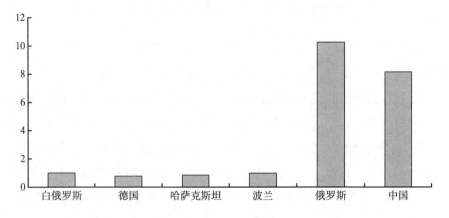

图 20   2016 年"渝新欧"穿越 6 国交通物流规模效率

（3）交通物流纯技术效率

本文采用 Maxdea 7.0 软件中的 BCC 模型对"渝新欧"沿线国家的交通物流纯技术效率 PTE 进行测算，纯技术效率是指在不考虑规模因素的影响下，一国交通物流发展投入的"软性"要素的利用状况对其交通物流综合性效率的影响程度。若 PTE≥1，即 DEA 有效，表明该国的交通物流发展的"软性"投入已经得到了最有效合理的利用且获得了最大产出；若 PTE<1，即 DEA 无效，则说明该国交通物流纯技术效率水平不高，对交通物流投入要素的利用情况不佳，对技术效率未产生正向的贡献，需要调整该国交通物流"软性"投入要素的利用情况。

2007 年，"渝新欧"穿越 6 国交通物流纯技术效率测算结果为 1.34，超过了 1，处于较为有效率的位置，说明六国的交通物流部门技术水平不低，在给定投入的情况下，能够运用相关技术、管理来获取最大产出。各国的交通物流纯技术效率的差异要比综合效率和规模效率小一些，效率值最高的是波兰，高达 2.21；其次是德国，为 1.81；其余 4 国交通物流纯技术效率都刚好在效率前沿面上，水平均为 1（见图 21）。

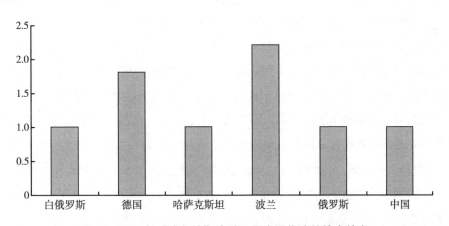

图21　2007 年"渝新欧"穿越 6 国交通物流纯技术效率

2008 年，"渝新欧"穿越 6 国交通物流纯技术效率的测算结果为 1.07，超过了 1，处于较为有效率的位置，但比上一年度有所降低，说明穿越 6 国的交通物流部门给定投入规模的情况下，能运用最新技术取得较大的回报。

各国交通物流纯技术效率的差异依然要比综合效率和规模效率低一些，效率值最高的是波兰，高达1.40，其余5国交通物流纯技术效率都刚好在效率前沿面上，水平均为1（见图23），标明这些国家的技术水平差别并不大。

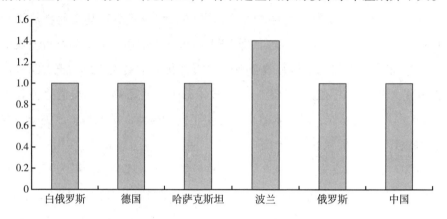

图22　2008年"渝新欧"穿越6国交通物流纯技术效率

2009年，"渝新欧"穿越6国交通物流纯技术效率水平又基本恢复到2007年的水平，平均水平为1.34。处于较为有效率的水平，六国的交通物流部门技术创新情况较好。各国交通物流纯技术效率的差异比综合效率和规模效率低一些，但是德国交通物流业的纯技术效率变化非常显著，一跃而成为水平最高的国家，其纯技术效率值达2.63，显然德国在2009年对于交通物流行业的技术研发十分重视并且成果明显。其次是效率值较高的波兰，也高达1.44，基本和上一年度保持不变。其余4国白俄罗斯、哈萨克斯坦、俄罗斯和中国的交通物流纯技术效率都刚好在效率前沿面上，水平均为1（见图23）。可见该年6国整体纯技术效率值的回升主要是由德国纯技术效率水平的飞跃带动的。

2010年，"渝新欧"穿越6国交通物流纯技术效率从整体来看，其纯技术效率值均大于或等于1，说明均是有效率的，即在给定投入的情况下，能够通过相关技术和管理模式来获取有效产出。2010年"渝新欧"穿越6国的交通物流纯技术效率由高到低依次为波兰（1.36）、白俄罗斯（1.00）、德国（1.00）、哈萨克斯坦（1.00）、俄罗斯（1.00）、中国（1.00）（见图24）。数据显示，各国在交通物流纯技术效率层面差距并不太大，其中效率

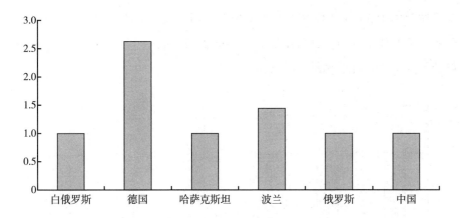

图 23　2009 年"渝新欧"穿越 6 国交通物流纯技术效率

值最高的是波兰的 1.36，一直保持以往的高效率，使其综合效率处于一个较高的水平。而其余五国的交通物流纯技术效率则刚好处于有效率的状况。

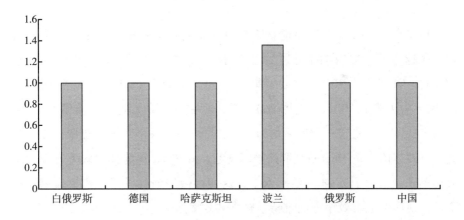

图 24　2010 年"渝新欧"穿越 6 国交通物流纯技术效率

2011 年，"渝新欧"穿越 6 国交通物流纯技术效率跟上一年的情况相差不大。总体来看，2011 年"渝新欧"穿越各国的交通物流纯技术效率平均水平为 1.06，超过了 1，处于较为有效率的位置。穿越六国在当期的交通物流纯技术效率由高到低依次为波兰（1.36）、白俄罗斯（1.00）、德国（1.00）、哈萨克斯坦（1.00）、俄罗斯（1.00）、中国（1.00）（见图 25）。

除了波兰以 1.36 的纯技术效率水平处于六国中较高效率水平以外，其余五国都处于有效率的门槛，效率值为 1。由此可以看出，各国在交通物流技术层面保持一个良好的循环，并且差距不大。

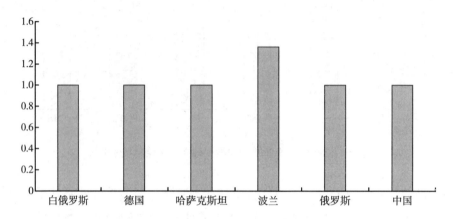

图 25　2011 年"渝新欧"穿越 6 国交通物流纯技术效率

2012 年，"渝新欧"穿越 6 国交通物流纯技术效率发生了比较大的波动。穿越六国在当期的交通物流纯技术效率由高到低依次为俄罗斯（7.63）、波兰（1.36）、白俄罗斯（1.00）、德国（1.00）、哈萨克斯坦（1.00）、中国（1.00）（见图 26）。其中，白俄罗斯、德国、哈萨克斯坦、中国维持了一贯稳定，效率值均为 1；波兰纯技术效率水平值也跟往年情况类似，效率值为 1.36。而俄罗斯异军突起，在 2012 年纯技术效率方面有了大幅提升，达到了 7.63 的效率水平，这使得俄罗斯弥补了在规模效率上的不足，最终在综合效率方面维持了较高的效率水平。

2013 年，"渝新欧"穿越 6 国交通物流纯技术效率测算结果整体上平均水平较高，为 3.3。从总体上看，6 国的交通物流部门技术水平较高，获得了较好的经济效果。就单个国家而言，6 个国家差异较大，效率值最高的是俄罗斯，高达 7.77；其次为哈萨克斯坦，为 7.07；其余 4 国交通物流纯技术效率都不高，波兰为 1.59、德国为 1.36，而中国和白俄罗斯均为 1（见图 27）。

2014 年"渝新欧"穿越 6 国的交通物流纯技术效率平均水平为 2.11，处于较高水平。总体而言，六国的交通物流部门技术水平不低，在给定投入的情况

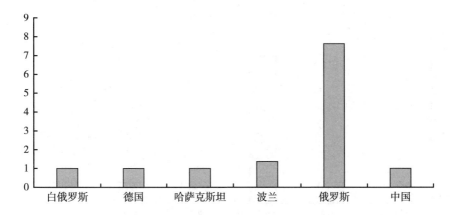

图 26　2012 年"渝新欧"穿越 6 国交通物流纯技术效率

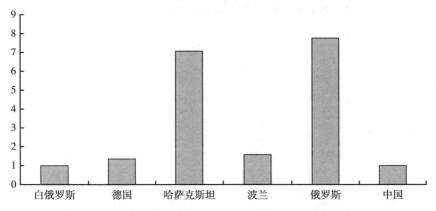

图 27　2013 年"渝新欧"穿越 6 国交通物流纯技术效率

下，能够运用相关技术、管理来获取最大产出。哈萨克斯坦"一枝独秀"，效率值最高，水平值高达 7.06；其次为波兰，纯技术效率为 1.64；其余四国交通物流纯技术效率都刚好在效率前沿面上，水平均为 1（见图 28）。

2015 年，"渝新欧"穿越 6 国交通物流纯技术效率平均水平为 2.11，处于较高水平。从整体来看，"渝新欧"穿越六国纯技术效率较高，交通物流部门经济效果较好。哈萨克斯坦"一家独大"撑起 2.11 这个平均值，效率值第二的波兰水平为 1.88，低于六国平均值，其余四国交通物流纯技术效率依旧均为 1（见图 29）。

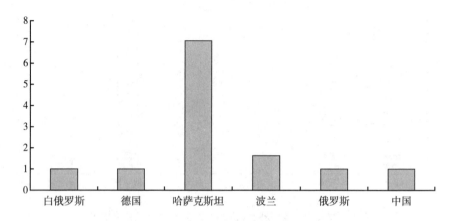

图 28　2014 年"渝新欧"穿越 6 国的交通物流纯技术效率

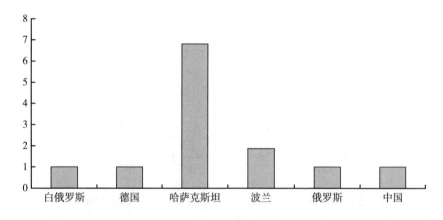

图 29　2015 年"渝新欧"穿越 6 国交通物流纯技术效率

　　2016 年，"渝新欧"穿越各国交通物流纯技术效率平均水平为 2.07，超过了 1，整体处于效率前沿面。穿越六国在当期的交通物流纯技术效率由高到低依次为：哈萨克斯坦、波兰、德国、中国、俄罗斯和白俄罗斯，其中后面三个国家排名为并列（效率值均为 1）。哈萨克斯坦纯技术效率以 6.49 的水平一枝独秀，为 6 国中较高效率水平，波兰和德国分别为 1.64 和 1.29 居第二位、第三位。总而言之，可以看出各国在交通物流技术层面保持一个良好的循环，并且差距不大。

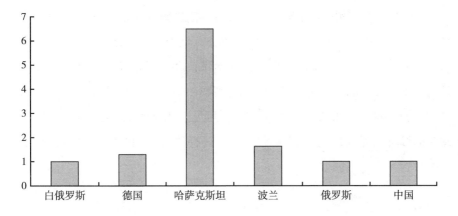

图30　2016年"渝新欧"穿越6国交通物流纯技术效率

2. "渝新欧"辐射国家交通物流效率比较分析

关于"渝新欧"辐射16国家交通物流效率的比较分析，本文与前文相同，采用 MaxDEA 7.0 软件中的 DEA 模型对其进行测算。

（1）交通物流综合效率

本文采用 MaxDEA 7.0 软件中的 DEA 模型对"渝新欧"辐射16国家交通物流综合效率进行测算。交通物流综合效率是指一国在现有经济、技术水平下交通物流发展的实际产出与所能达到的最大产出的比例，若 TE ≥ 1，即 DEA 有效，表明该国交通物流发展的投入已经完全转化成了产出，投入与产出情况完全匹配，交通物流发展投入的资源已被充分利用；若 TE < 1，即 DEA 无效，说明该该国交通物流效率没有达到有效水平，产出与投入未达成最佳比例，有待调整。

2007年，"渝新欧"辐射16国交通物流综合效率平均值为1.43，效率水平值较高，但低于同期"渝新欧"穿越6国的水平。总体而言，皆位于欧洲的"渝新欧"辐射16国的交通物流部门在该年发展情况较好，各国在交通物流部门的综合增长潜力较为可观。从各国的测算结果来看，国家间综合交通物流效率差异较大，其中有5个国家的交通物流综合效率水平低于1，由低到高依次为塞尔维亚（0.623）、保加利亚（0.646）、斯洛伐克（0.859）、匈牙利（0.894）和拉脱维亚（0.909）；水平值处于中间层次

（大于 1 小于 2）的国家有 8 个，由低到高依次为阿尔巴尼亚（1.115）、罗马尼亚（1.209）、爱沙尼亚（1.239）、法国（1.339）、斯洛文尼亚（1.499）、乌克兰（1.533）、捷克（1.835）和克罗地亚（1.966）；水平值较高（大于 2）的国家有 3 个，由低到高依次为比利时（2.221）、立陶宛（2.289）和荷兰（2.759）（见图 31）。可见 2007 年大多数"渝新欧"辐射国家的综合交通物流效率都是有效的，只有约 1/3 的国家在这方面还有待改善。

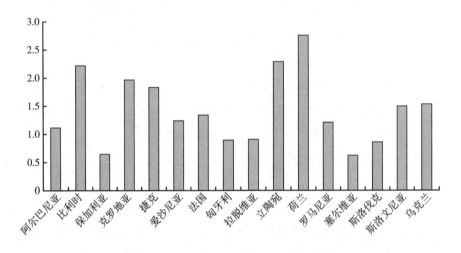

图 31　2007 年"渝新欧"辐射 16 国交通物流综合效率

2008 年，"渝新欧"辐射 16 国交通物流综合效率平均值为 1.34，为有效值，该值低于上年水平，也低于同期"渝新欧"穿越 6 国的水平。"渝新欧"辐射的欧洲 16 国的交通物流部门在该年综合发展情况较好，但投入产出率有轻微下降的趋势。从各国的测算结果来看，国家间综合交通物流效率差异较大，其中有 6 个国家的交通物流综合效率水平低于 1，由低到高依次为保加利亚（0.589）、塞尔维亚（0.637）、罗马尼亚（0.695）、斯洛伐克（0.756）、匈牙利（0.870）和拉脱维亚（0.951）；水平值处于中间层次（大于 1 小于 2）的国家有 7 个，由低到高依次为立陶宛（1）、乌克兰（1.071）、阿尔巴尼亚（1.130）、爱沙尼亚（1.315）、斯洛文尼亚

（1.489）、捷克（1.918）和克罗地亚（1.988）；水平值较高（大于2）的国家有3个，由低到高依次为比利时（2.145）、法国（2.253）和荷兰（2.678）（见图32）。总体来看"渝新欧"辐射国家的综合交通物流效率有效比值为62.5%，低于上一个年度。在16国中，与上一年度相比，增长幅度较大的是法国，下降幅度较大的是立陶宛和罗马尼亚。

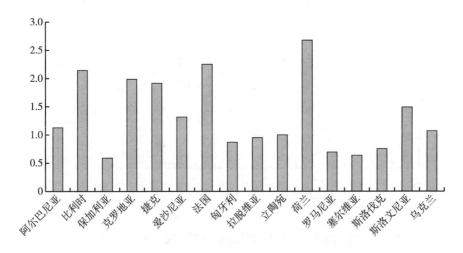

图32 2008年"渝新欧"辐射16国交通物流综合效率

2009年，"渝新欧"辐射16国交通物流综合效率平均值为1.21，仍为有效值，但该值连续两年下降，也低于同期"渝新欧"穿越6国的水平。这表明，"渝新欧"辐射的欧洲16国交通物流部门在2009年虽然投入产出效率继续有效，但这种效率水平有下降的趋势。从各国的测算结果来看，国家间综合交通物流效率差异较大，其中有6个国家的交通物流综合效率水平低于1，由低到高依次为塞尔维亚（0.682）、罗马尼亚（0.683）、保加利亚（0.690）、斯洛伐克（0.730）、乌克兰（0.849）和匈牙利（0.871）；水平值处于中间层次（大于1小于2）的国家有7个，由低到高依次为比利时（1）、克罗地亚（1）、阿尔巴尼亚（1.040）、爱沙尼亚（1.053）、拉脱维亚（1.145）、捷克（1.503）和斯洛文尼亚（1.565）；水平值较高（大于2）的国家有3个，由低到高依次为荷兰（2.160）、立陶宛（2.198）和法国（2.232）（见图 33）。"渝新欧"辐射国家的综合交通物流效率有效比值与上一年度持平，均为 62.5%。在 16 国中，与上一年度相比，增长较为明显的是立陶宛，恢复到 2007 年的较高水平；下降较为明显的是比利时、克罗地亚和乌克兰。

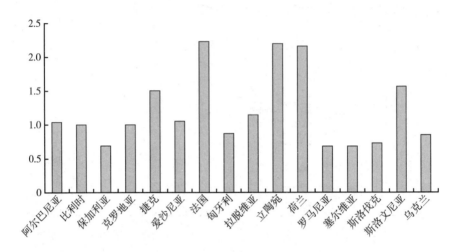

图 33　2009 年"渝新欧"辐射 16 国交通物流综合效率

2010 年，"渝新欧"辐射 16 国交通物流综合效率平均值为 2.46，其中有 11 个国家的效率水平高于 1，由高到低依次是比利时（13.31）、罗马尼亚（4.55）、斯洛伐克（4.32）、捷克（4.09）、阿尔巴尼亚（1.95）、克罗地亚（1.47）、爱沙尼亚（1.34）、拉脱维亚（1.23）、乌克兰（1.17）、荷兰（1.14）、匈牙利（1.00），其中比利时的效率水平高达 13.31，说明该国交通物流部门在硬性、软性投入转化为巨大产出。而保加利亚（0.89）、法国（0.73）、立陶宛（0.53）、塞尔维亚（0.81）和斯洛文尼亚（0.89）这五个国家则处于低效率水平（见图 34）。其中法国和立陶宛最低，这反映出两国在交通物流部门的低效率，尤其是法国作为发达国家出现低效率的情况比较少见，主要是因为总统萨科齐在 2010 年计划延迟退休年龄，法国爆发多次全国性大罢工，其中波及交通运输业和邮政等公共服务行业。而立陶宛则是受到 2009 年经济危机引起的国内经济衰退的拖累，2010 年的就业人口和 GDP 都有明显的下降，这对交通物流部门产生了负面影响。

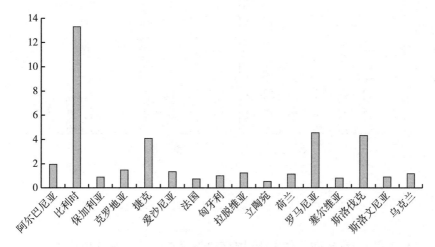

图 34   2010 年"渝新欧"辐射 16 国交通物流综合效率

2011 年，"渝新欧"辐射 16 国交通物流综合效率平均值为 1.59，其中有 10 个国家的效率水平都高于 1，从高到低依次为法国（4.55）、荷兰（3.81.）、爱沙尼亚（3.48）、比利时（1.77）、捷克（1.33）、立陶宛（1.27）、保加利亚（1.23）、乌克兰（1.18）、斯洛伐克（1.07）和匈牙利（1.04），其中法国较上年有明显恢复，成为辐射 16 国中，综合效率最高的国家，达到了以往的效率水平。变动较大的国家是比利时、捷克、爱莎尼亚和荷兰，比利时的交通物流综合效率出现了巨大降幅，从上年的 13.31 到2011 年的 1.77，降幅达到 86.67%；捷克也出现了较明显的下降，爱沙尼亚、荷兰的综合效率则是有明显的提高。有 6 个国家存在效率低下的情况，它们是阿尔巴尼亚（0.87）、克罗地亚（0.54）、拉脱维亚（0.84）、罗马尼亚（0.71）、塞尔维亚（0.81）和斯洛文尼亚（0.94）（见图 35），其中阿尔巴尼亚、克罗地亚、拉脱维亚和罗马尼亚都是从有效率变成了无效率。受2011 年欧洲经济危机影响，各国交通物流产业也有影响，产出上涨幅度减小。值得关注的是克罗地亚的效率恶化情况较为严重，在这一年克罗地亚的铁路运输量有明显的下降。

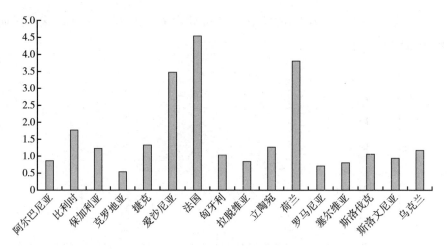

图35　2011年"渝新欧"辐射16国交通物流综合效率

2012年，"渝新欧"辐射16国交通物流综合效率平均值为1.48。其中有7个国家的效率水平高于1，从高到低依次为法国（3.75）、荷兰（3.66）、克罗地亚（3.55）、比利时（1.83）、捷克（1.69）、阿尔巴尼亚（1.61）和斯洛伐克（1.15）（见图37）。其中克罗地亚从上年的0.54上升至3.55，达到了法国和荷兰等发达国家的水平；此外，"渝新欧"辐射16国的整体交通物流综合效率有明显的下降，出现总体效率恶化的趋势。值得关注的是塞尔维亚，其2012年的效率水平仅为0.24，受战乱、制裁等影响，经济长期低迷不振，反映在交通物流部门的投入产出效率方面，出现了十分严重的资源浪费和投入冗余。除塞尔维亚外，匈牙利（0.49）和罗马尼亚（0.51）也存在明显的效率恶化的情况。这一年对于各国来说，交通物流部门的发展情况都不太理想。

2013年，"渝新欧"辐射16国交通物流综合效率平均值为1.43，超过了1，处于较为有效率的位置，总体而言16国的交通物流部门在该年发展不错，各国在交通物流部门各种硬性、软性要素等方面的投入所带来的产出回报不低，增长潜力不错。从单个国家的测算结果来看，辐射16国交通物流综合效率的国家间差异要比穿越6国小一些，由高到低排列依次为荷兰、捷克、比利时、斯洛文尼亚、拉脱维亚、乌克兰、阿尔巴尼亚、

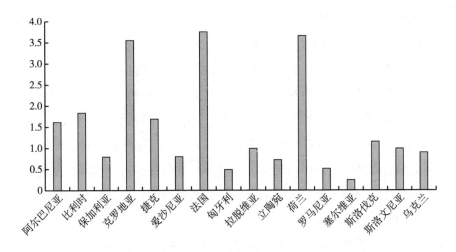

图 36　2012 年"渝新欧"辐射 16 国交通物流综合效率

克罗地亚、爱沙尼亚、斯洛伐克、保加利亚、法国、立陶宛、匈牙利、罗马尼亚、塞尔维亚。其中前 12 位综合效率分别为 3.37、2.4、1.97、1.85、1.62、1.61、1.6、1.53、1.1、1.06、1.02 和 1，均为有效；后 4 国综合效率均低于 1 未达到有效水平，其中塞尔维亚以 0.41 的综合效率垫底（见图 37）。

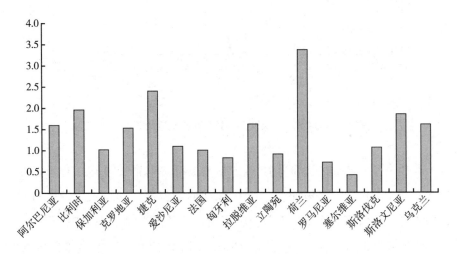

图 37　2013 年"渝新欧"辐射 16 国交通物流综合效率

2014 年，"渝新欧"辐射 16 国交通物流综合效率平均值为 1.6，超过了 1。从总体来看，16 国的交通物流部门在该年发展很好，但是从单个国家的测算结果来看，辐射 16 国交通物流综合效率的国家间差异明显，尤其是荷兰的综合物流效率占据绝对优势地位，在 16 国中"鹤立鸡群"。除荷兰外，综合物流效率在 2 以上的有 5 个国家，分别是斯洛伐克（2.21）、捷克（2.97）、乌克兰（2.26）、阿尔巴尼亚（2.16）、斯洛文尼亚（2.16），这五国交通物流部门在该年得到了高速发展，各国在交通物流部门各种硬性、软性要素等方面的大量投入带来了较好的产出回报，具有较强的增长潜力。而保加利亚（0.76）、匈牙利（0.78）、立陶宛（0.89）、罗马尼亚（0.80）、塞尔维亚（0.55）的综合物流效率均未达到有效水平，其五余国的综合物流效率均为 1~2，处于较为有效率的位置（见图 38）。

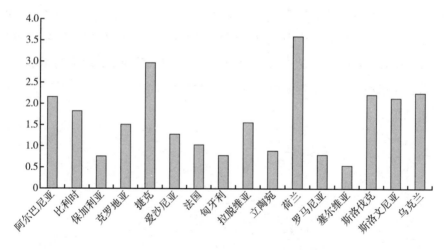

图 38　2014 年"渝新欧"辐射 16 国交通物流综合效率

2015 年，"渝新欧"辐射 16 国交通物流综合效率平均值为 1.68，处于较为有效率的位置。总体而言，16 国在交通物流部门的投入所带来的产出回报不低，增长潜力不错。就单个国家而言，各国之间差异不大，荷兰的综合物流效率为 3.51，居第一位；捷克以 3.52 居第二位；阿尔巴尼亚以 2.32 居第三位；乌克兰以 2.25 居第四位；斯洛文尼亚以 2.14 居第五位；而保加利

亚、匈牙利、罗马尼亚和塞尔维亚的综合效率分别为 0.76、0.77、0.92 和
0.74，均为无效，其余 7 国的综合物流效率均为 1～2，均为有效（见图 39）。

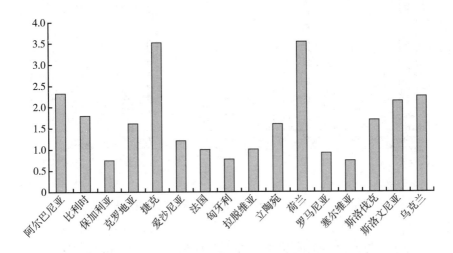

图 39　2015 年"渝新欧"辐射十 6 国交通物流综合效率

2016 年，"渝新欧"辐射 16 国交通物流综合效率平均值为 1.69，处于
较为有效率的位置。总体而言，16 国在交通物流部门的投入所带来的产出
回报不低，增长潜力不错。就单个国家而言，各国之间差异不算大，阿尔巴
尼亚和捷克两国综合物流效率超过了荷兰分列第一位和第二位，荷兰下降到
第三位，斯洛文尼亚超过乌克兰居第五位；其后依次为立陶宛、克罗地亚、
斯洛伐克、乌克兰、爱沙尼亚、罗马尼亚、保加利亚、拉脱维亚、法国、匈
牙利和塞尔维亚，其中拉脱维亚、法国、匈牙利和塞尔维亚 4 国综合效率低
于 1，未达到有效水平（见图 40）。

（2）交通物流规模效率

交通物流规模效率反映的是一国的物流业是否达到了最合适的发展规
模，若 SE≥1，即 DEA 有效，表明该国当前的交通物流发展规模是有效率
的；若 SE＜1，即 DEA 无效，则说明该国当前的交通物流发展还未达到最
合适的规模，需要扩大或缩小现有规模。

2007 年，"渝新欧"辐射 16 国的交通物流规模效率平均值为 0.97，低

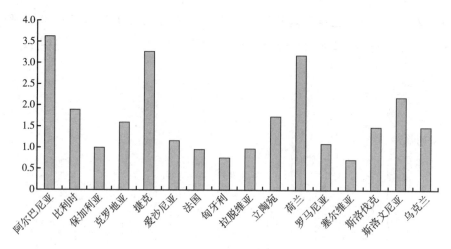

图40 2016年"渝新欧"辐射16国交通物流综合效率

于1，处于无效率水平，远低于同期"渝新欧"穿越6国的高规模效率值。这表明，2007年这16国交通物流部门投入使用率较低，投入量和实际使用量相差很大，存在较大的投入冗余和资源浪费，运营规模亟须扩大。其中交通物流规模效率水平最低（小于0.7）的国家有4个，由低到高依次为保加利亚（0.412）、阿尔巴尼亚（0.525）、法国（0.692）和塞尔维亚（0.698）；交通物流规模效率水平居中（大于0.7小于1）的有10个国家，水平由低到高依次为爱沙尼亚（0.745）、斯洛伐克（0.800）、匈牙利（0.884）、克罗地亚（0.887）、比利时（0.901）、拉脱维亚（0.907）、乌克兰（0.967）、罗马尼亚（0.969）、斯洛文尼亚（0.998）和荷兰（0.999）；交通物流规模效率水平最高（大于1）的国家有2个，水平由低到高依次为捷克（1.835）和立陶宛（2.289）（见图41）。"渝新欧"辐射16国在交通物流规模效率上的有效率仅为12.5%，大多数国家都未达到有效水平。这表明"渝新欧"辐射16国在交通物流部门的整体投入还需要进一步加强。

2008年"渝新欧"辐射16国交通物流规模效率平均值为1.02，该水平值高于1，处于有效的效率水平，虽依然远低于同期"渝新欧"穿越6国的

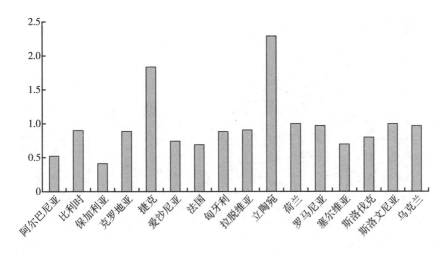

图 41　2007 年"渝新欧"辐射 16 国交通物流规模效率

高规模效率值，但与上一年度相比取得了很大的改善，从无效上升为有效状态。这表明，2008 年这些国家交通物流部门投入使用率得到提高，基本不再存在较大的投入冗余和资源浪费。对比"渝新欧"辐射 16 国，发现差异较大，其中交通物流规模效率水平最低（小于 0.7）的国家有 3 个，由低到高依次为保加利亚（0.383）、罗马尼亚（0.692）和塞尔维亚（0.693）；交通物流规模效率水平居中（高于 0.7 低于 1）的有 8 个国家，水平由低到高依次为斯洛伐克（0.756）、爱沙尼亚（0.792）、匈牙利（0.879）、拉脱维亚（0.884）、克罗地亚（0.897）、比利时（0.931）、斯洛文尼亚（0.997）和荷兰（0.999）；交通物流规模效率水平最高的国家有 5 个，水平由低到高依次为立陶宛（1）、乌克兰（1.071）、阿尔巴尼亚（1.130）、捷克（1.918）和法国（2.253）（见图 42）。本年度"渝新欧"辐射的欧洲 16 国在交通物流规模效率上的有效率升为 31.25%，但大多数国家依然未达到有效水平。其中，下降幅度较大的是立陶宛，上升较为明显的是阿尔巴尼亚和法国。

2009 年，"渝新欧"辐射 16 国交通物流规模效率平均值出现大幅下跌，降为 0.75，低于 1，处于无效的效率水平，且远低于同期"渝新欧"穿越 6 国的规模效率值。这表明，2009 年 16 国交通物流部门投入使用率再次跌

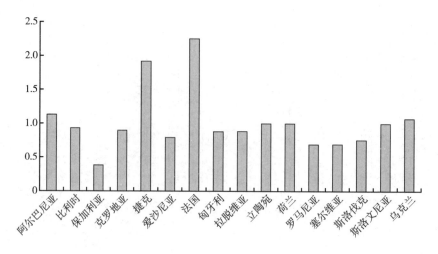

图 42　2008 年"渝新欧"辐射 16 国交通物流规模效率

落，投入冗余和资源浪费情况更加严重。"渝新欧"辐射 16 国中交通物流规模效率水平最低（小于 0.7）的国家增加到 7 个，由低到高依次为比利时（0.388）、保加利亚（0.432）、克罗地亚（0.451）、立陶宛（0.458）、阿尔巴尼亚（0.551）、爱沙尼亚（0.637）和罗马尼亚（0.693）；交通物流规模效率水平居中（大于 0.7 小于 1）的降为 8 个国家，水平由低到高依次为塞尔维亚（0.702）、斯洛伐克（0.715）、乌克兰（0.797）、拉脱维亚（0.866）、匈牙利（0.879）、荷兰（0.917）、斯洛文尼亚（0.978）和法国（0.996）；交通物流规模效率水平最高（大于 1）的国家只有 1 个，捷克（1.503）（见图 43）。该年度"渝新欧"辐射的欧洲 16 国在交通物流规模效率上有效率仅为 6.25%，绝大多数国家都未达到有效水平。其中，下降幅度较大除了立陶宛、比利时和乌克兰之外，上一年度处于上升趋势的阿尔巴尼亚和法国也出现了巨大降幅。

2010 年，"渝新欧"辐射 16 国交通物流规模效率平均值为 1.72，总体来看，处于一个较为理想的效率水平。但是其中只有半数的国家达到了规模效率有效的程度，其余国家的规模效率值则是低于 1 的。2010 年"渝新欧"辐射 16 国中有效率的国家由高到低依次为比利时（5.67）、罗马尼亚

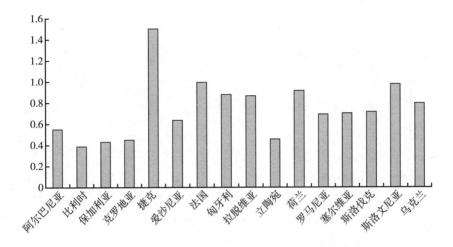

图43　2009年"渝新欧"辐射16国交通物流规模效率

（4.36）、斯洛伐克（4.32）、捷克（3.27）、爱沙尼亚（1.34）、克罗地亚（1.27）、阿尔巴尼亚（1.14）和匈牙利（1.04），其中有4个国家的规模效率值超过了3，因此使得整体的均值达到了一个比较高的水平。比利时在2010年的综合效率高达13.31，这得益于该国当期的规模效率。低于有效水平的8个国家分别是保加利亚（0.56）、法国（0.73）、拉脱维亚（0.97）、立陶宛（0.28）、荷兰（0.28）、塞尔维亚（0.78）、斯洛文尼亚（0.71）和乌克兰（0.90）（见图44）。其中立陶宛和荷兰处于非常低效的情况，尤其是立陶宛，规模效率低下对整个交通物流部门的综合效率影响也极为深远。

2011年，"渝新欧"辐射16国交通物流规模效率平均值为1.13。其中，爱沙尼亚和法国因较高的规模效率水平同其他国家相差明显，而斯洛伐克则因为低效率水平与其他国家出现明显的落差。2011年"渝新欧"辐射16国的交通物流规模效率整体并不理想，超过1的效率水平的国家只有爱沙尼亚（3.48）和法国（4.55），其余国家全都低于1。需要注意的是，在低效率水平的国家中波动十分明显的是：阿尔巴尼亚（0.48）下降57.9%、克罗地亚（0.47）下降63.0%、捷克（0.96）下降70.6%和斯洛伐克（0.10）下降97.7%（见图45）。受近几年的经济危机影响，欧洲尤其是东欧政局不

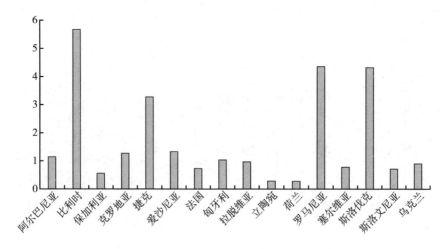

图44 2010年"渝新欧"辐射16国交通物流规模效率

稳导致各国在资源投入和分配管理上都出现了低效率的结果，这一后果也反映在交通物流部门的规模效率上。

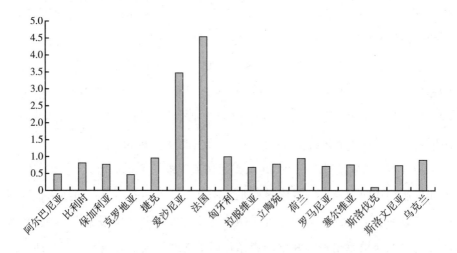

图45 2011年"渝新欧"辐射16国交通物流规模效率

2012年，"渝新欧"辐射16国交通物流规模效率平均值为0.93。法国（3.75）和阿尔巴尼亚（1.61）的效率水平超过了1，其他国家均在1以下。值得注意的是，还有部分国家的效率值只有0.50左右甚至更低，这其中有保加利亚（0.50）、爱沙尼亚（0.51）、匈牙利（0.55）、立陶宛（0.54）、罗马尼亚（0.48）和塞尔维亚（0.24）（见图46）。由此可见，经济危机还在对欧洲各国产生持续的负面影响，民众不满情绪加重、政局不稳影响政府行使职能，出现资源浪费、投入冗余、效率低下的结果，交通物流部门也持续受到影响。从规模效率可以反映出在"渝新欧"辐射16国中大部分国家出现了严重的资源配置效率问题。

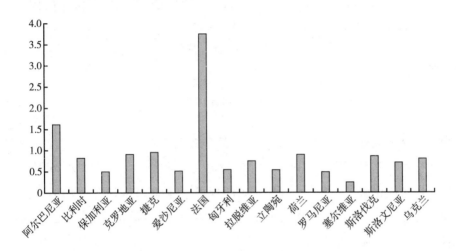

图46　2012年"渝新欧"辐射16国交通物流规模效率

2013年，"渝新欧"辐射16国交通物流规模效率平均值为0.99，为无效水平，这表明各国交通物流部门存在一定的资源浪费和投入冗余，并未在合适的投入规模下进行运营。就单个国家而言，辐射16国中仅捷克、乌克兰、阿尔巴尼亚、斯洛伐克和斯洛文尼亚5国的规模效率处于有效水平，规模效率值分别为2.4、1.61、1.60、1.03和1.00，其余11国的规模效率均小于1，为无效。规模效率值最低的国家是塞尔维亚，仅为0.38（见图47），表明该国存在较多的资源浪费和投入冗余。

2014年，"渝新欧"辐射16国交通物流规模效率平均值为1.05。整体看，各国交通物流部门投入使用率较高，投入量和实际使用量相差不大，不存在较大的投入冗余和资源浪费。但实际上真正处于有效水平的国家仅3

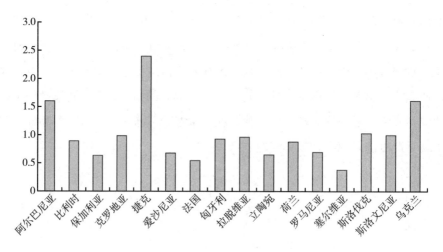

图47　2013年"渝新欧"辐射16国交通物流规模效率

个，即斯洛伐克、捷克、乌克兰。捷克规模效率为2.97，居第一位，说明该在交通物流部门的投入很大，并带来很大的回报。乌克兰以2.26居第二位，斯洛伐克居第三位，其余13国的规模效率均未达到有效水平（见图48）。这表明，13个国家在该年都存在一定的资源浪费和投入冗余，并未在合适的投入规模下进行运营。

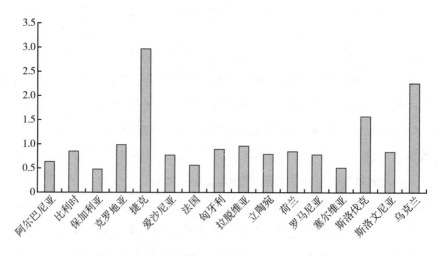

图48　2014年"渝新欧"辐射十六国交通物流规模效率

2015 年,"渝新欧"辐射 16 国交通物流规模效率平均值为 1.11,处于较为有效的水平。从总体来看,各国交通物流部门投入使用率较高,在较合适的投入规模下进行运营。对 16 个国家进行比较会发现,该年与 2013 年有一定程度的相似,仅有 5 国规模效率处于有效水平,捷克与乌克兰以较明显的优势分居第一位和第二位,规模效率分别为 3.52 和 2.25,斯洛伐克以 1.26 居第三位,法国、立陶宛的规模效率均为 1(见图 49),表明仅有这 5 个国家在交通物流部门的投入较大,并带来了较大的回报。除此之外的 11 个国家均未达到有效水平。

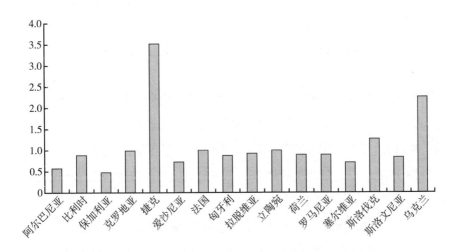

图 49 2015 年"渝新欧"辐射 16 国交通物流规模效率

2016 年,"渝新欧"辐射 16 国交通物流规模效率平均值为 0.90,比 2015 年有明显的下降,从总体来看,当年交通物流规模效率为无效。具体对 16 个国家进行比较时发现,该年仅捷克和斯洛伐克两国交通物流规模效率处于有效水平,其余 14 个国家均未达到有效水平。

(3)交通物流纯技术效率

本文采用 MaxDEA 7.0 软件中的 BCC 模型对"渝新欧"辐射 16 国交通物流纯技术效率 PTE 进行测算,纯技术效率是指在不考虑规模因素的影响下,一国交通物流发展投入的"软性"要素的利用状况对其交通物流综合

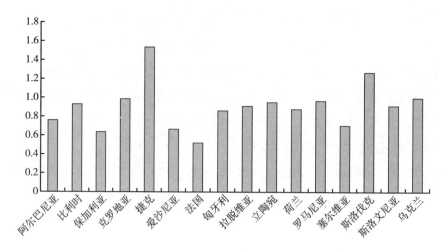

图 50　2016 年"渝新欧"辐射 16 国交通物流规模效率

性效率的影响程度。若 PTE≥1，即 DEA 有效，表明该国的交通物流发展的"软性"投入已经得到了最有效合理的利用且获得了最大产出；若 PTE <1，即 DEA 无效，表明该国交通物流纯技术效率水平不高，对交通物流投入要素的利用情况不佳，对技术效率未产生正向的贡献，需要调整该国交通物流"软性"投入要素的利用情况。

2007 年，"渝新欧"辐射 16 国交通物流纯技术效率平均水平为 1.57，超过了 1，处于较为有效率的位置，略高于同期"渝新欧"穿越 6 国交通物流纯技术效率，表明"渝新欧"辐射 16 国整体交通物流部门技术水平较好，在投入规模给定的前提下，能够运用新技术新方法来获取较大产出。从各国交通物流纯技术效率的情况来看，国家间差异较大，其中交通物流纯技术效率水平最低（小于 1）的国家只有 1 个，为塞尔维亚（0.893）；交通物流纯技术效率水平居中（大于 1 小于 2）的有 11 个，由低到高依次为捷克（1）、立陶宛（1）、拉脱维亚（1.002）、匈牙利（1.012）、斯洛伐克（1.075）、罗马尼亚（1.247）、斯洛文尼亚（1.502）、保加利亚（1.568）、乌克兰（1.585）、爱沙尼亚（1.664）和法国（1.935）；交通物流纯技术效率水平较高（大于 2）的国家有 4 个，由低到高依次为阿尔巴尼亚

（2.123）、克罗地亚（2.216）、比利时（2.466）和荷兰（2.760）（见图51）。本年度"渝新欧"辐射的欧洲16国在交通物流纯技术效率上的有效率高达93.75%，绝大多数国家达到了有效水平。

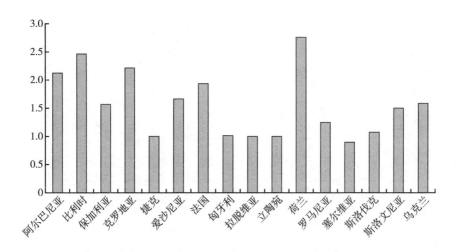

图51　2007年"渝新欧"辐射16国交通物流纯技术效率

2008年，"渝新欧"辐射16国交通物流纯技术效率平均水平为1.37，比上一年略有下降，依然是有效率的水平，略高于同期"渝新欧"穿越6国交通物流纯技术效率，表明16国交通物流部门的整体技术利用效率较高。各国交通物流纯技术效率的情况是，交通物流纯技术效率水平最低（小于1）的国家有2个，由低到高依次为塞尔维亚（0.919）和匈牙利（0.989）；交通物流纯技术效率水平居中（大于1小于2）的依然为11个国家，由低到高依次为阿尔巴尼亚（1）、捷克（1）、法国（1）、立陶宛（1）、斯洛伐克（1）、乌克兰（1）、罗马尼亚（1.004）、拉脱维亚（1.076）、斯洛文尼亚（1.494）、保加利亚（1.539）和爱沙尼亚（1.660）；交通物流纯技术效率水平较高（大于2）的国家有3个，由低到高依次为克罗地亚（2.217）、比利时（2.304）和荷兰（2.678）（见图52）。该年度"渝新欧"辐射16国在交通物流纯技术效率上的有效率也很高，为87.5%，绝大多数国家都达到了有效水平。其中，阿尔巴尼亚、法国、斯洛伐克和乌克兰都下降到了

效率前沿面上，值均为 1，情况并不悲观，但匈牙利却降到了有效水平以下，需要重点关注。没有国家在该年度交通物流纯技术效率上表现出明显提升。

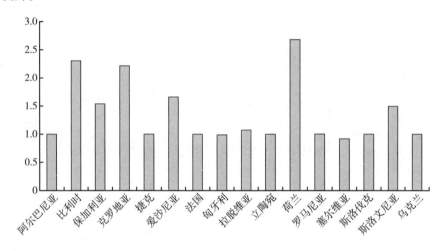

图 52　2008 年"渝新欧"辐射 16 国交通物流纯技术效率

2009 年，"渝新欧"辐射 16 国交通物流纯技术效率平均水平为 1.77，是有效率的水平，比上年略有上升，也略高于同期"渝新欧"穿越 6 国的交通物流纯技术效率，这表明本年度"渝新欧"辐射 16 国在交通物流部门在技术利用效率上取得了很大进步。从各国交通物流纯技术效率的情况来看，在 16 国中，交通物流纯技术效率水平最低（小于 1）的国家有 3 个，由低到高依次为塞尔维亚（0.972）、罗马尼亚（0.987）和匈牙利（0.991）；交通物流纯技术效率水平居中（大于 1 小于 2）的国家降为 8 个，由低到高依次为捷克（1）、斯洛伐克（1.021）、乌克兰（1.065）、拉脱维亚（1.321）、保加利亚（1.598）、斯洛文尼亚（1.600）、爱沙尼亚（1.653）和阿尔巴尼亚（1.887）；交通物流纯技术效率水平较高（大于 2）的国家升为 5 个，由低到高依次为克罗地亚（2.217）、法国（2.240）、荷兰（2.356）、比利时（2.576）和立陶宛（4.800）（见图 53）。该年度"渝新欧"辐射 16 国在交通物流纯技术效率上的有效率降低为 81.25%，但由于法国和立陶宛两国的纯技术效率水平上升幅度很大,反而拉高了 16 国的平均值。没有国家在该年度交通物流纯技术效率上表现出大的降幅。

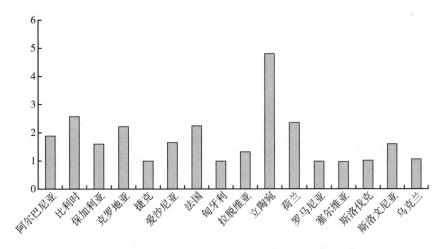

图 53　2009 年"渝新欧"辐射 16 国交通物流纯技术效率

2010 年,"渝新欧"辐射 16 国交通物流纯技术效率均值为 1.49。在 16 个国家中,有 12 个的纯技术效率都高于或等于 1,由高到低依次为荷兰(4.09)、比利时(2.35)、立陶宛(1.88)、阿尔巴尼亚(1.7)、保加利亚(1.59)、乌克兰(1.29)、拉脱维亚(1.27)、斯洛文尼亚(1.26)、捷克(1.25)、克罗地亚(1.16)、罗马尼亚(1.04)、塞尔维亚(1.03),爱沙尼亚、法国、斯洛伐克 3 国纯技术效率都为 1(见图 54),只有匈牙利的纯技术效率为 0.97,不甚理想。从整体情况来看,2010 年"渝新欧"辐射 16 国交通物流效率基本上都达到了比较理想的情况,在既定投入下,通过技术可以达到最优产出。相对于前面的综合效率和规模效率,交通物流纯技术效率在各国间的差距相对较小,只有位于前 5 名的国家相对比较突出,其余的国家基本上在差不多的效率水平上。比较突出的荷兰和比利时,在经济方面本身就处于 16 个国家当中的前列,GDP 排名也相对靠前,在 R&D 方面的投入自然比其他国家要多,而前期在技术方面大量投入也在交通物流部门体现出理想的结果。

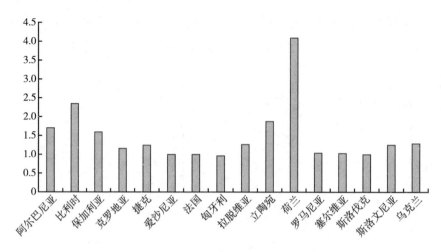

图 54　2010 年"渝新欧"辐射 16 国交通物流纯技术效率

2011 年，"渝新欧"辐射 16 国交通物流纯技术效率平均值为 2.09，所有国家交通物流纯技术效率水平均大于等于 1。辐射 16 国纯技术效率水平由高到低依次为斯洛伐克（10.77）、荷兰（4.02）、比利时（2.19）、阿尔巴尼亚（1.78）、立陶宛（1.63）、保加利亚（1.59）、捷克（1.39）、乌克兰（1.31）、斯洛文尼亚（1.26）、拉脱维亚（1.23）、克罗地亚（1.15）、塞尔维亚（1.06）、匈牙利（1.04），爱沙尼亚、法国和罗马尼亚均为 1（见图 55）。除了斯洛伐克、荷兰和比利时 3 国交通物流纯技术效率水平相对较高以外，其余国家的技术水平差距不大。"渝新欧"辐射 16 国在交通物流部分的技术水平都能够满足既定投入下可以有等比例产出的要求，技术水平处于比较令人满意的程度。

2012 年，"渝新欧"辐射 16 国交通物流纯技术效率平均值为 1.66。在 16 个国家中，绝大多数的国家的纯技术效率水平大于或等于 1。只有匈牙利的纯技术效率值为 0.89，处于低效率水平。从整体来看，辐射 16 国在 2012 年交通物流纯技术效率方面差距不大，由高到低依次为荷兰（4.09）、克罗地亚（3.91）、比利时（2.24）、捷克（1.77）、保加利亚（1.59）、爱沙尼亚（1.55）、斯洛文尼亚（1.4）、斯洛伐克（1.35）、立陶宛（1.34）、拉脱维亚（1.33）、乌克兰（1.12）、罗马尼亚（1.06）、阿尔巴尼亚

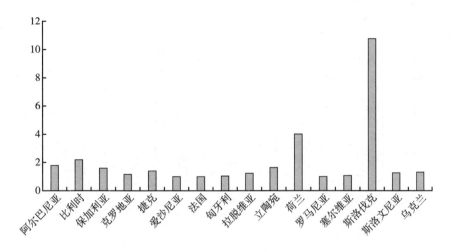

图 55　2011 年"渝新欧"辐射 16 国交通物流纯技术效率

（1.00）、法国（1.00）、塞尔维亚（1.00）和匈牙利（0.89）（见图 56）。其中，荷兰在交通物流部门保持一贯的高技术水平，在投入产出转换过程中达到了十分满意的结果；克罗地亚在这一年的纯技术效率水平也令人瞩目，其纯技术效率在整个综合效率中的贡献巨大。而匈牙利则一直在 16 个国家中处于技术水平较低的位置，这对该国整个交通物流部门的负面影响十分明显。

2013 年，"渝新欧"辐射 16 国交通物流纯技术效率平均水平为 1.53，超过了 1，处于较有效率的位置。总体而言，16 国交通物流部门技术水平不低，在给定投入的情况下，能够运用相关技术、管理来获取最大产出。在 16 国中，效率值最高的是荷兰，高达 3.82；其次为比利时，纯技术效率为 2.19；阿尔巴尼亚、捷克、乌克兰的交通物流纯技术效率都刚好在效率前沿面上，水平均为 1。唯一处于无效水平的国家是匈牙利，纯技术效率仅为 0.88；其余 10 个国家的交通物流纯技术效率均为 1 ~ 2，处在较为有效率的位置（见图 57）。

2014 年，"渝新欧"辐射 16 国交通物流纯技术效率平均水平为 1.75，处于较为有效率的位置。总体而言，16 国交通物流部门技术水平

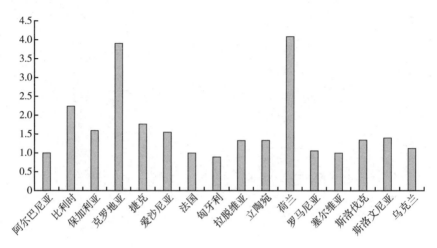

图56　2012年"渝新欧"辐射16国交通物流纯技术效率

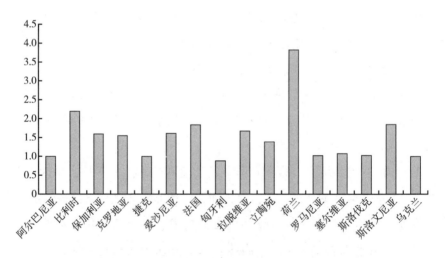

图57　2013年"渝新欧"辐射十六国交通物流纯技术效率

不低，在给定投入的情况下，能够运用相关技术、管理来获取最大产出。在16国中，效率值最高的是荷兰，高达4.23；阿尔巴尼亚、斯洛文尼亚、比利时分别居第二位、第三位、第四位，纯技术效率水平值分别为3.41、2.53和2.14。与上年相同的是匈牙利，纯技术效率仅为0.87。捷克和乌克兰交通物流纯技术效率都刚好在效率前沿面上，水平均为1（见

图58）。除此之外的9个国家交通物流纯技术效率均为1～2，处于较为有效率的位置。

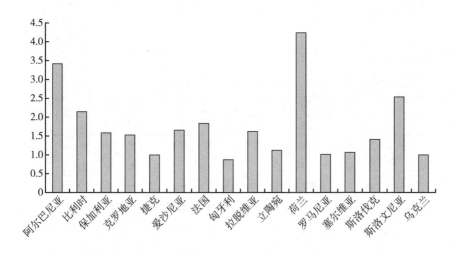

图58 2014年"渝新欧"辐射16国交通物流纯技术效率

2015年，"渝新欧"辐射16国的交通物流纯技术效率平均水平为1.72，辐射各国交通物流部门技术水平不低，在给定投入的情况下，能够运用相关技术、管理来获取最大产出。2015年，16国交通物流纯技术效率差异不大。就具体国家而言，阿尔巴尼亚的纯技术效率不断提升，已反超荷兰成为辐射16国中效率值最高的国家，纯技术效率达到4.05；荷兰居第二位，纯技术效率为3.96；斯洛文尼亚以2.58居第三位；比利时以2.03居第四位。该年唯一无效率的国家是匈牙利，纯技术效率仅为0.88。捷克、法国、乌克兰交通物流纯技术效率均为1（见图59）。其他8个国家交通物流纯技术效率为1～2，处于较为有效率的状况。

2016年，"渝新欧"辐射16国交通物流纯技术效率平均水平为1.89，说明辐射各国的交通物流部门技术水平不低，在给定投入的情况下，能够运用相关技术、管理来获取最大产出。2016年16国交通物流纯技术效率差异不大，而匈牙利交通物流纯技术效率同上年一样，仍然为无效。

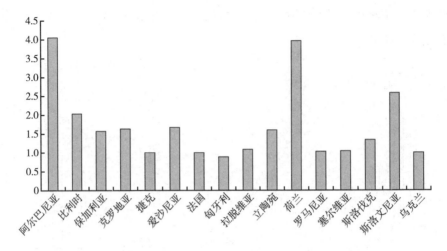

图59　2015 年"渝新欧"辐射16 国交通物流纯技术效率

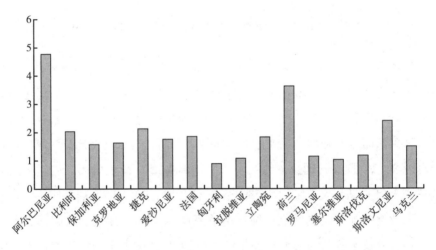

图60　2016 年"渝新欧"辐射16 国交通物流纯技术效率

（二）"渝新欧"沿线国家交通物流效率分析：Malmquist 模型

本部分属于动态研究，主要采用 Malmquist 模型来进行。Malmquist 指数克服了传统 DEA 只能进行截面数据效率测算的不足，该模型可以对面板数据进行效率动态测试。通过 Malmquist 指数模型，可以测算出样本的全要素生产率，并且将其分解为技术效率变化指数（即效率改善指数）和技术进步指数，而效率改善指数又可以被分解为纯技术效率指数和规模效率指数，具体关系式可写为：全要素生产率指数＝综效率改善指数×技术进步指数，其中效率改善指数＝纯技术效率指数×规模效率指数。限于篇幅本部分只将 Malmquist 指数模型测算出来的"渝新欧"沿线国家交通物流效率分解为三大部分，即全要素生产率指数、效率改善指数和技术进步指数。

1. "渝新欧"穿越国家交通物流效率比较分析

本文采用 maxdea 7.0 软件中的 Malmquist 模型对"渝新欧"穿越 6 国交通物流全要素生产率进行测算。交通物流全要素生产率是考察样本从 t 期到 $t+1$ 期的交通物流全要素生产率变化指数，如果交通物流全要素生产率大于 1，表示从 t 期到 $t+1$ 期的该国交通物流产出增加率大于投入增加率；如果交通物流全要素生产率等于 1，表示从 t 期到 $t+1$ 期的该国交通物流产出增加率等于投入增加率；如果交通物流全要素生产率小于 1，表示从 t 期到 $t+1$ 期的该国交通物流产出增加率小于投入增加率。前两种情况说明该国交通物流发展处于良好状况，后面一种情况说明该国交通物流效率发展仍有改善空间。

（1）交通物流全要素生产率

2007/2008 年度"渝新欧"穿越 6 国交通物流全要素生产率平均值为 1.13，该值大于 1 表明生产单元获得单位产出所需要付出的资本、劳动等各种资源投入及能源消耗等平均而言比上一年度要少，因此在此期间该 6 国交通物流全要素生产率整体呈上升趋势，上升幅度达到 13%。总体而言，"渝新欧"穿越 6 国的交通物流部门在此期间具有较强的增长潜力。从各个国家的测算结果来看，国家间交通物流全要素生产率存在一定差异，由高到低排列依次为哈萨克斯坦（1.193）、白俄罗斯（1.192）、中国（1.159）、俄罗斯（1.157）、波兰（1.126）和德国（0.982）（见图 61），除了效率最低的德国，其余 5 国的交通物流全要素生产率都大于 1。德国低于 1，意味德国在此期间交通物流全要素生产率下降了近 2%，而其余 5 国在此期间交通

物流全要素生产率增长均超过10%，超过平均值的国家为哈萨克斯坦、白俄罗斯、中国和俄罗斯。

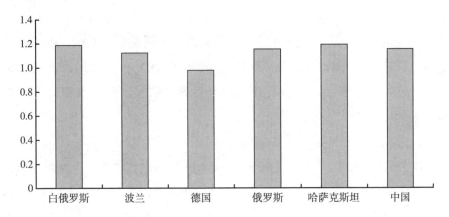

图61　2007/2008年度"渝新欧"穿越6国交通物流全要素生产率

2008/2009年度"渝新欧"穿越6国交通物流全要素生产率平均值为1.08，表明在此期间这6国交通物流全要素生产率整体呈增长趋势，增长幅度为8%，低于上一年度。综合而言，"渝新欧"穿越6国交通物流部门在此期间继续保持着增长态势。从各个国家的测算结果来看，国家间交通物流部门的全要素生产率存在些微差异，由高到低排列依次为波兰（1.226）、白俄罗斯（1.152）、哈萨克斯坦（1.061）、俄罗斯（1.049）、德国（1.012）和中国（0.970），除了效率最低的中国，其余5国交通物流全要素生产率都大于1。在6国中，全要素生产率高于上一年度水平的只有德国和波兰，尤其是德国，变动幅度较大，由低于1的无效值增长到高于1的有效值。对比之下，中国则由高于1的有效值下跌到低于1的无效值，说明中国交通物流部门在此期间的发展情况不容乐观，从整体的增长趋势退化为整体的下降趋势，需要引起关注。

2009/2010年度"渝新欧"穿越6国交通物流全要素生产率平均值为1.03，显示在此期间这6国的交通物流全要素生产率整体依然呈增长态势，增长幅度为3%，低于上一年度。由此可以看出，"渝新欧"穿越6国交通物流部门从2007年开始一直呈增长趋势，但增速有所放缓。从各国的测算

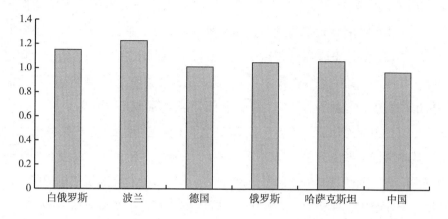

图62 2008/2009 年度"渝新欧"穿越 6 国交通物流全要素生产率

结果来分析，国家间交通物流全要素生产率的差异依然存在，由高到低排列依次为中国（1.126）、俄罗斯（1.103）、德国（1.058）、哈萨克斯坦（1.034）、白俄罗斯（0.930）和波兰（0.926）（见图63），6 国中有 2 国交通物流全要素生产率低于1，呈现下降态势。增长最为显著的是中国，由上一年度的 0.970 增长到 1.126，增长率达 12.6%，基本恢复到 2007 年的有效水平。呈明显下降态势的是两个位于无效水平的国家，即波兰和白俄罗斯，都是由上一年度的有效值降到低于1的无效值。其余 3 国没有太大波动。

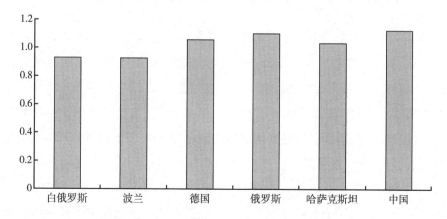

图63 2009/2010 年度"渝新欧"穿越 6 国交通物流全要素生产率

2010/2011 年度"渝新欧"穿越 6 国交通物流全要素生产率平均值为 1.17，穿越 6 国由高到低依次为白俄罗斯（1.61）、中国（1.17）、俄罗斯（1.15）、波兰（1.07）、哈萨克斯坦（1.05）、德国（0.95）。其中，除德国外，其他国家的动态效率都高于 1，这表明其生产单元获得单位产出所需要付出的资本、劳动等各种资源投入及能源消耗等比上一年度要少。因此，此期间该 6 国交通物流全要素生产率整体呈上升趋势，达到 17% 的上升幅度，其中白俄罗斯上升了 61%。从整体情况来看，"渝新欧"穿越 6 国交通物流部门在这期间具有较好的增长潜力。德国由于受欧洲经济危机的影响以及航空企业罢工，在 2010/2011 年度交通物流全要素生产率下降了 5%。

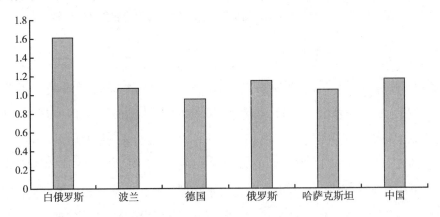

图 64　2010/2011 年度"渝新欧"穿越 6 国交通物流全要素生产率

2011/2012 年度"渝新欧"穿越 6 国交通物流全要素生产率平均值为 1.17，说明"渝新欧"穿越 6 国的交通物流全要素生产率在此期间整体呈现上升趋势，达到了 17% 的涨幅。各国在交通物流部门的硬性、软性投入（包括资本、劳动、能源消耗）比起上一年度得到更有效的利用，生产率有明显的提高。"渝新欧"穿越 6 国交通物流全要素生产率在 2011/2012 年度由高到低依次为白俄罗斯（1.75）、俄罗斯（1.15）、中国（1.08）、哈萨克斯坦（1.05）、波兰（0.99）、德国（0.97）（见图 65）。尽管从平均值来看，6 国的动态效率有较好的增长态势，但是若从 6 国分国家测算的结论来看，各国间的差距还是比较大的，只有白俄罗斯一个国家超过了平均值水平，达到了75%。而波兰和德国则分别出现了1%和3%的小幅度下降。由此可见，欧洲的经济危机还在持续影响德国，其交通物流部门被牵连其中。

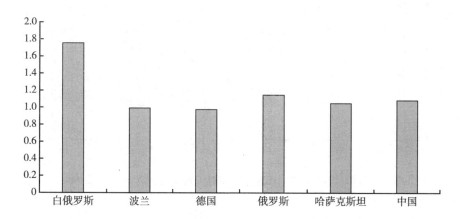

图65　2011/2012年度"渝新欧"穿越6国交通物流全要素生产率

2012/2013年度"渝新欧"穿越6国交通物流全要素生产率平均值为1.11，说明"渝新欧"穿越6国的交通物流全要素生产率在此期间整体呈现上升趋势，生产效率平均提高了11%。各国在交通物流部门资本、劳动、能源消耗等投入比上一年度得到更有效的利用。"渝新欧"穿越6国交通物流全要素生产率在2012/2013年度由高到低依次为白俄罗斯（1.26）、俄罗斯（1.20）、中国（1.09）、哈萨克斯坦（1.05）、波兰（1.04）、德国（1.01）（见图66）。从数据结果可以发现，2012/2013年度"渝新欧"穿越6国间的交通物流全要素生产率差距较小，最高的白俄罗斯和最低的德国也仅相差0.25。并且所有国家的动态效率都是高于1的，说明穿越6国在此期间的全要素生产率都得到改善。其中超过6国动态效率平均值的国家有白俄罗斯和俄罗斯。

2013/2014年"渝新欧"穿越6国交通物流全要素生产率的平均值为1.05，该值略大于1表明生产单元获得单位产出所需要付出的资本、劳动等各种资源投入及能源消耗等平均而言比上一年度低。这表明6国交通物流全要素生产率整体呈上升趋势，但过上升幅度不大，仅为5%。从各国家来

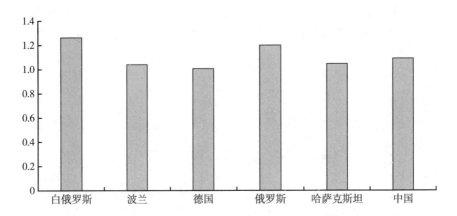

图 66　2012/2013 年度"渝新欧"穿越 6 国交通物流全要素生产率

看，国家间交通物流全要素生产率存在一定差异，由高到低排列依次为中国（1.089）、俄罗斯（1.071）、白俄罗斯（1.070）、德国（1.053）、哈萨克斯坦（1.046）和波兰（0.996）（见图 67）。波兰略低于 1，意味着波兰在此期间交通物流全要素生产率有小幅度下降。在此期间，无论是从整体看还是从单个国家看，交通物流全要素生产率上升幅度都较小，在超过 1 的国家中交通物流全要素生产率增长均没有超过 10% 的。

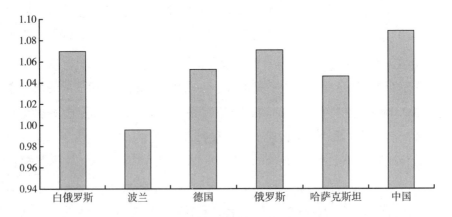

图 67　2013/2014 年度"渝新欧"穿越 6 国交通物流全要素生产率

2014/2015 年度"渝新欧"穿越 6 国交通物流全要素生产率的平均值为 1.05，略大于 1，表明在此期间 6 国交通物流全要素生产率整体呈上升趋势，上升幅度为 5%。总体而言，"渝新欧"穿越 6 国交通物流部门在此期间具有一定的增长潜力。就具体国家而言，白俄罗斯反超中国，以 1.089 居第一位；中国、俄罗斯、德国、哈萨克斯坦分别以 1.067、1.066、1.049、1.044 居第二位、第三位、第四位、第五位；而波兰依旧没有达到有效水平，仅为 0.993（见图 68），意味波兰在此期间交通物流全要素生产率下降了 0.7%。在交通物流全要素生产率大于 1 的 5 个国家中，超过平均值的国家为白俄罗斯、中国和俄罗斯。

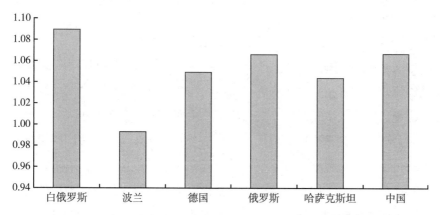

图 68　2014/2015 年度"渝新欧"穿越 6 国交通物流全要素生产率

2015/2016 年度"渝新欧"穿越 6 国交通物流全要素生产率的平均值为 1.05，这是穿越 6 国连续第 3 个年度平均值为 1.05，表明穿越 6 国交通物流全要素生产率连续 3 个年度保持持续增长之势，交通物流部门具有一定增长潜力。从单个国家的测算结果来看，国家间交通物流全要素生产率存在一定差异，由高到低排列依次为中国（1.096）、俄罗斯（1.062）、哈萨克斯坦（1.042）、德国（1.029）、白俄罗斯（1.029）、波兰（1.026）（见图 69），穿越 6 国交通物流全要素生产率均大于 1，处于较为有效的水平，表明生产单元获得单位产出所需要付出的资本、劳动等各种资源投入及能源消耗等平均而言比上一年度要少，各国交通物流全要素生产率均呈上升趋势。

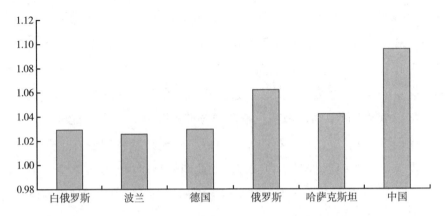

图 69 2015/2016 年度"渝新欧"穿越 6 国交通物流全要素生产率

（2）交通物流全要素生产率分解：效率改善指数

本文采用 MaxDEA 7.0 软件中的 Malmquist 模型对"渝新欧"穿越 6 国交通物流效率改善指数进行测算。交通物流效率改善指数（TEC）是考察样本国家交通物流效率相对效率变化程度，主要衡量生产要素投入是否出现冗余，生产要素配置是否达到最优，用来衡量从 t 期到 $t+1$ 期每个决策单元对生产前沿面的追赶程度。如果交通物流效率改善指数大于 1，表明该国交通物流综合效率提高，即该决策单元与最优决策单元组成的生产前沿面的差距减小，说明组织管理水平提高；如果交通物流效率改善指数等于 1，表明该国交通物流综合效率不变，即该决策单元距离最优决策单元组成的生产前沿面的差距不变，说明组织管理水平维持现状；如果交通物流效率改善指数小于 1，表明该国交通物流综合效率下降，即该决策单元与最优决策单元组成的生产前沿面的差距扩大，说明组织管理水平下降。Malmquist 指数还能进一步细分全要素交通物流效率动态增长的具体源泉：效率改善与技术进步。一般而言，全要素交通物流效率是效率改善指数与技术进步指数的乘积。

2007/2008 年度"渝新欧"穿越 6 国交通物流效率改善不是很乐观，平均值仅为 0.93，也就是下降了 7%，这表明各国交通物流部门利用技术改进生产运营的效率没得到改善，存在效率恶化的趋势。对比"渝新欧"穿越 6 个国家，其交通物流部门的效率改善指数由高到低的排名为哈萨克斯坦

（1.027）、俄罗斯（1）、白俄罗斯（1）、中国（0.984）、波兰（0.853）、德国（0.733）（见图70）。其中指数水平大于1的是哈萨克斯坦、俄罗斯和白俄罗斯，表明仅有这3个国家在2007/2008年度交通物流部门技术利用效率得到提高；而后3名的中国、波兰和德国交通物流部门技术利用效率有所恶化。

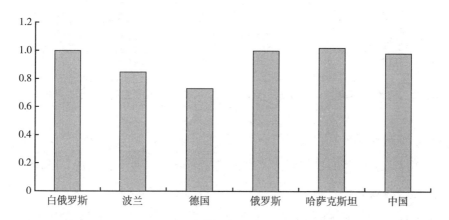

图70　2007/2008年度"渝新欧"穿越6国交通物流全要素生产率分解：效率改善

2008/2009年度"渝新欧"穿越6国交通物流效率改善不太乐观，平均值仅为0.96，下降了4%，稍优于上一年度的水平。这表明6国交通物流部门利用各种要素的生产效率依然没有得到显著改善。对比"渝新欧"穿越6国情况，其交通物流部门的效率改善指数由高到低的排名为波兰（1.060）、俄罗斯（1）、白俄罗斯（1）、哈萨克斯坦（0.948）、德国（0.874）和中国（0.865）（见图71）。其中，指数水平大于1的是波兰，这表明仅有一个国家在2008/2009年度交通物流部门要素利用效率得到提升，增长率为6%；俄罗斯和白俄罗斯则保持不变，未增未减；而后3名国家则存在交通物流部门要素利用效率的恶化。与上一年度进行对比可以发现，哈萨克斯坦该年度由增长状态转变为了回落状态，而波兰则相反。

2009/2010年度"渝新欧"穿越6国交通物流效率改善指数表现更加不乐观，平均值仅为0.88，下降了12%，较过去几个年度都低。这说明"渝

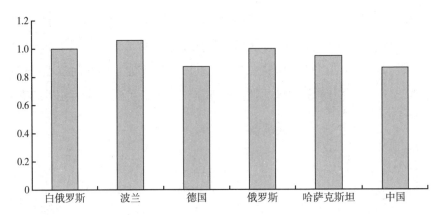

图71 2008/2009 年度"渝新欧"穿越 6 国交通物流全要素生产率分解：效率改善

新欧"穿越 6 国交通物流部门在利用要素进行生产运营以及管理协调方面的效率出现了显著的恶化趋势。对比"渝新欧"穿越 6 国情况，各国交通物流部门的效率改善指数由高到低的排名为俄罗斯（1）、白俄罗斯（1）、中国（0.941）、哈萨克斯坦（0.880）、德国（0.781）和波兰（0.690）（见图72）。没有指数水平大于 1 的国家。俄罗斯和白俄罗斯依然保持不变；剩余 4 国中则存在交通物流部门要素利用等效率持续恶化的趋势。与上一年度进行对比可以发现，下降趋势最为明显的是波兰，由上一年度的最高增速退化为本期的最低增速，也由改善增长状态转变为恶化状态。

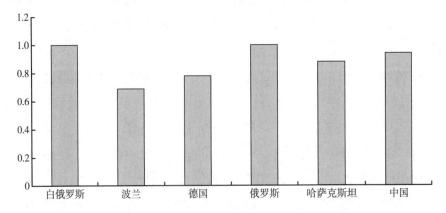

图72 2009/2010 年度"渝新欧"穿越 6 国交通物流全要素生产率分解：效率改善

2010/2011 年度"渝新欧"穿越 6 国交通物流效率改善情况各有不同，并且存在明显的差距。就交通物流部门的效率改善情况而言，"渝新欧"穿越 6 国交通物流效率改善不甚乐观，平均值仅为 0.76，下降了 24%。这表明各国交通物流部门利用技术改进生产运营的效率没有得到积极改善，存在效率恶化的趋势。对比"渝新欧"穿越的 6 个国家，其交通物流部门效率改善指数的排名由高到低依次为俄罗斯（1.00）、白俄罗斯（1.00）、中国（0.67）、哈萨克斯坦（0.65）、波兰（0.64）、德国（0.57）（见图 73）。其中指数水平等于 1 的是俄罗斯和白俄罗斯，说明仅有这两个国家在 2010/2011 年度交通物流部门技术利用效率得到提高；而后 4 个国家交通物流部门技术利用效率出现了一定程度的恶化，其中德国最为严重，恶化程度达到了 43%。

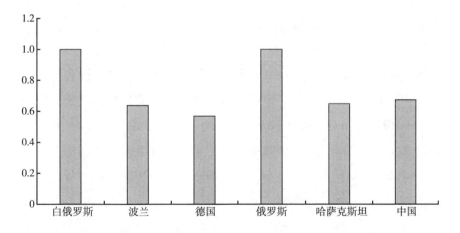

图 73　2010/2011 年度"渝新欧"穿越 6 国交通物流全要素生产率分解：效率改善

2011/2012 年度"渝新欧"穿越 6 国交通物流效率改善指数平均值为 0.69，意味着六国在规模效率方面平均下降了 31%，表明 6 国交通物流部门的效率改善情况不理想，存在效率恶化趋势。对比"渝新欧"穿越的 6 个国家，其交通物流部门的效率改善指数排名由高到低依次为白俄罗斯（1.00）、俄罗斯（0.76）、波兰（0.59）、哈萨克斯坦（0.59）、中国（0.59）、德国（0.58）（见图 74）。其中指数水平大于或等于 1 的国家仅有

是白俄罗斯一个；其余国家的效率改善指数均小于 1，其中波兰、中国、哈萨克斯坦和德国的效率改善指标下降幅度达到 40% 以上，其规模效率恶化程度严重。

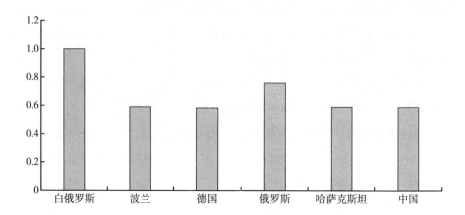

图 74　2011/2012 年度"渝新欧"穿越 6 国交通物流全要素生产率分解：效率改善

　　2012/2013 年度"渝新欧"穿越 6 国交通物流效率改善指数平均值为 0.81。总体来说，这一时期"渝新欧"穿越 6 国在交通物流部门的效率改善情况不甚理想，6 国在规模效率方面平均下降了 19%，各国交通物流部门利用技术提高生产运营效率的效果并不理想，有效率恶化的趋势。对"渝新欧"穿越 6 国单独的数据分析，其交通物流部门效率改善指数的排名由高到低依次为白俄罗斯（1.00）、中国（0.80）、俄罗斯（0.79）、哈萨克斯坦（0.77）、波兰（0.77）、德国（0.74）（见图 75）。其中指数水平大于等于 1 的国家仅有是白俄罗斯一个；其余国家的效率改善指数均小于 1，各国的效率改善情况差距不大。

　　2013/2014 年度"渝新欧"穿越 6 国交通物流效率改善情况不乐观，平均值仅为 0.96，即下降了 4%。这表明各国交通物流部门利用技术改进生产运营的效率没有得到积极改善，存在效率恶化的趋势。从单个国家来看，穿越 6 国交通物流部门的效率改善指数的排名为白俄罗斯（1）、德国（0.987）、中国（0.958）、俄罗斯（0.942）、波兰（0.931）、哈萨克斯坦

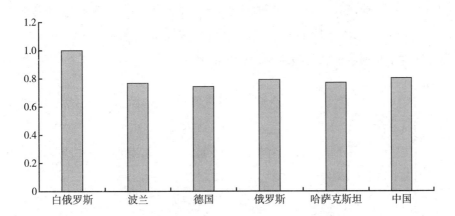

图 75　2012/2013 年度"渝新欧"穿越 6 国交通物流全要素生产率分解：效率改善

（0.92）（见图 76）。其中，仅白俄罗斯指数水等于 1，其余 5 国在此期间交通物流部门的技术利用效率均出现恶化情况。

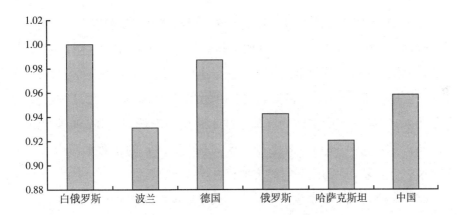

图 76　2013/2014 年度"渝新欧"穿越 6 国交通物流全要素生产率分解：效率改善

2014/2015 年度"渝新欧"穿越 6 国交通物流效率改善不乐观，平均值仅为 0.94，下降了 6%。这表明各国交通物流部门利用技术改进生产运营的效率没有得到积极改善，存在效率恶化的趋势。对比"渝新欧"穿越的 6 个国家，其交通物流部门的效率改善指数的排名为白俄罗斯（1）、中国（0.985）、俄罗斯（0.984）、哈萨克斯坦（0.964）、德国（0.883）、波兰

（0.841）（见图77）。与上一年度情况基本相同，仅白俄罗斯指数水平等于1，其余5国指数水平均小于1，这说明除白俄罗斯之外的5国在2014/2015年度出现了交通物流部门技术利用效率的恶化。

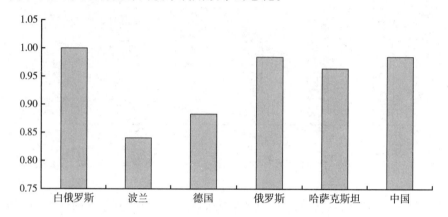

图77　2014/2015年度"渝新欧"穿越6国交通物流全要素生产率分解：效率改善

2015/2016年度"渝新欧"穿越6国交通物流效率改善情况比上一年度有所改善，平均值终于为1，这说明各国交通物流部门利用技术改进生产运营的效率保持不变。从单个国家来看，穿越6国交通物流部门的效率改善指数前三位是中国（1.45）、俄罗斯（1.015）和白俄罗斯（1），这表明3个国家在2015/2016年度交通物流部门技术利用效率得到提高；哈萨克斯坦（0.996）、德国（0.984）、波兰（0.98）（见图78）的指数水平均小于1，表明这3个国家交通物流部门的技术利用效率继续恶化。

（3）交通物流全要素生产率分解：技术进步指数

本文采用MaxDEA 7.0软件中的Malmquist模型对"渝新欧"穿越6国交通物流技术进步指数进行测算。交通物流技术进步指数（TC）是考察目标国家交通物流发展相对技术变化程度，用来衡量从 t 期到 $t+1$ 期决策单元技术进步或者创新程度。如果交通物流技术进步指数（TC）大于1，表明该国交通物流发展出现明显生产技术进步或者创新，即生产前沿面向外移动；如果交通物流技术进步指数（TC）等于1，表明该国交通物流发展的生产技术不变或者没有明显创新，即生产前沿面不变；如果交通物流技术进步指数（TC）

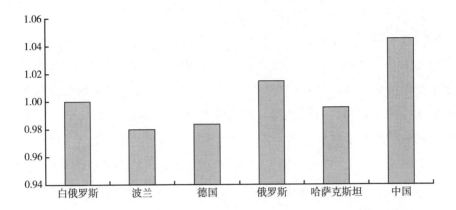

图78 2015/2016 年度"渝新欧"穿越6国交通物流全要素生产率分解：效率改善

小于1，表明该国交通物流发展的生产技术明显下滑，即生产前沿面向后移动。

2007/2008 年度"渝新欧"穿越6国交通物流全要素生产率技术进步指数平均值为1.22。总体而言，6国交通物流部门在技术研发和创新上有所成就，带来了经济活动效率的提升。各国交通物流部门技术进步水平程度不一，国家间差异要比整体全要素效率和效率改善指数大一些，技术水平进步最高的是德国，技术进步率高达1.340；其后依次为波兰1.320，白俄罗斯1.192，中国1.178，哈萨克斯坦1.162，俄罗斯1.157（见图79）。德国和波兰的技术进步非常迅猛，整体没有出现技术衰退的迹象。

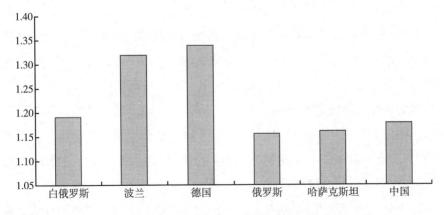

图79 2007/2008 年度"渝新欧"穿越6国交通物流全要素生产率分解：技术进步

2008/2009 年度"渝新欧"穿越 6 国交通物流部门全要素生产率技术进步指数平均值为 1.13。虽然较上一年度 1.22 的水平有所降低，但依然得到了 13% 的增长，这说明"渝新欧"穿越 6 国交通物流部门在技术研发上依然保持着进步，带来了整个部门效率的提升。各国交通物流部门技术进步水平稍有差异，但是各国技术进步指数排名顺序与上一年度完全一致，其中技术水平进步最多的依然是德国，技术进步率高达 1.159；其后依次为波兰 1.157，白俄罗斯 1.152，中国 1.121，哈萨克斯坦 1.119，俄罗斯 1.048（见图 80）。德国的技术进步最为迅速，其余各国都保持着较好的技术进步率。

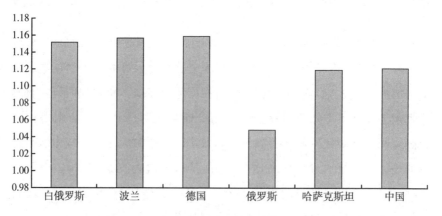

图 80　2008/2009 年度"渝新欧"穿越 6 国交通物流全要素生产率分解：技术进步

2009/2010 年度"渝新欧"穿越 6 国交通物流部门全要素生产率技术进步指数平均值为 1.18，较上一年度 1.13 的水平有所提升。总体而言，"渝新欧"穿越 6 国交通物流部门在过去几年一直保持积极的技术进步。依次为各国交通物流部门技术进步水平稍有差异，在排名顺序上也与上一年度不一致：德国 1.354，波兰 1.342，中国 1.196，哈萨克斯坦 1.175，俄罗斯 1.103，白俄罗斯 0.93（见图 81）。德国和波兰的技术进步保持较快的增速，中国、哈萨克斯坦和俄罗斯均高于上一年的增速，情势都比较乐观。

2010/2011 年度"渝新欧"穿越 6 国交通物流全要素生产率的技术进步指数平均值为 1.58，这表明，穿越 6 国整体技术水平得到了 58% 的增长。

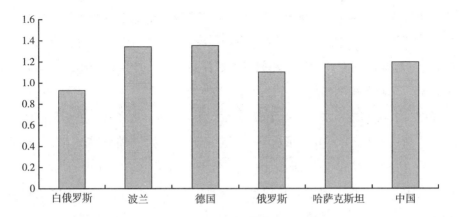

图81 2009/2010年度"渝新欧"穿越6国交通物流全要素生产率分解：技术进步

从整体上看，"渝新欧"穿越6国交通物流部门在技术研发和创新上有所成就，带来了生产活动的效率提高。各国交通物流部门技术进步水平程度不一，技术水平最高的是中国，高达到1.730，其后依次为波兰1.679，德国1.685，哈萨克斯坦1.62，白俄罗斯1.613，俄罗斯1.149（见图82），由此可见穿越六国的技术进步都非常迅猛，除了俄罗斯的技术进步率稍稍偏低，其余各国均达到了60%以上的技术进步程度。技术进步在提高整个生产率上贡献巨大。

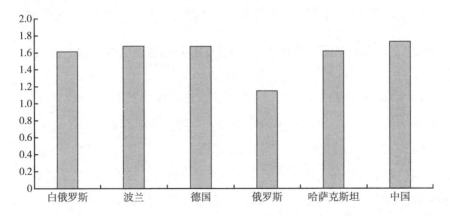

图82 2010/2011年度"渝新欧"穿越六国的交通物流全要素生产率分解：技术进步

2011/2012年度"渝新欧"穿越6国交通物流全要素生产率技术进步指数平均值为1.71,比上一年度有进一步提高。从整体上看,"渝新欧"穿越6国交通物流部门在技术研发和创新上对提高经济生产活动的生产率有巨大的贡献。从对6国的指数分析看,这是技术创新使生产率提升全面开花的一个年度,各国在技术水平上有了较大的提高。其中,技术水平进步最高的是中国,高达到1.840,其后依次是哈萨克斯坦1.778,白俄罗斯1.753,波兰1.680,德国1.672,俄罗斯1.508(见图83)。2011/2012年度,"渝新欧"穿越6国技术进步得到了非常理想的成效,不仅中国的技术进步率达到了80%以上,最低的俄罗斯也有50%以上的科技进步,这对整个全要素生产率的提升起到了至关重要的作用。

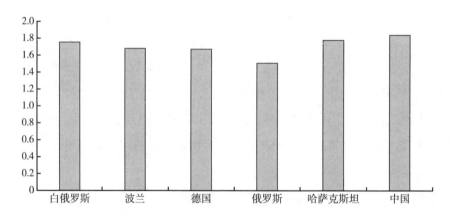

图83 2011/2012年度"渝新欧"穿越6国交通物流全要素生产率分解:技术进步

2012/2013年度"渝新欧"穿越6国交通物流全要素生产率的技术进步指数平均值为1.37,整体技术进步较前一个时期有所放缓。但是总体来说,"渝新欧"穿越6国交通物流部门在技术研发和创新上对提高经济生产和管理活动的效率依然是正面影响。从6国指数分析看,技术水平进步最高的是俄罗斯,技术进步率达1.516,其后依次是哈萨克斯坦1.361,中国1.360,波兰1.358,德国1.357,白俄罗斯1.264(见图84)。可以看到,除俄罗斯以超过50%的技术进步率独占鳌头以外,第二位到第五位的国家技术进步率差距非常小。白俄罗斯有技术进步放缓的态势。技术进步依然是全要素生产率提高的重要影响因素。

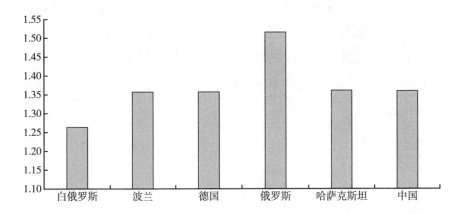

图 84 2012/2013 年度"渝新欧"穿越 6 国交通物流全要素生产率分解：技术进步

2013/2014 年度"渝新欧"穿越 6 国交通物流全要素生产率的技术进步指数平均值为 1.10，说明 6 国交通物流部门在技术研发和创新上有所成就，带来了经济活动效率的提升。从各个国家的对比会发现，穿越 6 国技术进步指数已然分为两块，中国、俄罗斯、哈萨克斯坦的进步指数均为 1.136（见图 85），并列第一位，白俄罗斯（1.070）、波兰（1.069）、德国（1.066）3 国之间差异不大，穿越 6 国技术水平均得到不同程度的提升。

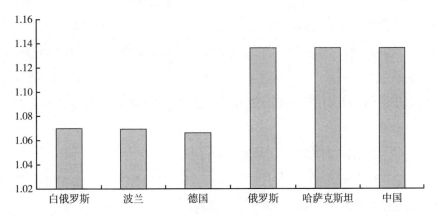

图 85 2013/2014 年度"渝新欧"穿越 6 国交通物流全要素生产率分解：技术进步

2014/2015 年度"渝新欧"穿越 6 国交通物流全要素生产率技术进步指数平均值为 1.12，带来了经济活动效率的提升。各国交通物流部门技术进步水平程度不一，技术水平进步幅度最大的是德国，技术进步率高达 1.188，其后依次是波兰 1.181，白俄罗斯 1.890，中国、俄罗斯、哈萨克斯坦均为 1.830。德国和波兰的技术进步指数在此期间有所回升，在穿越 6 国中占据突出位置，相对其他 4 国来说技术进步比较迅猛，整体没有出现技术衰退的迹象。

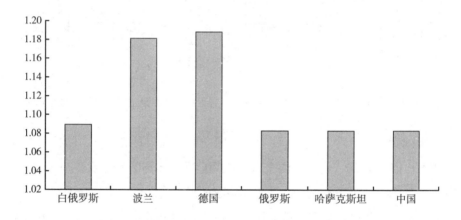

图 86　2014/2015 年度"渝新欧"穿越 6 国交通物流全要素生产率分解：技术进步

2015/2016 年度"渝新欧"穿越 6 国交通物流全要素生产率的技术进步指数平均值为 1.04，说明 6 国交通物流部门在技术研发和创新上有一定的进步，经济活动效率得到一定的提升。就具体国家而言，技术水平进步幅度最大的是中国，技术进步率为 1.480，波兰、俄罗斯、哈萨克斯坦、德国的技术进步率均为 1.470，白俄罗斯仅为 1.290。这一期间穿越 6 国技术进步速度有所放缓，但没有出现技术衰退的迹象。

2. "渝新欧"辐射国家交通物流效率比较分析

本文采用 MaxDEA 7.0 软件中的 Malmquist 模型对"渝新欧"辐射 16 国家交通物流全要素生产率进行测算。交通物流全要素生产率是考察样本从 t 期到 $t+1$ 期的交通物流全要素生产率变化指数，如果交通物流全要素生产率大

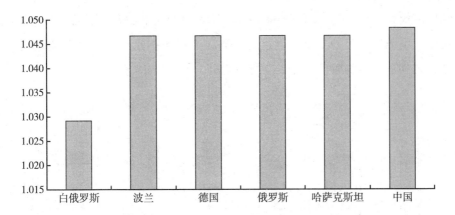

图87 2015/2016年度"渝新欧"穿越6国交通物流全要素生产率分解：技术进步

于1，表示从 t 期到 $t+1$ 期的该国交通物流产出增加率大于投入增加率；如果交通物流全要素生产率等于1，表示从 t 期到 $t+1$ 期的该国交通物流产出增加率等于投入增加率；如果交通物流全要素生产率小于1，表示从 t 期到 $t+1$ 期的该国交通物流产出增加率小于投入增加率。前两种情况说明该国交通物流发展处于良好状况，后面一种情况则说明该国交通物流效率发展仍有改善空间。

（1）交通物流全要素生产率

2007/2008年度"渝新欧"辐射16国交通物流全要素生产率平均值为1.12，表明这16国交通物流行业整体运营效率从2007/2008年度处于增长状态，平均增长幅度为12%，稍微低于"渝新欧"穿越6国在此期间的增长幅度，总体而言情况还是比较乐观，保持着较强的增长潜力。从各国的测算结果看，国家间交通物流全要素生产率存在一定差异，在16国中交通物流全要素生产率水平低（小于1）的国家有4个，由低到高依次为比利时（0.940）、匈牙利（0.970）荷兰（0.974）和阿尔巴尼亚（0.976）；交通物流全要素生产率水平居中（大于1小于1.1）的国家有4个，由低到高依次为爱沙尼亚（1.052）、捷克（1.058）、斯洛文尼亚（1.653）和立陶宛（1.075）；交通物流全要素生产率水平（大于1.1）的国家有8个，由低到高依次为克罗地亚（1.117）、拉脱维亚（1.159）、保加利亚（1.168）、塞尔维亚（1.194）、罗马尼亚（1.205）、乌克兰（1.238）、法国（1.311）

和斯洛伐克（1.354）（见图88）。辐射16国的交通物流行业在2007/2008年度呈现增长态势的国家比重达到75%，有半数国家达到10%以上的增长率，尤其是法国和斯洛伐克表现最为突出。

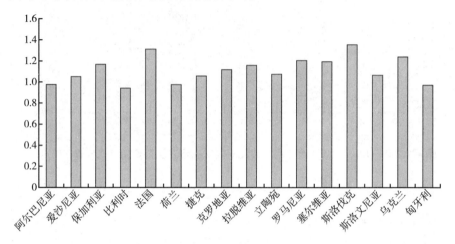

图88　2007/2008年度"渝新欧"辐射16国交通物流全要素生产率

2008/2009年度"渝新欧"辐射16国交通物流全要素生产率平均值为0.99，该值小于1表明这些国家的交通物流行业整体生产效率在2008/2009年度处于微弱衰退状态。而同期"渝新欧"穿越6国依然处于增长态势，因此"渝新欧"辐射16国交通物流部门的发展情况不乐观。从各个国家的测算结果看，国家间交通物流全要素生产率依然存在差异。在这16国中，交通物流全要素生产率水平低（小于1）的国家增加到9个，由低到高依次为克罗地亚（0.834）、爱沙尼亚（0.880）、斯洛文尼亚（0.912）、立陶宛（0.947）、阿尔巴尼亚（0.956）、斯洛伐克（0.960）、罗马尼亚（0.977）、捷克（0.992）和荷兰（0.998）；交通物流全要素生产率水平居中（大于1小于1.1）的国家有5个，由低到高依次为法国（1.002）、匈牙利（1.013）、拉脱维亚（1.035）、保加利亚（1.044）、塞尔维亚（1.056）；交通物流全要素生产率水平（大于1.1）的国家只有2个，由低到高依次为乌克兰（1.114）和比利时（1.119）（见图89）。可见，所辐射的欧洲16国交通物流行业在2008/2009年度呈现增长态势的国家比重仅为43.75%，其中只有 2 个国家有 10% 以上的增长率。由增长趋势转变为衰退趋势的国家有爱沙尼亚、捷克、立陶宛、罗马尼亚、斯洛伐克和斯洛文尼亚。

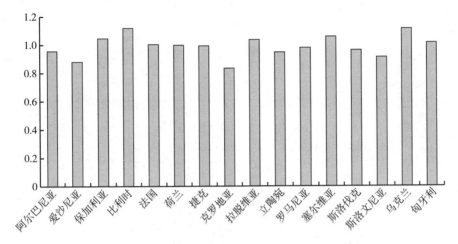

图 89 2008/2009 年度"渝新欧"辐射 16 国交通物流全要素生产率

2009/2010 年度"渝新欧"辐射 16 国交通物流全要素生产率平均值为 1.08，比去上一个年度有所增长，成功地由衰退趋势转变为增长趋势，增长幅度为 8%，高于同期"渝新欧"穿越 6 国的增长率。2009/2010 年度"渝新欧"辐射 16 国交通物流部门的发展出现回升，增长潜力凸显。从各个国家的测算结果看，国家间交通物流全要素生产率依然存在差异。在这 16 国中，交通物流全要素生产率水平低（小于 1）的国家降低为 1 个，即阿尔巴尼亚（0.914）；交通物流全要素生产率水平居中（大于 1 小于 1.1）的国家有 7 个，由低到高依次为比利时（1.0004）、保加利亚（1.026）、法国（1.032）、立陶宛（1.034）、塞尔维亚（1.038）、荷兰（1.042）和匈牙利（1.044）。交通物流全要素生产率水平高（大于 1.1）的国家增加到 8 个，由低到高依次为克罗地亚（1.100）、斯洛文尼亚（1.105）、罗马尼亚（1.112）、爱沙尼亚（1.1124）、捷克（1.130）、乌克兰（1.144）、拉脱维亚（1.167）、斯洛伐克（1.308）（见图 90）。"渝新欧"辐射 16 国交通物流行业在 2009/2010 年度呈现增长态势的国家比重高达 93.75%，其中有 8 个国家

达 10% 以上的增长率, 大部分国家成功由衰退趋势逆变为增长趋势, 如爱沙尼亚、荷兰、捷克等。

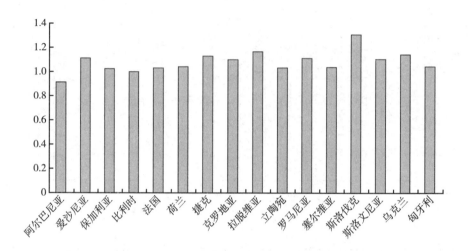

图 90 2009/2010 年度"渝新欧"辐射 16 国交通物流全要素生产率

2010/2011 年度"渝新欧"辐射 16 国交通物流全要素生产率平均值为 1.07, 说明辐射 16 国的全要素生产率在这一期间有所提高。从各国的情况来看, 辐射 16 国交通物流全要素生产率由高到低依次为斯洛伐克 (1.24)、阿尔巴尼亚 (1.21)、乌克兰 (1.20)、捷克 (1.16)、斯洛文尼亚 (1.16)、匈牙利 (1.07)、比利时 (1.05)、拉脱维亚 (1.03)、克罗地亚 (1.03)、爱沙尼亚 (1.02)、荷兰 (1.02)、法国 (1.01)、罗马尼亚 (1.00)、保加利亚 (0.99)、塞尔维亚 (0.93)、立陶宛 (0.93) (见图 91)。从整体情况看, "渝新欧"辐射 16 国交通物流部门在这期间具有一定的增长潜力。其中, 超过 16 国平均值的国家有斯洛伐克、阿尔巴尼亚、乌克兰、捷克和斯洛文尼亚 5 个国家, 它们的生产效率水平提升幅度都达到了 15% 以上; 而另有 3 个国家的生产率在此期间没有得到提升, 分别是保加利亚、塞尔维亚和立陶宛。

2011/2012 年度"渝新欧"辐射 16 国的交通物流全要素生产率平均值为 1.04, 较上一个时期的生产率提升有所放缓, 说表辐射 16 国的全要素生

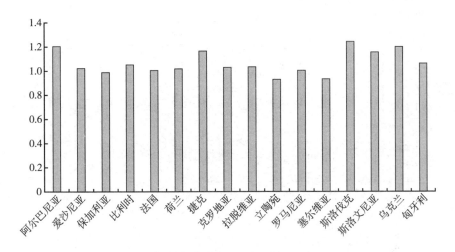

图91　2010/2011年度"渝新欧"辐射16国交通物流全要素生产率

产率在这期间是有所提高的。从各国的数据来看，辐射16国交通物流全要素生产率由高到低依次为塞尔维亚（1.15）、斯洛伐克（1.13）、克罗地亚（1.11）、捷克（1.10）、斯洛文尼亚（1.09）、比利时（1.08）、爱沙尼亚（1.07）、匈牙利（1.05）、立陶宛（1.04）、拉脱维亚（1.03）、法国（1.01）、保加利亚（1.01）、荷兰（0.99）、罗马尼亚（0.99）、乌克兰（0.97）、阿尔巴尼亚（0.89）（见图92）。从整体情况来看，"渝新欧"辐射16国交通物流部门在这期间具有一定的增长潜力。其中，超过16国平均值的国家有塞尔维亚、斯洛伐克、克罗地亚、捷克、斯洛文尼亚、比利时、爱沙尼亚、匈牙利8个国家，同上一个时期相比，数量更多，说明国家间的差距在缩小。但是生产效率在这个时期下降的国家数量也比前期要多，有4个国家生产率在这期间没有得到提升，分别是荷兰、罗马尼亚、乌克兰和阿尔巴尼亚。

　　2012/2013年度"渝新欧"辐射16国交通物流全要素生产率平均值为1.05。总体来看，辐射16国的全要素生产率在这期间有所提高。从各国的数据来看，2012/2013年度"渝新欧"辐射16国的交通物流全要素生产率由高到低依次为阿尔巴尼亚（1.21）、斯洛伐克（1.15）、捷克（1.11）、斯

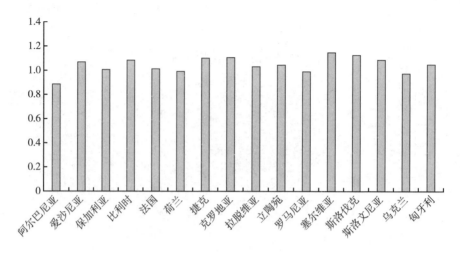

图92　2011/2012年度"渝新欧"辐射16国交通物流全要素生产率

洛文尼亚（1.11）、爱沙尼亚（1.07）、匈牙利（1.05）、立陶宛（1.04）、乌克兰（1.04）、比利时（1.04）、荷兰（1.01）、法国（1.01）、罗马尼亚（1.01）、保加利亚（1.01）、拉脱维亚（1.00）、克罗地亚（0.99）、塞尔维亚（0.96）（见图93）。从整体情况来看，"渝新欧"辐射16国交通物流部门在这一期间具有一定的增长潜力。其中，超过16国平均值的只有5个国家，分别是阿尔巴尼亚、斯洛伐克、捷克、斯洛文尼亚和爱沙尼亚；有2个国家生产率在一期间没有得到提升，分别是克罗地亚和塞尔维亚，但数据都接近1，说明国家间的差距并不大。生产效率提升最多的阿尔巴尼亚和生产效率降低的塞尔维亚相差也仅有0.25。

2013/2014年度"渝新欧"辐射16国交通物流全要素生产率平均值为1.03，表明生产单元获得单位产出所需要付出的资本、劳动等各种资源投入及能源消耗等平均而言要少于上一年度。但交通物流全要素生产率整体上升3%，表明"渝新欧"辐射16国交通物流部门在此期间具有一定的增长潜力。就单个国家而言，辐射16国之间交通物流全要素生产率存在的差异比穿越6国小。斯洛文尼亚动态效率最高，为1.213；其次是斯洛伐克（1.148），再次是捷克（1.131），这3国在此期间交通物流全要素生产率增

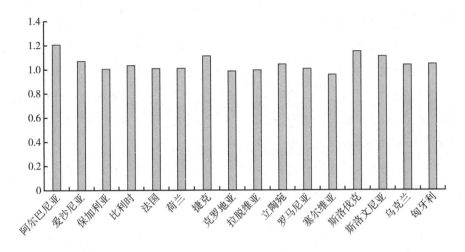

图93 2012/2013 年度"渝新欧"辐射 16 国交通物流全要素生产率

长均超过 10% ；交通物流全要素生产率小于 1 的国家是荷兰（0.986）、克罗地亚（0.976）、立陶宛（0.959）、阿尔巴尼亚（0.938）；其余 9 国的交通物流全要素生产率均为 1 ~ 1.1（见图94）。

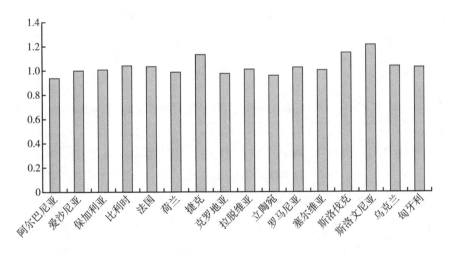

图94 2013/2014 年度"渝新欧"辐射 16 国交通物流全要素生产率

2014/2015 年度"渝新欧"辐射 16 国交通物流全要素生产率平均值为 1.12，该值大于 1 表明生产单元获得单位产出所需要付出的资本、劳动等各种资源投入及能源消耗等比上一年度少。总体而言，"渝新欧"辐射 16 国交通物流部门在此期间具有较强的增长潜力。从各国的测算结果来看，阿尔巴尼亚的交通物流全要素生产率由上一年度的 0.983 上升到 2.038 实现了巨大的飞跃；克罗地亚（1.230）、斯洛伐克（1.150）、荷兰（1.113）、爱沙尼亚（1.103）的上升幅度均超过 10%；交通物流全要素生产率在本年度下降的国家只有法国（0.997），其余 10 国交通物流全要素生产率增长幅度均在 10% 以内，这 10 国中增长幅度最大的是立陶宛（1.053），增长幅度最小的国家是比利时（1.008）（见图 95）。

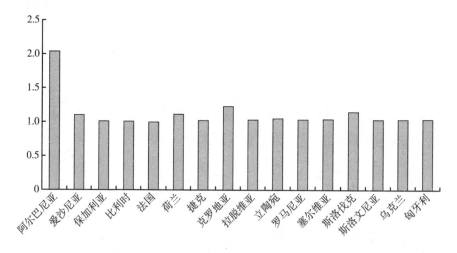

图 95 2014/2015 年度"渝新欧"辐射 16 国交通物流全要素生产率

2015/2016 年度"渝新欧"辐射 16 国交通物流全要素生产率平均值为 1.17，表示在此期间这 16 国交通物流全要素生产率整体呈上升趋势，表明生产单元获得单位产出所需要付出的资本、劳动等各种资源投入及能源消耗等比上一年少，"渝新欧"辐射 16 国交通物流部门在此期间具有较强的增长潜力。从单个国家的测算结果来看，阿尔巴尼亚的交通物流全要素生产率持续上升，高达 3.306，这是辐射 16 国平均动态效率指数有所提升的主要原因。其余 15 国中仅斯洛伐克（1.133）的交通物流全要素生产率增幅超过 10%，保加利亚（0.985）、爱沙尼亚（0.935）的交通物流全要素生产率均出现了下降，可见该期间阿尔巴尼亚交通物流全要素生产率的提升是其他国家难以望其项背的。

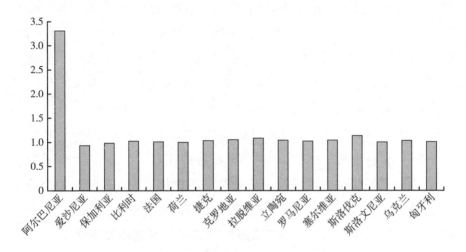

图96　2015/2016年度"渝新欧"辐射16国交通物流全要素生产率

（2）交通物流全要素生产率分解：效率改善指数

本文采用MaxDEA 7.0软件中的Malmquist模型对"渝新欧"辐射16国家交通物流效率改善指数进行测算。交通物流效率改善指数（TEC）是考察样本国家交通物流效率相对效率变化程度，主要衡量生产要素投入是否出现冗余，生产要素配置是否达到最优，用来衡量从t期到$t+1$期每个决策单元对生产前沿面的追赶程度。如果交通物流效率改善指数大于1，表明该国交通物流综合效率提高，即该决策单元与最优决策单元组成的生产前沿面的差距减小，说明组织管理水平提高；如果交通物流效率改善指数等于1，表明该国交通物流综合效率不变，即该决策单元与最优决策单元组成的生产前沿面的差距不变，说明组织管理水平维持现状；如果交通物流效率改善指数小于1，表明该国交通物流综合效率下降，即该决策单元与最优决策单元组成的生产前沿面的差距扩大，说明组织管理水平下降。

2007/2008年度"渝新欧"辐射16国交通物流部门效率改善不乐观，平均值仅为0.897，下降了10.3%，这个降幅比同期"渝新欧"穿越6国效率改善情况还要严重。这表明，各国交通物流部门利用各种资源来提高本部门生产效率的努力没有得到应有的回报，效率明显恶化。对比"渝新欧"辐射 16 个国家，交通物流全要素生产率效率改善指数低（小于 0.9）的国家有 6 个，由低到高依次为斯洛伐克（0.663）、比利时（0.696）、匈牙利（0.731）、荷兰（0.733）、捷克（0.793）和阿尔巴尼亚（0.858）；交通物流全要素生产率效率改善指数居中（大于 0.9 小于 1）的国家有 6 个，由低到高依次为罗马尼亚（0.921）、爱沙尼亚（0.923）、斯洛文尼亚（0.936）、立陶宛（0.942）、克罗地亚（0.980）和法国（0.998）；交通物流全要素生产率效率改善指数高（大于 1）的国家仅有 4 个，由低到高依次为拉脱维亚（1.017）、保加利亚（1.019）、乌克兰（1.056）和塞尔维亚（1.084）（见图 97）。在 16 个辐射国家中仅有 25%的国家在 2007/2008 年度呈现出交通物流部门技术利用效率改善的情形，多数国家效率都处于恶化状态。

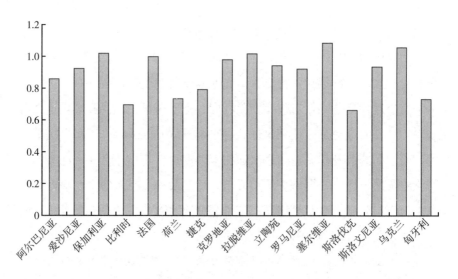

图 97　2007/2008 年度"渝新欧"辐射 16 国交通物流全要素生产率分解：效率改善

2008/2009 年度，"渝新欧"辐射 16 国交通物流部门效率改善情况更加恶化，平均值仅为 0.868，下降了 13.2%，这个降幅比同期"渝新欧"

穿越 6 国效率改善情况要更加严重。这表明，各国交通物流部门全要素生产率的效率在持续恶化，且恶化程度在加深。从"渝新欧"辐射 16 国的情况来看，在这 16 国中，交通物流全要素生产率效率改善指数低（小于0.9）的国家增加到 11 个，由低到高依次是斯洛伐克（0.642）、克罗地亚（0.761）、爱沙尼亚（0.780）、斯洛文尼亚（0.835）、罗马尼亚（0.847）、捷克（0.857）、荷兰（0.863）、立陶宛（0.864）、法国（0.870）、阿尔巴尼亚（0.8757）和匈牙利（0.8760）；交通物流全要素生产率效率改善指数居中（大于 0.9 小于 1）的国家有 5 个，由低到高依次为拉脱维亚（0.946）、保加利亚（0.948）、塞尔维亚（0.963）、比利时（0.964）和乌克兰（0.990）；无交通物流全要素生产率效率改善指数高（大于 1）的国家（见图 98）。可见，辐射 16 国在此期间全军覆没，所有国家均呈现资源利用效率下降的状态，并且大多国家效率下降幅度都超过10%。

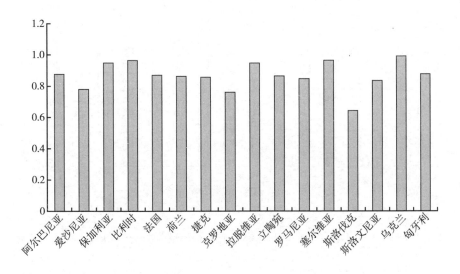

图 98　2008/2009 年度"渝新欧"辐射 16 国交通物流全要素生产率分解：效率改善

2009/2010 年度出现了更加令人担忧的情形，"渝新欧"辐射 16 国交通物流部门效率改善指数平均值仅为 0.862，即下降了 13.8%。同期"渝新欧"穿越 6 国效率改善情况也不乐观,下降了 12%,这反映"渝新欧"沿线各国交通物流部门利用技术等资源来提升全要素生产率的努力未产生效果。从"渝新欧"辐射 16 国家详细情况看,交通物流全要素生产率效率改善指数低(小于 0.9)的国家依然是 11 个,水平值由低到高依次为斯洛伐克(0.671)、比利时(0.731)、荷兰(0.775)、法国(0.788)、阿尔巴尼亚(0.792)、罗马尼亚(0.836)、捷克(0.838)、匈牙利(0.853)、保加利亚(0.881)、立陶宛(0.893)和塞尔维亚(0.896);交通物流全要素生产率效率改善指数居中(大于 0.9 小于 1)的国家有 4 个,由低到高依次为克罗地亚(0.950)、斯洛文尼亚(0.957)、乌克兰(0.959)和爱沙尼亚(0.968);交通物流全要素生产率效率改善指数高(大于 1)的国家只有 1 个,即拉脱维亚(1.009)(见图 99)。这表明大多国家效率下降幅度加大,且持续超过 10%。

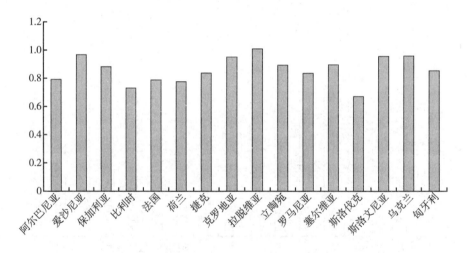

图 99　2009/2010 年度"渝新欧"辐射 16 国交通物流全要素生产率分解:效率改善

2010/2011 年度"渝新欧"辐射 16 国交通物流效率改善不甚乐观,平均值仅为 0.60,这表明各国交通物流部门利用技术改进生产运营的效率未得到积极改善,存在效率恶化的趋势。对比"渝新欧"辐射 16 国具体数据,各国交通物流部门的效率改善指数的排名由高到低依次为阿尔巴尼亚

（0.72）、乌克兰（0.70）、捷克（0.70）、斯洛文尼亚（0.69）、匈牙利（0.63）、比利时（0.63）、拉脱维亚（0.62）、克罗地亚（0.62）、爱沙尼亚（0.61）、荷兰（0.61）、罗马尼亚（0.60）、法国（0.60）、保加利亚（0.59）、立陶宛（0.56）、塞尔维亚（0.56）、斯洛伐克（0.25）（见图100）。从数据结果可以看出，2010/2011年度"渝新欧"辐射16国交通物流部门的动态效率水平都在1以下，说明其均出现了一定程度的恶化趋势，管理职能和技术提高没有对整个交通物流部门的生产经营活动的运营起到正面影响，没有一个国家在效率改善方面获得了理想结果。但是从平均水平来看，有12个国家在平均值以上，说明国家间的差距并不大。其中恶化程度最严重的国家是斯洛伐克。

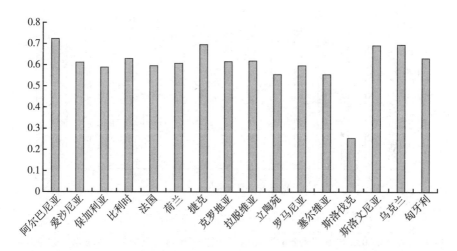

图100　2010/2011年度"渝新欧"辐射16国交通物流全要素生产率分解：效率改善

2011/2012年度，"渝新欧"辐射16国交通物流效率改善并不理想，平均值为0.56，这表明各国交通物流部门利用技术改进生产运营的效率未得到改善，存在效率持续恶化的趋势。比2010/2011年度恶化程度有所加重。对比"渝新欧"辐射16国具体数据，各国交通物流部门的效率改善指数的排名由高到低依次为捷克（0.66）、比利时（0.66）、塞尔维亚（0.64）、克罗地亚（0.61）、斯洛文尼亚（0.60）、法国（0.59）、荷兰（0.59）、罗马

尼亚（0.59）、爱沙尼亚（0.59）、匈牙利（0.59）、立陶宛（0.57）、拉脱维亚（0.57）、保加利亚（0.55）、乌克兰（0.53）、阿尔巴尼亚（0.49）、斯洛伐克（0.20）（见图101）。从数据结果可以看出，2010/2011年度"渝新欧"辐射16国交通物流部门的动态效率水平都在1以下，说明其均出现了一定程度的恶化趋势，管理职能和技术提高没有对整个交通物流部门的生产经营活动的运营起到正面影响，没有一个国家在效率改善方面获得了理想结果。但是从平均水平来看，有12个国家都在平均值以上，说明国家间的差距并不大。而其中恶化程度最严重的国家是斯洛伐克，严重影响了该国交通物流部门的综合效率水平。

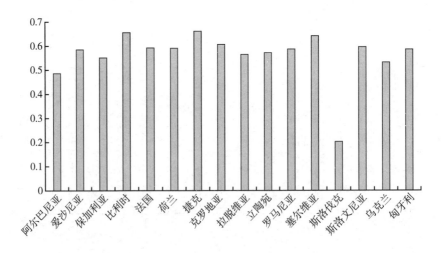

图101　2011/2012年度"渝新欧"辐射16国交通物流全要素生产率分解：效率改善

2012/2013年度，"渝新欧"辐射16国交通物流效率改善情况不甚理想，平均值为0.75，这意味各国交通物流部门利用技术改进生产运营的效率未得到令人满意的结果，存在效率恶化的趋势。但比之前一个时期，恶化程度有所减轻。对比"渝新欧"辐射16国的具体数据，各国交通物流部门的效率改善指数的排名由高到低依次为阿尔巴尼亚（0.88）、捷克（0.82）、斯洛文尼亚（0.81）、爱沙尼亚（0.79）、比利时（0.76）、乌克兰（0.76）、匈牙利（0.76）、立陶宛（0.76）、拉脱维亚（0.75）、塞尔维亚

（0.75）、保加利亚（0.74）、荷兰（0.74）、法国（0.74）、罗马尼亚（0.74）、克罗地亚（0.72）、斯洛伐克（0.45）（见图102）。2012/2013年度"渝新欧"辐射16国的交通物流部门的动态效率水平仍然都在1以下，说明其均在规模效率方面依然存在效率恶化的问题，没有一个国家在交通物流部门的管理经营生产活动上有效率改善方面的情况。但是从平均水平来看，有10个国家都在平均值以上，说明国家间的差距并不大。其中恶化程度最严重的国家依然是斯洛伐克，但比之前一个时期，恶化趋势有所放缓。

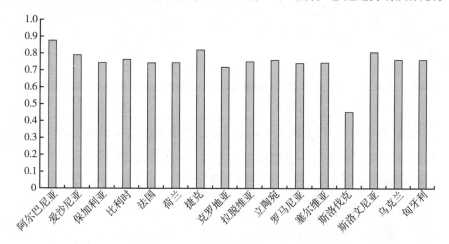

图102　2012/2013年度"渝新欧"辐射16国交通物流全要素生产率分解：效率改善

2013/2014年度"渝新欧"辐射16国交通物流效率改善情况不乐观，平均值为0.91，表明各国交通物流部门利用技术改进生产运营的效率没有得到积极改善，存在效率恶化的趋势。从单个国家来看，形势也不乐观，辐射16国里只有捷克（1.067）和斯洛文尼亚（1.062）两个国家的交通物流全要素生产率得到一定改善，其余14个国家交通物流部门的效率改善指数均小于1，斯洛伐克的改善指数最低，仅为0.824；匈牙利（0.899）、爱沙尼亚（0.876）、克罗地亚（0.854）、拉脱维亚（0.847）、塞尔维亚（0.844）、立陶宛（0.840）阿尔巴尼亚（0.831）（见图103）的改善指数的下降幅度均超过10%，这就意味着辐射16国中有半数国家在该年度交通物流部门技术利用效率出现较严重的恶化。

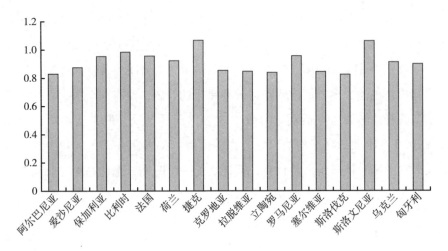

图103   2013/2014 年度"渝新欧"辐射 16 国交通物流全要素生产率分解：效率改善

2014/2015 年度"渝新欧"辐射 16 国交通物流效率改善情况很微弱，平均值为 1.01，这表明各国交通物流部门利用技术改进生产运营的效率得到轻微改善。从单个国家来看，形式并不乐观，辐射 16 国里只有阿尔巴尼亚（2.035）、克罗地亚（1.170）、爱沙尼亚（1.050）、立陶宛（1.001）4 个国家交通物流全要素生产率得到一定改善。其余 12 个国家交通物流部门的效率改善指数均小于 1，表明交通物流部门技术利用效率恶化，其中拉脱维亚（0.893）、罗马尼亚（0.880）、塞尔维亚（0.877）、法国（0.856）、捷克（0.855）、斯洛伐克（0.855）、比利时（0.839）交通物流效率改善指数下降幅度均超过 10%（见图104），这就意味辐射 16 国中近半数国家在这期间交通物流部门技术利用效率出现了较严重的恶化。

2015/2016 年度"渝新欧"辐射 16 国交通物流效率改善情况较好，平均值为 1.16，这表明各国交通物流部门利用技术改进生产运营的效率得到了积极改善，存在效率上升的趋势。对比"渝新欧"辐射 16 个国家，交通物流部门效率得到改善的仅 6 个国家，从高到低排名分别是阿尔巴尼亚（3.693）、拉脱维亚（1.067）、保加利亚（1.065）、克罗地亚（1.037）、立陶宛（1.023）、斯洛伐克（1.012），这一期间整体情况向

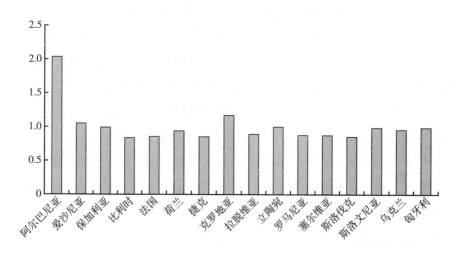

图104 2014/2015年度"渝新欧"辐射16国交通物流全要素生产率分解：效率改善

好主要是阿尔巴尼亚效率改善大幅度提升所致。另外10个国家均出现交通物流部门技术利用效率恶化的情况，恶化情况较严重的国家仅为塞尔维亚（0.898）（见图105），其余出现恶化情况的国家改善指数下降幅度有限。

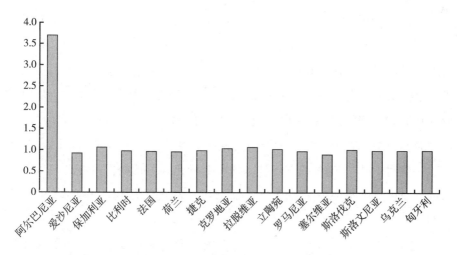

图105 2015/2016年度"渝新欧"辐射16国交通物流全要素生产率分解：效率改善

（3）交通物流动全要素生产率分解：技术进步指数

本文采用 MaxDEA 7.0 软件中的 Malmquist 模型对"渝新欧"辐射 16 国家交通物流技术进步指数进行测算。交通物流技术进步指数（TC）是考察目标国家交通物流发展相对技术变化程度，用来衡量从 t 期到 $t+1$ 期决策单元技术进步或者创新程度。如果交通物流技术进步指数（TC）大于 1，表明该国交通物流发展出现明显生产技术进步或者创新，即生产前沿面向外移动；如果交通物流技术进步指数（TC）等于 1，表明该国交通物流发展的生产技术不变或者没有明显创新，即生产前沿面不变；如果交通物流技术进步指数（TC）小于 1，表明该国交通物流发展的生产技术明显下滑，即生产前沿面向后移动。

2007/2008 年度"渝新欧"辐射 16 国交通物流全要素生产率的技术进步指数平均值为 1.27，略高于同期"渝新欧"穿越 6 国的技术进步表现。总体而言，辐射 16 国交通物流部门的技术研发表现不凡，部门运营效率提升贡献了积极的力量。各国交通物流部门技术进步水平程度不一，无交通物流全要素生产率技术进步指数低（大于 1 小于 1.1）的国家；交通物流全要素生产率技术进步指数居中（大于 1.1 小于 1.2）的国家有 9 个，水平值由低到高依次是塞尔维亚（1.101）、阿尔巴尼亚（1.137）、斯洛文尼亚（1.138）、拉脱维亚（1.1399）、爱沙尼亚（1.1400）、克罗地亚（1.1403）、立陶宛（1.141）、保加利亚（1.146）和乌克兰（1.173）；交通物流全要素生产率技术进步指数高（大于 1.2）的国家有 7 个，由低到高依次为罗马尼亚（1.308）、法国（1.314）、匈牙利（1.327）、荷兰（1.328）、捷克（1.334）、比利时（1.351）和斯洛伐克（2.044）（见图 106）。可见，"渝新欧"辐射 16 国交通物流部门技术进步非常迅速，所有国家在此期间的技术进步增长幅度都超过了 10%，而斯洛伐克甚至还达到了 104.4% 的巨大增幅。

2008/2009 年度"渝新欧"辐射 16 国交通物流全要素生产率的技术进步指数平均值为 1.15，比上一年度增速稍微放缓，但仍略高于同期"渝新欧"穿越 6 国的技术进步表现。总体而言，辐射 16 国交通物流部门的技术

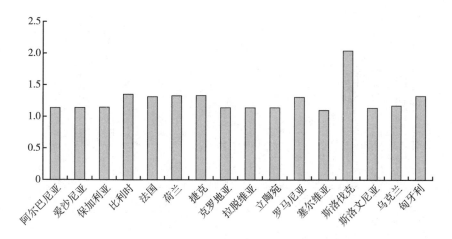

图 106 2007/2008 年度"渝新欧"辐射 16 国交通物流全要素生产率分解：技术进步

进步虽然有所回落，但依然保持增长的态势。从各国交通物流部门的技术进步水平看，交通物流全要素生产率技术进步指数低（大于 1 小于 1.1）的国家增加到 6 个，水平值由低到高依次是阿尔巴尼亚（1.091）、斯洛文尼亚（1.093）、拉脱维亚（1.094）、克罗地亚（1.095）、立陶宛（1.0962）和塞尔维亚（1.0964）；交通物流全要素生产率技术进步指数居中（大于 1.1小于 1.2）的国家依然有 9 个，水平值由低到高依次是保加利亚（1.101）、乌克兰（1.125）、爱沙尼亚（1.129）、法国（1.152）、罗马尼亚（1.154）、匈牙利（1.156）、荷兰（1.157）、捷克（1.158）和比利时（1.161）；交通物流全要素生产率技术进步指数高（大于 1.2）的国家有 1个，即斯洛伐克（1.497）（见图 107）。总体来看，"渝新欧"辐射 16 国交通物流部门技术进步幅度达到 10% 及以上的有 10 个国家，但各国技术进步的增幅都有所放缓。

2009/2010 年度"渝新欧"辐射 16 国交通物流全要素生产率的技术进步指数平均值恢复到 2007/2008 年度的水平，为 1.27，高于同期"渝新欧"穿越 6 国技术进步表现，说明"渝新欧"辐射欧洲 16 国交通物流部门继续保持着积极的技术进步，展现出巨大的增长潜力。从各国交通物流部门的技术进步情况看，无各国交通物流全要素生产率技术进步指数低（大于 1 小

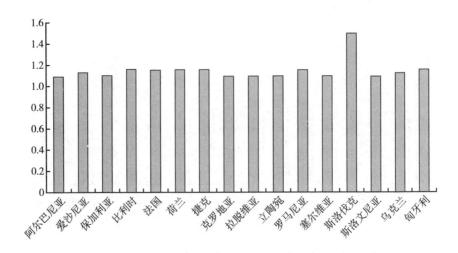

图107　2008/2009年度"渝新欧"辐射16国交通物流全要素生产率分解：技术进步

于1.1）的国家；交通物流全要素生产率技术进步指数居中（大于1.1小于1.2）的国家依然有9个，水平值由低到高依次是爱沙尼亚（1.149）、阿尔巴尼亚（1.154）、斯洛文尼亚（1.155）、拉脱维亚（1.156）、克罗地亚（1.158）、立陶宛（1.1585）、塞尔维亚（1.1588）、保加利亚（1.163）和乌克兰（1.193）；交通物流全要素生产率技术进步指数高（大于1.2）的国家有7个，由低到高依次为匈牙利（1.223）、法国（1.310）、罗马尼亚（1.331）、荷兰（1.343）、捷克（1.349）、比利时（1.369）和斯洛伐克（1.948）（见图108）。可见，"渝新欧"辐射16国交通物流部门均取得了超速技术进步，斯洛伐克占据增速最快国家的位置。

2010/2011年度"渝新欧"辐射16国交通物流全要素生产率的技术进步指数平均值为1.87，表明辐射16国的整体技术水平得到较快的增长。从整体上看，"渝新欧"辐射16国的交通物流部门在技术研发和创新上有所成就，带来了生产活动效率的提高。各国交通物流部门技术进步水平程度不一，技术进步指数由高到低的排名为斯洛伐克（4.89）、乌克兰（1.72）、法国（1.69）、塞尔维亚（1.68）、匈牙利（1.68）、罗马尼亚（1.68）、保加利亚（1.68）、荷兰（1.68）、捷克（1.68）、立陶宛（1.67）、爱沙尼亚

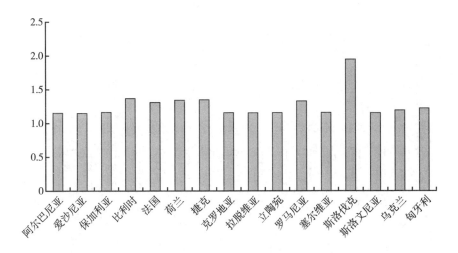

图108 2009/2010年度"渝新欧"辐射16国交通物流全要素生产率分解：技术进步

（1.67）、克罗地亚（1.67）、拉脱维亚（1.67）、比利时（1.67）、斯洛文尼亚（1.67）、阿尔巴尼亚（1.67）（见图109）。技术进步指标值最高的是斯洛伐克，为4.889；最低的国家是阿尔巴尼亚，技术进步指标值为1.667。从各国平均值来看，只有斯洛伐克技术进步程度很高，其余国家的技术进步水平十分接近，均在1.65以上，可见2010/2011年度"渝新欧"辐射16国的技术进步程度十分令人满意。

2011/2012年度"渝新欧"辐射16国交通物流全要素生产率技术进步指数平均值为2.01，这表明辐射16国交通物流部门在技术研发和创新上有所成就，带来了巨大的生产经营活动效率的提高。各国交通物流部门技术进步水平程度不一，从16国的指数看，技术进步指数由高到低的排名为斯洛伐克（5.56）、乌克兰（1.83）、保加利亚（1.83）、立陶宛（1.83）、爱沙尼亚（1.83）、克罗地亚（1.83）、拉脱维亚（1.82）、斯洛文尼亚（1.82）、阿尔巴尼亚（1.82）、匈牙利（1.79）、塞尔维亚（1.79）、法国（1.71）、罗马尼亚（1.69）、荷兰（1.68）、捷克（1.67）、比利时（1.65）（见图110）。技术水平进步幅度最大的是斯洛伐克，指标值高达5.563；最低的国家是比利时，技术进步指标值为1.653。根据平均值分析，只有一个

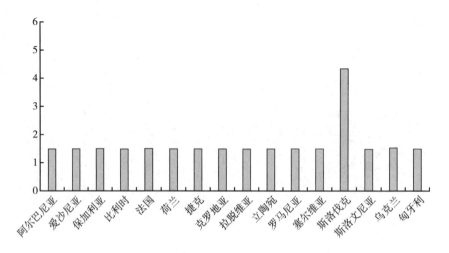

图 109　2010/2011 年度"渝新欧"辐射 16 国交通物流全要素生产率分解：技术进步

国家超过了平均数，其余国家的技术进步水平十分接近，技术进步指标值均在 1.65 以上。结合交通物流全要素生产率的动态效率和效率改善情况的结果来看，斯洛伐克的高技术进步率使辐射 16 国在综合效率上有一个较好的结果。

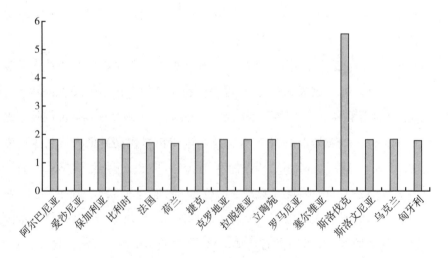

图 110　2011/2012 年度"渝新欧"辐射 16 国交通物流全要素生产率分解：技术进步

2012/2013 年度"渝新欧"辐射 16 国交通物流全要素生产率的技术进步指数平均值为 1.43，这表明辐射 16 国交通物流部门在技术研发和创新提高了生产经营活动的效率，生产率大幅提高。各国交通物流部门技术进步水平程度可以根据 16 国的指数进行分析，由高到低的排名为斯洛伐克（2.53）、阿尔巴尼亚（1.38）、斯洛文尼亚（1.38）、克罗地亚（1.38）、立陶宛（1.37）、匈牙利（1.37）、乌克兰（1.36）、法国（1.36）、罗马尼亚（1.36）、荷兰（1.36）、比利时（1.36）、捷克（1.36）、爱沙尼亚（1.36）、保加利亚（1.35）、拉脱维亚（1.33）、塞尔维亚（1.29）（见图 111）。辐射 16 国中技术水平进步最高的是斯洛伐克，高达 2.53，但比前一个时期，技术进步的速度有所放缓。技术进步程度最低的国家是塞尔维亚，为 1.29。按照平均值分析，只有一个国家超过了平均数，其余的国家的技术进步水平十分接近。总体上看，"渝新欧"辐射 16 国的技术进步对提高各国自身生产效率的正面影响较大。

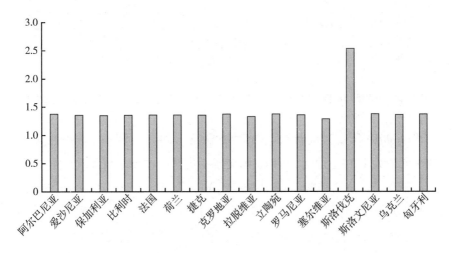

图 111　2012/2013 年度"渝新欧"辐射 16 国交通物流全要素生产率分解：技术进步

2013/2014 年度"渝新欧"辐射 16 国交通物流全要素生产率技术进步指数平均值为 1.13，说明辐射 16 国的交通物流部门在技术研发和创新上有所成就，带来了经济活动效率的提升。在各国交通物流部门技术进步

水平来看，技术水平进步最高的是斯洛伐克，技术进分值达 1.39，其技术进步非常迅猛。以下依次是拉脱维亚 1.19，塞尔维亚 1.19，斯洛文尼亚和匈牙利均为 1.14，爱沙尼亚、克罗地亚和立陶宛分别为 1.1422、1.1420 和 1.1418，乌克兰为 1.136，阿尔巴尼亚 1.129，其余各国的技术进步率均有提升，垫底的保加利亚也有 1.056（见图 112）。因此，不管是从整体看还是从单个国家看，这期间各国的技术进步水平都取得了喜人成绩。

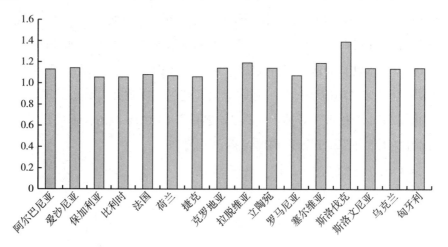

图 112   2013/2014 年度"渝新欧"辐射 16 国交通物流全要素生产率分解：技术进步

2014/2015 年度"渝新欧"辐射 16 国交通物流全要素生产率技术进步指数平均值为 1.12，说明辐射 16 国交通物流部门在技术研发和创新上有所成就，带来了经济活动效率的提升。就单个交通物流部门技术进步水平而言，技术水平进步最高的是斯洛伐克，达 1.346。其后依次是比利时 1.202，捷克 1.197，塞尔维亚 1.189，荷兰 1.184，罗马尼亚 1.177，法国 1.165，拉脱维亚 1.156。其余各国的技术进步指数均有所提升，垫底的阿尔巴尼亚进步指数为 1.001（见图 113）。

2015/2016 年度"渝新欧"辐射 16 国交通物流全要素生产率技术进步指数平均值为 1.03，说明辐射 16 国交通物流部门在技术研发和创新上有一定成就，带来了经济活动效率的小幅提升。各国交通物流部门技术进步水平

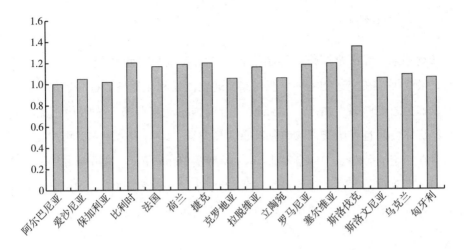

图113 2014/2015年度"渝新欧"辐射16国交通物流全要素生产率分解：技术进步

程度的差距与前几年相比有所缩小。有2个技术进步率下降的国家即保加利亚和阿尔巴尼亚，其技术进步指数分别下降为0.925和0.895。技术水平进步最大的是塞尔维亚为1.161，其次是斯洛伐克为1.120，除前面提到的4国外，剩余辐射12个国家技术进步水平均得到一定提升。

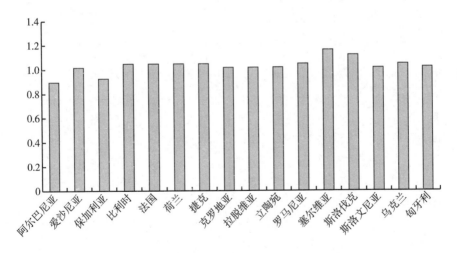

图114 2015/2016年度"渝新欧"辐射16国交通物流全要素生产率分解：技术进步

（三）小结

近年来，经济全球化的不断推进，"渝新欧"与世界经济联系日益紧密，沿线国家在交通物流环境改善和交通物流便利化程度的提高上都做出了大量的努力。同时，由于"渝新欧"沿线国家大部分属于发展中国家和新兴经济体，而且各国交通物流基础有明显差异，国与国之间交通物流效率仍然存在一定的差距。本部分基于 DEA 模型及 Malmquist 指数分析方法，从静态和动态双重角度对"渝新欧"铁路沿线的 22 个国家 2007～2016 年交通物流发展进行定量研究，并对"渝新欧"沿线各个国家交通物流效率进行了排序分析。

1. 静态分析

运用 DEA 模型及 Malmquist 指数分析方法，从静态角度对"渝新欧"沿线国家交通物流效率进行排序（见表1），可以看出在综合效率、纯技术效率和规模效率三个方面呈现的特点。

表1　2007～2016 年"渝新欧"沿线国家交通物流效率比较（静态）

综合效率		纯技术效率		规模效率	
国别	排序	国别	排序	国别	排序
俄 罗 斯	1	荷 兰	1	中 国	1
中 国	2	哈萨克斯坦	2	俄 罗 斯	2
哈萨克斯坦	3	捷 克	3	哈萨克斯坦	3
荷 兰	4	俄 罗 斯	4	捷 克	4
比 利 时	5	阿尔巴尼亚	5	法 国	5
捷 克	6	比 利 时	6	比 利 时	6
法 国	7	斯洛伐克	7	斯洛伐克	7
阿尔巴尼亚	8	克罗地亚	8	乌 克 兰	8
波 兰	9	斯洛文尼亚	9	罗马尼亚	9
克罗地亚	10	立 陶 宛	10	波 兰	10
斯洛文尼亚	11	波 兰	11	德 国	11
斯洛伐克	12	保加利亚	12	爱沙尼亚	12

续表

综合效率		纯技术效率		规模效率	
国别	排序	国别	排序	国别	排序
乌 克 兰	13	爱沙尼亚	13	白俄罗斯	13
爱沙尼亚	14	法 国	14	阿尔巴尼亚	14
立 陶 宛	15	德 国	15	克罗地亚	15
德 国	16	拉脱维亚	16	拉脱维亚	16
罗马尼亚	17	乌 克 兰	17	匈 牙 利	17
拉脱维亚	18	罗马尼亚	18	立 陶 宛	18
白俄罗斯	19	塞尔维亚	19	斯洛文尼亚	19
保加利亚	20	白俄罗斯	20	荷 兰	20
匈 牙 利	21	中 国	21	塞尔维亚	21
塞尔维亚	22	匈 牙 利	22	保加利亚	22

（1）"渝新欧"沿线国家交通物流综合效率

2007～2016年，"渝新欧"沿线国家交通物流综合效率从高到低依次为俄罗斯、中国、哈萨克斯坦、荷兰、比利时、捷克、法国、阿尔巴尼亚、波兰、克罗地亚、斯洛文尼亚、斯洛伐克、乌克兰、爱沙尼亚、立陶宛、德国、罗马尼亚、拉脱维亚、白俄罗斯、保加利亚、匈牙利和塞尔维亚。值得注意的是，其中白俄罗斯、保加利亚、匈牙利和塞尔维亚四国交通物流综合效率均值未能够达到效率前沿面（效率值小于1），其余18国虽然排名有差异，但均为交通物流综合效率有效。

根据国家排名以及交通物流综合效率的情况来看，"渝新欧"沿线各个国家交通物流综合效率在地理空间分布上呈现出"东高、中低、西高"的抛物线格局，即交通物流综合效率较高的国家主要集中于"渝新欧"铁路大通道的首尾两端，而交通物流综合效率较低的国家主要集中于"渝新欧"铁路大通道中部，尤其是交通物流综合效率无效的四个国家（白俄罗斯、保加利亚、匈牙利和塞尔维亚）均属于中东欧地区。

（2）"渝新欧"沿线国家交通物流纯技术效率

2007～2016年，"渝新欧"沿线国家交通物流纯技术效率从高到低依次

为荷兰、哈萨克斯坦、捷克、俄罗斯、阿尔巴尼亚、比利时、斯洛伐克、克罗地亚、斯洛文尼亚、立陶宛、波兰、保加利亚、爱沙尼亚、法国、德国、拉脱维亚、乌克兰、罗马尼亚、塞尔维亚、白俄罗斯、中国和匈牙利。值得注意的是，在22个国家中只有匈牙利交通物流纯技术率均值未能够达到效率前沿面（效率值小于1），其余21个国家虽然排名有差异，但均为交通物流纯技术效率有效。

根据国家排名以及交通物流纯技术效率情况来看，"渝新欧"沿线各个国家交通物流纯技术效率整体表现良好，沿线有90%以上的国家实现了交通物流纯技术效率有效。因此，可以认为在2007~2016年"渝新欧"沿线各国在交通物流在"软性"建设上取得的效果是良好的。

（3）"渝新欧"沿线国家交通物流规模效率

2007~2016年"渝新欧"沿线国家交通物流规模效率从高到低依次为中国、俄罗斯、哈萨克斯坦、捷克、法国、比利时、斯洛伐克、乌克兰、罗马尼亚、波兰、德国、爱沙尼亚、白俄罗斯、阿尔巴尼亚、克罗地亚、拉脱维亚、匈牙利、立陶宛、斯洛文尼亚、荷兰、塞尔维亚和保加利亚。值得注意的是，在22个国家中有10个国家交通物流规模率均值未能达到效率前沿面（效率值小于1），即白俄罗斯、阿尔巴尼亚、克罗地亚、拉脱维亚、匈牙利、立陶宛、斯洛文尼亚、荷兰、塞尔维亚和保加利亚，其余12个国虽然排名有差异，但均为交通物流规模效率有效。

根据国家排名以及交通物流规模效率情况来看，"渝新欧"沿线各个国家交通物流规模效率在地理空间分布上，呈现出"东高、中低、西较高"的抛物线格局，即交通物流规模效率较高的国家主要集中于"渝新欧"铁路大通道的首尾两端，而交通物流规模效率较低的国家主要集中于"渝新欧"铁路大通道中部，整体形状类似于"渝新欧"沿线国家交通物流综合效率的分布情况，而交通物流规模效率无效的国家数量要明显超过前者，其中交通物流规模效率无效的9个国家属于中东欧地区，1个属于西欧地区。

综上所述，2007~2016年"渝新欧"沿线国家交通物流综合效率地理空间上呈现出"东高、中低、西高"的抛物线格局，主要是受交通物流规模效率的影响，交通物流纯技术效率整体表现良好。基于此"静态"分析结论，未来要有效提升"渝新欧"沿线国家交通物流效率，进一步加大沿线国家交通基础设施"硬件"投入是关键。

2007～2016年，"渝新欧"沿线22国交通物流效率整体上均为有效率，其交通物流综合效率、交通物流规模效率和交通物流纯技术效率均超过了1。从波动趋势来看，除了2010年"渝新欧"沿线22国交通物流效率出现较大波动外（规模效率与纯技术效率出现背离），这10年的整体趋势保持缓慢上升（见图115）。值得注意的是，在这10年间"渝新欧"沿线22国交通物流综合效率整体波动上与规模效率几乎一致，因此可以认为"渝新欧"沿线国家交通物流"硬件"投入对整个体系综合效率的提升有着显著影响。

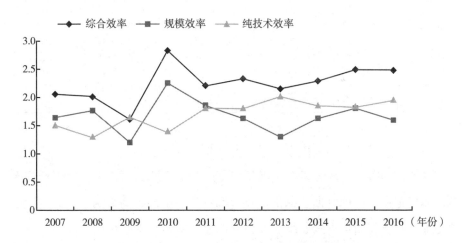

图115　2007～2016年"渝新欧"沿线22国交通物流效率整体变化趋势（静态）

2.动态分析

运用DEA模型和Malmquist指数分析方法从动态角度对"渝新欧"沿线国家交通物流效率进行排序（见表2），可以看出在全要素生产率、效率改善指数和技术进步指数三个方面呈现的特点。

表 2 2007～2016 年"渝新欧"沿线 22 国交通物流效率比较（动态）

全要素生产率		效率改善指数		技术进步指数	
国别	排序	国别	排序	国别	排序
阿尔巴尼亚	1	阿尔巴尼亚	1	斯洛伐克	1
白俄罗斯	2	白俄罗斯	2	比 利 时	2
斯洛伐克	3	俄 罗 斯	3	德 国	3
俄 罗 斯	4	斯洛文尼亚	4	荷 兰	4
中 国	5	乌 克 兰	5	捷 克	5
乌 克 兰	6	中 国	6	波 兰	6
捷 克	7	保加利亚	7	法 国	7
斯洛文尼亚	8	哈萨克斯坦	8	罗马尼亚	8
哈萨克斯坦	9	拉脱维亚	9	匈 牙 利	9
拉脱维亚	10	克罗地亚	10	中 国	10
克罗地亚	11	捷 克	11	乌 克 兰	11
塞尔维亚	12	塞尔维亚	12	塞尔维亚	12
法 国	13	爱沙尼亚	13	拉脱维亚	13
波 兰	14	立 陶 宛	14	立 陶 宛	14
罗马尼亚	15	法 国	15	哈萨克斯坦	15
比 利 时	16	波 兰	16	爱沙尼亚	16
匈 牙 利	17	罗马尼亚	17	克罗地亚	17
爱沙尼亚	18	匈 牙 利	18	斯洛文尼亚	18
保加利亚	19	比 利 时	19	阿尔巴尼亚	19
荷 兰	20	德 国	20	保加利亚	20
立 陶 宛	21	荷 兰	21	白俄罗斯	21
德 国	22	斯洛伐克	22	俄 罗 斯	22

（1）"渝新欧"沿线国家交通物流全要素生产率

2007～2016 年"渝新欧"沿线国家交通物流全要素生产率从高到低依次为阿尔巴尼亚、白俄罗斯、斯洛伐克、俄罗斯、中国、乌克兰、捷克、斯洛文尼亚、哈萨克斯坦、拉脱维亚、克罗地亚、塞尔维亚、法国、波兰、罗马尼亚、比利时、匈牙利、爱沙尼亚、保加利亚、荷兰、立陶宛和德国。"渝新欧"沿线 22 国交通物流全要素生产率虽然排名有差异，但均为有效率。

根据国家排名以及交通物流全要素生产率情况来看，"渝新欧"沿线各个国家交通物流全要素生产率整体表现良好，沿线各国 100% 实现了有效。因此，可以认为在 2007～2016 年"渝新欧"沿线各国在交通物流建设上取得了十分优秀的成绩。

（2）"渝新欧"沿线国家交通物流效率改善指数

2007～2016年"渝新欧"沿线国家交通物流效率改善指数从高到低依次为阿尔巴尼亚、白俄罗斯、俄罗斯、斯洛文尼亚、乌克兰、中国、保加利亚、哈萨克斯坦、拉脱维亚、克罗地亚、捷克、塞尔维亚、爱沙尼亚、立陶宛、法国、波兰、罗马尼亚、匈牙利、比利时、德国、荷兰和斯洛伐克。值得注意的是，在22国当中只有阿尔巴尼亚和白俄罗斯交通物流效率改善指数表现为有效，其余20个国家（用黑体加粗表示）均未能够达到效率前沿面（即值小于1）。

根据国家排名以及交通物流效率改善指数情况来看，"渝新欧"沿线各个国家在该项上整体表现较差，沿线各国有90%以上都未能实现有效率，因此在未来"渝新欧"沿线各国交通物流建设上，应重点关注该指标的变化。

（3）"渝新欧"沿线国家交通物流技术进步指数

2007～2016年"渝新欧"沿线国家交通物流技术进步指数从高到低依次为斯洛伐克、比利时、德国、荷兰、捷克、波兰、法国、罗马尼亚、匈牙利、中国、乌克兰、塞尔维亚、拉脱维亚、立陶宛、哈萨克斯坦、爱沙尼亚、克罗地亚、斯洛文尼亚、阿尔巴尼亚、保加利亚、白俄罗斯和俄罗斯。值得注意的是，2007～2016年，"渝新欧"沿线22国交通物流技术进步指数虽然排名有差异，但均为有效率。

根据各个国家的排名以及交通物流技术进步指数的情况来看，"渝新欧"沿线各个国家交通物流技术进步指数整体表现良好，沿线各国100%实现了有效，因此可以认为在2007～2016年"渝新欧"沿线各国在交通物流技术创新发展上取得了十分优异的成绩。

综上所述，2007～2016年"渝新欧"沿线国家交通物流全要素生产率整体表现优异，主要是受交通物流技术进步指数的正向影响，虽然交通物流效率改善指数多为无效，但技术创新所带来的正向影响将其负面影响大部分抵消。基于"动态"分析结论，未来要进一步有效提升"渝新欧"沿线国家交通物流全要素生产率，在保证各国交通物流业技术研发的基础上，提升当地交通物流综合效率是关键。

2007～2016 年"渝新欧"沿线 22 国交通物流全要素生产率整体上均为有效率，而导致这一结果的原因是交通物流技术进步指数的正向影响显著而抵消了交通物流效率改善指数的负面效应。从波动趋势来看，除了 2009/2010～2012/2013 年度，"渝新欧"沿线 22 国交通物流技术进步指数与交通物流效率改善指数出现显著背离外，这一时期内"渝新欧"沿线 22 国交通物流全要素生产率整体保持缓慢上升趋势。值得注意的是，从 2013 年开始，"渝新欧"沿线 22 国交通物流技术进步指数就呈现缓慢下滑的态势，而交通物流效率改善指数则呈现明显上升的态势，这就导致交通物流全要素生产率的上升动力在后期逐渐由前者转变为后者。

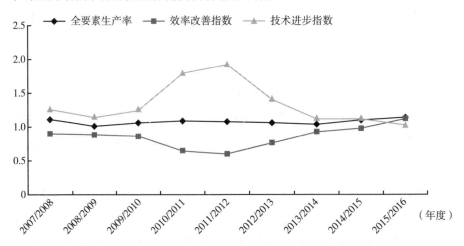

图 116　2007～2016 年度"渝新欧"沿线各国铁路交通物流效率整体变化趋势（动态）

四　"渝新欧"沿线国家交通物流效率协同提升建议

（一）"渝新欧"国际大通道建设的优势与挑战

1. "渝新欧"国际大通道建设的优势

（1）"渝新欧"国际大通道建设的自身条件已逐渐成熟

①开行线路日渐丰富，辐射范围不断扩大。"渝新欧"自 2011 年首次

开行，发展势头迅猛。尤其是 2013 年"一带一路"倡议提出以来，辐射范围快速扩大，货物种类逐步拓展。据不完全统计，目前"渝新欧"国际大通道到达境外的有 10 个国家和 10 余个集散地，承运的货物种类主要有家用电器、汽车配件、机械设备、服饰百货、食品以及电商货物等，货物品种逐步扩展至高附加值、IT 产品等电子产品。2016 年 10 月 8 日印发的《中欧班列建设发展规划（2016～2020 年）》提出：到 2020 年，中欧班列年开行 5000 列左右，基本形成布局合理、设施完善、运量稳定、便捷高效、安全畅通的中欧班列综合服务体系。

②"渝新欧"国际大通道运距短、速度快、安全性高。现行的"渝新欧"铁路直通运输单程时间一般在 12～18 天，比传统海运节省 10 多天的时间，总的运行时间约为海运的 1/4。而且所有"渝新欧"铁路班次都有相对固定的时间表，能更好地满足国际贸易货物对时间的要求。目前，"渝新欧"铁路从重庆团结村出发到波兰马瓦谢维切站用时 12 天左右，到波兰华沙用时 15 天左右，到德国汉堡用时也是 15 天左右，到德国杜伊斯堡用时 18 天左右。

"安全"是永不过时的金字招牌。铁路运输的安全性在大众心中有很高的认可度，企业在选择合作物流时也更青睐铁路。同公路运输及海运相比较，"渝新欧"铁路运输受气候环境和自然条件的影响小。

③多式联运助推发展。世界范围内经济低迷，中欧、中亚贸易量巨大并且保持持续增长，沿线各国各地区渴望与中国加强贸易往来，"渝新欧"铁路的多式联运方式打破了单一运输渠道的模式，打通了国际货物运输新通道。"渝新欧"铁路已逐步实现铁铁、铁水、铁公、铁空等多式联运，其目的地可达欧洲、俄罗斯以及中亚地区。"渝新欧"多式联运服务的启动，不仅稳定了物流班期、增强了货运可靠性，同时也大幅降低了运费，部分联运线路运费的降幅达到 50% 以上。

（2）"一带一路"倡议提供保障，外部环境带来机遇

①"一带一路"倡议的提出为"渝新欧"和其他中欧班列的发展提供了制度契机。一方面满洲里、阿拉山口、二连浩特等口岸对"渝新欧"以

及其他中欧班列通关给予特殊照顾，通关效率加快，最快可以 4 个小时通关放行。另一方面中西部省份都把中欧班列作为内陆开放、向西开放以及践行"一带一路"倡议的重要抓手，因此积极争取开通，并给予大力支持。

②"一带一路"倡议将进一步释放中国与"渝新欧"沿线国家贸易潜力，助推"渝新欧"铁路的进一步发展。一方面"渝新欧"国际大通道的末端深入欧盟国家，欧盟是世界上最重要的贸易集团，也是中国第一大贸易伙伴。2009 年债务危机造成欧盟需求的萎缩，使中欧贸易减缓，欧洲渴求着经济复苏和繁荣，中国渴求与欧洲加强发展，在"一带一路"倡议的战略机遇下，中欧经贸发展潜力巨大。另一方面"渝新欧"沿线的中东欧、中西亚等地区和国家都渴望与中国加强贸易往来，比如哈萨克斯坦、俄罗斯、波兰等，因为这是互利双赢的合作，"一带一路"倡议也为双边创造了良好的发展机遇。在此背景下，运距短、速度快、安全性高的一条国际大通道将成为沿线各国共同的追求，这也将进一步优化"渝新欧"国际大通道的软硬件设施建设。

2. "渝新欧"国际大通道建设的挑战

在"一带一路"倡议背景下，"渝新欧"铁路发展势头迅猛，已逐渐成为我国一张响亮的名片。但在快速发展的同时，不可避免地出现一些问题，这些存在的问题制约着"渝新欧"铁路可持续发展。就目前而言，主要有如下问题。

（1）"渝新欧"沿线国家交通物流效率差异明显，尤其是规模效率普遍偏低拉低了整体交通物流效率水平

①沿线国家交通物流发展"硬件"水平普遍落后。"渝新欧"途径中亚、俄罗斯、东中欧等国家，其中不少国家信息化程度低，交通运输基础设施建设滞后。中亚各国最主要的运输方式是公路运输。由于当地政府资金紧缺、管理落后，公路维护和保养能力弱，加上中亚各国货车经常超载超限运输，导致大部分公路破坏严重。俄罗斯国内公路基础设施也面临中亚各国同样的问题。

②国家之间铁路差异仍较大。"渝新欧"铁路途经国家数量较多，而沿

线各国交通物流技术标准存在差异。例如，我国和西欧铁路采用标准的1435毫米轨道，而俄罗斯、中亚等国家铁路采用1520毫米的宽轨，这就导致国家之间交通物流连通性较差。同时受部分国家铁路口岸站换装能力限制，"渝新欧"等中欧班列班列滞留时间增多，严重制约了整体大通道交通物流效率的提升。

虽然《中欧班列建设发展规划（2016～2020年)》明确提出建设西中东三条国际物流大通道，但受沿线国家口岸换装能力与过货能力影响，到2020年实现单年发出5000列的发展规划将面临严重挑战。例如，当前15条常规运行的中欧货运线路中，大多数通过波兰最终抵达德国。平均来看，"渝新欧"班列花费12天到达波兰，但到达德国却花了17天，主要拥堵节点之一在波兰的马拉舍维奇。在俄罗斯与欧盟的边界，班列需要完成换轨，而马拉舍维奇不完善的基础设施，导致了班列的晚点。

（2）"渝新欧"沿线国家交通物流纯技术效率仍有待进一步提升

①缺乏大数据信息匹配管理，导致去程货源无序竞争。一方面中欧班列的快速发展，使得国内各开行城市逐渐趋于两极分化；另一方面部分中欧班列线路去程货源已达到稳定，甚至出现了供不应求的现象。此外，各地通过地方政府的补贴，互相争夺或吸引其他地区的货源，导致中欧班列国内货源规模较小且分散，难以支撑常态化运营，严重影响了"渝新欧"铁路的发展。

②贸易结构特点以及班列运价较海运偏高导致"渝新欧"等中欧班列回程货源一直处于匮乏水平。一是中欧长期处于贸易逆差状态，该贸易结构特点是导致"渝新欧"等中欧班列回程货源较少的主要原因。2011～2015年，中国从10个沿途国家进口货物总额为9056亿美元，其中中国从德国进口货物4715亿美元，占总额的52.1%。这种贸易规模有局限性，使"中欧班列"的货物进口难以进一步扩展，"渝新欧"铁路作为中欧班列重要组成部分，自然也无法避免该问题。二是"渝新欧"等中欧班列运输范围的局限性导致班列运价较海运偏高也使得中欧班列回程货源不足。"渝新欧"等中欧班列运价虽然降到6000美元/标准箱，但仍较海运价格偏高。目前由我

国沿海各主要港口出发经马六甲海峡、苏伊士运河到达地中海沿线国家的海洋运输价格为 2000～2500 美元/40ft 标箱。

③"渝新欧"沿线交通物流价格机制有待进一步完善。在国外班列运营公司收取的车辆场站和集装箱使用等其他费用中，国外铁路公司提出的基础运价（线路使用和机车牵引部分）约占运费的 50%。在这种条件下，国外铁路公司不能提供班列全成本报价，导致欧洲各国通行的统一运价率是我国的 2 倍。

（二）"渝新欧"沿线国家交通物流效率协同提升的相关建议

"渝新欧"及其他中欧班列的开通，加强了中国与沿线国家双边、多边、第三方乃至多方的经贸互通合作，当中既和发展中国家合作，也发挥了发达国家技术、资金、经验优势，这无疑将从"互利双赢"升级为"互利三赢""互利多赢"，形成新的更大利益共同体。

就"渝新欧"沿线国家交通物流效率协同提升而言，我国既要从自身情况出发，也要结合沿线国家的资源、劳动力、基础设施、市场规模、政策环境等要素供给、经济互补性、安全风险以及对方合作意愿，并基于"渝新欧"沿线国家交通物流效率分析结果，有针对性地进行区位优化选择。因此本部分将从区位选择优化及沿线整体优化两个层面为"渝新欧"沿线国家交通物流效率协同提升给出相关建议。

1. 区位优化选择

随着"一带一路"倡议的持续推进以及中欧班列的陆续开通，沿线国家交通流量及物流量将大幅增加，对这些国家而言，这既是机遇也是挑战。机遇在于："渝新欧"铁路的建设将极大激发沿线国家经贸活力，提高地方经济发展水平；挑战则在于：虽然目前大部分国家交通物流基础设施已初具规模，但是与实现"一带一路"倡议下的互联互通还有很大的差距。主要原因是："渝新欧"沿线部分国家主要交通基础设施的连接性较差并且基础设施水平不高，与其他"一带一路"沿线国家的铁路技术标准不一致，铁路里程差异较大，运输能力参差不齐。基础设施的滞后发展不仅限制了本国内交通物流服务的实施,还影响了"渝新欧"铁路整体物流效率的提升。

2007～2016年,"渝新欧"沿线国家交通物流效率(静态)在地理空间上呈现出"东高中低西高"的格局,主要是受交通物流规模效率的影响,交通物流纯技术效率整体表现良好;同时期"渝新欧"沿线国家交通物流全要素生产率(动态)整体表现优异,主要是受交通物流技术进步指数的正向影响,虽然交通物流效率改善指数大面积为无效,但技术创新所带来的正向影响将前者的负面影响完全抵消了。

综上可知,只要有效改善"渝新欧"沿线国家交通物流规模效率,那么"渝新欧"沿线国家交通物流效率将会明显提升。目前交通物流规模效率无效的国家主要有白俄罗斯、阿尔巴尼亚、克罗地亚、拉脱维亚、匈牙利、立陶宛、斯洛文尼亚、荷兰、塞尔维亚和保加利亚,其中有9个国家属于中东欧地区,1个国家属于西欧地区。为有效提升相关国家交通物流规模效率,未来着力点主要集中于两个方面。

(1)外部动力层面

我国政府交通基础设施帮扶建设的重点应该围绕"中东欧"相关国家进行,即应在尊重相关国家主权和安全的基础上,鼓励并帮助相关国家加强基础设施建设规划、技术标准体系的对接,优化本国物流产业生产要素配置,这有利于进一步提升"渝新欧"沿线整体交通物流效率水平,并进一步带动沿线国家的经济与贸易发展。

(2)内部动力层面

沿线各国也应到注重交通基础设施建设的投入,提升国家整体交通物流效率。

第一,继续加大国内交通物流行业投入。"渝新欧"沿线一些国家的物流业硬件基础设施投入不足,难以与物流业的快速发展相适应,因此各国政府需要加大物流业硬件基础设施方面的财力、物力投入,从而促进经济发展水平的提高。

第二,整合国内交通物流行业资源,提升交通物流规模效率。一方面"渝新欧"沿线各国政府部门应当将散乱、弱小的传统物流运作模式优化升

级为规模化、标准化的现代物流业运行方式，通过合理分工，简化物流业的操作程序、去除不必要的中间环节、加快物流资源的有效整合、优化物流网络布局。另一方面物流企业间可以在物流人才、物流技术、物流资源等方面进行深度合作，发挥各自特有的优势进行强强联合，以此发挥出更大的规模效益。

第三，"渝新欧"沿线各国政府可以通过相应的政策扶持建立交通物流企业集群，即以相对优惠的政策条件，划定片区吸引国内外相关交通物流企业入驻，以此来扩大物流业规模，同时鼓励入驻的物流企业相互之间进行物流资源、技术资源、信息资源等的共享与沟通，形成物流行业集群，发挥出集聚经济效应，进而提升规模效率水平。

2. 沿线整体优化

（1）积极发挥政府在"渝新欧"交通物流效率提升中的作用

第一，政策沟通是"渝新欧"铁路建设的重要保障。未来沿线国家之间应进一步加强政府间合作，积极构建多层次政府间宏观政策沟通交流机制，深化利益融合，促进政治互信，达成合作新共识。同时，沿线各国可以就经济发展战略和对策进行充分交流对接，共同制定推进区域合作的规划和措施，协商解决合作中的问题，共同为务实合作及大型交通基础设施项目实施提供政策支持。

第二，采取多种措施，加强财税和金融支撑。国家政府部门应在遵循多边程序和市场化规则的基础上，利用亚洲基础设施投资银行、丝路基金等金融投资机构，在规定业务范围内支持中欧铁路通道和节点建设。同时发挥各类投融资基金作用，鼓励境内基金机构"走出去"，以股权投资、债务融资等方式支持中欧班列建设。加大中央预算内投资对中欧铁路通道国内段建设的支持力度。吸引社会资本投入，鼓励铁路、地方、企业共同出资建设，共享投资收益。

（2）进一步整合"渝新欧"沿线物流资源

"一带一路"倡议的推进为"渝新欧"沿线物流资源整合发展创造了很好的外部环境，"渝新欧"沿线物流资源的整合能促进各个国家的物流产业取长补短,使国家间物流产业协调健康发展成为可能。通过这样的整合联动发展方式,不仅能够打破国家和产业之间的分割,还能充分利用各国物流业的优势资源,引导物流业生产要素的合理流动,同时也能提升"渝新欧"沿线整体交通物流效率水平,这是一种互利共赢的发展模式。

第一,优化沿线国家铁路物流中心布局。一方面鼓励并帮助相关国家加快沿线基础设施建设,充分发挥铁路运输的优势,同时要注重双方在枢纽、集散点等方面的合作,形成完善的物流交通网络。另一方面鼓励并帮助相关国家加强国际中转型物流节点建设。班列中转是指通过货物换装等方式,实现不同货物在不同班列之间的中转,达到扩大班列吸引范围的目的,弥补由直达车流量不足导致的班列集流、货物换装时间长、运输效益不高等问题。

第二,加强铁路场站设施设备建设。当前,"渝新欧"沿线部分国家在交通物流基础设施以及组织管理方面与"渝新欧"交通物流发展要求存在较大的差距。因此,需要鼓励并帮助相关国家加大铁路场站设施设备建设力度,同时建设具备内陆口岸功能的综合物流园区,从而更好地对接"渝新欧"等中欧班列,与中方及其他沿线国家一起合作,进一步缩短班列的运行时间,全面提升班列开行质量,提升通关便利化水平。

第三,配备完善的多式联运装备及技术。积极发展多式联运装备及技术,促使各种运输方式之间有机衔接水平的提升,以全面提高中心城市的综合货物运输服务效率和水平。促进各种运输企业向物流服务转型。各种运输企业中有条件和经营管理能力的,应该寻求专业化、现代化的物流组织为企业提供专业的物流服务,进而缓解目前"渝新欧"沿线部分国家生产企业物流组织专业化水平不高的问题。

第四,实现交通物流运作标准化。物流标准化是现代化物流发展的要求,当前"渝新欧"沿线部分国家交通物流行业因缺乏相关物流方面的标准规范,影响了整体线路交通物流效率的提升,因此应当尽快保证"渝新欧"国际大通道交通物流运作的标准化。一是物流用语标准化。物流用语标准化可以有效加强物流运输环节中的沟通,极大地提高运输效率。二是物流器具设备标准化，随着物流基础设施的发展，使用的器具与种类也愈加多样，如不对器具设备制定统一标准，则会导致在物流的不同环节因为设备标准不同而导致的无法进行有效衔接，严重阻碍了行业的规范化与高效化进程。因此，沿线国家需要根据本国当前物流发展状况以及发展需要着力制定托盘、集装箱、货运车辆、城市配送车辆的标准，为"渝新欧"整体物流运输的高效化、规范化提供支持。三是物流企业分类标准化。由于"渝新欧"沿线国家对交通物流企业的分类并没有相关的标准规定，从而造成了物流企业市场的乱象，当前的标准体制不利于物流行业的健康发展，因此沿线国家应当制定物流企业的分类标准规范，促进物流市场环境规范化，为物流业发展提供保障。

（3）重视先进技术引进和运用，提升"渝新欧"交通物流纯技术效率

第一，引进和运用先进的技术。目前国外应用最为广泛的物流技术有RFID技术、GPS技术、自动控制、条形码技术和通信调度技术等，这都是运用多年的技术，但是在"渝新欧"沿线部分国家交通物流行业中的普及率还不高，这一系列交通物流技术投入使用，将对"渝新欧"国际大通道整体交通物流效率提升有很大的帮助。

第二，整合并形成"渝新欧"物流运营管理平台。随着经济社会的发展，物流行业正从劳动密集型向科技推动型转变，从物流效率的角度来讲，是从低效往高效、从资源粗放型到集约型的方向发展。"渝新欧"沿线国家经济、科技水平差异较大，因此交通物流行业发展及管理水平也参差不齐，这严重影响了整条线路效率的提升。要改善这一局面，应该注意以下几点。一是需要认清投资方向，正确引导资金流向，避免资源得不到合理配置。二是投资规模要适应整体经济的发展，避免资源浪费；三是在已有的交通物流基础设施上提升水平，提高效率，增加物流服务的附加值。解决这些问题的关键就在于物流信息的充分利用，因此"渝新欧"沿线各国结合物流网技术打造一体化的物流平台，是促进各国物流发展、减少投入冗余、充分利用现有资源、提高物流效率的重要手段。

技 术 报 告

Sub-Reports

B.2
"渝新欧"沿线国家交通物流
效率评价的指标体系构建

为客观公正地评价"渝新欧"沿线国家交通物流效率，全面掌握沿线各国国家物流投入和产出两个方面的内在机理，建立一套能够客观、系统的价值评价指标体系是十分必要的。交通物流效率指标体系既要系统地反映"渝新欧"沿线国家交通物流效率所涉及的各个方面，又要考虑到它的内在结构特征的指标体系，并能运用科学、合理的数学评价模型对其进行评估、分析。如果参与综合评价的指标数量过多，会给评价带来大量的计算和数据处理方面的困难，从而影响评价的结果，因此需要对各项评价指标进行选择、优化、处理，建立切实可行的适合各国交通物流效率评价的指标体系。本部分拟立足"渝新欧"沿线交通物流效率的内在作用机理，从国家的交通物流投入和交通物流产出两个方面出发，努力探索建立一套内容丰富、逻辑合理、视野开阔、具有科学性和前瞻性的"渝新欧"沿线国家交通物流效率评价指标体系及数学模型。

一　指标体系构建原则

本书对"渝新欧"沿线国家的交通物流效率进行了综合评价。评价既可以用定性评价方法，也可以用定量评价方法，但定性评价的主观随意性较大，评价的结果也较为模糊，对"渝新欧"沿线国家的交通物流效率水平无法做出准确的评估和定位，政策参考价值将会大大降低。采用定量评价方法可以克服这些问题，但是需要运用科学的标准，选择和确定有代表性的重要指标组成"渝新欧"沿线国家交通物流效率的评价指标体系，并采用合理的数学模型来测量和评价各国的交通物流效率，从而把不同国家的交通物流效率转化为可分解和可操作的具体标准。

定量评价中最重要的环节就是要建立一套能够客观、准确反映物流业发展的评价指标体系和科学、合理的数学评价模型，这是对"渝新欧"沿线国家的交通物流效率进行综合评价、分析和研究的基础和关键。而科学的"渝新欧"沿线国家交通物流效率评价指标体系和数学模型必须在遵循相关要素内在作用机理的基础上，遵循一定原则才能建立起来。

（一）科学完整性原则

构建"渝新欧"沿线国家交通物流效率指标体系是一项复杂的系统工程，既要反映物流投入和物流产出两个子系统发展的主要特征和状态的指标，又要有反映以上各子系统相互协调的动态变化和发展趋势的指标，并使评价目标和评价指标有机联系起来，形成一个层次鲜明的整体。对于权重系数的确定、数据的选取、计算与合成等要以公认的科学方法为依托，力求避免不成熟研究基础上的主观臆造。这样做出的评价才具有更高的信度和效度。

（二）简明性原则

"渝新欧"沿线国家交通物流效率涉及面比较广，在设计时应在数目众多的指标中，按照重要性和对系统贡献率的大小顺序，筛选出数目足够少却能表征该系统本质行为的最主要指标。然而，描述"渝新欧"沿线国家交通物流效率高低的指标往往存在指标间信息的重叠，因此在选择评价指标时，应尽可能选择具有相对独立性的指标，避免指标间的重叠和简单罗列，从而增强评价的准确性和简明性。

（三）层次性原则

从方法论角度看，对于复杂问题，人类通常很难一次性洞悉问题的全部细节，而采用将问题分解为多个层次，然后从全局到局部逐步深入的分层递进的方法。评价"渝新欧"沿线国家交通物流效率作为一个复杂的系统工程，在指标选择上也要具有层次性，即高层次的指标是低层次指标的综合，低层次的指标是高层次指标的分解，也是高层次指标建立的基础。

（四）动态性原则

任何事物都是发展的，一个国家交通物流效率的提高既是一个目标，也是一个过程，所以衡量"渝新欧"沿线国家交通物流效率的指标体系应具备动态性，体现出系统的发展趋势。通过指标体系的监测和评估功能，通过对相关要素的调控和完善，实现相关国家交通物流效率的有效提升。

（五）可操作性原则

"渝新欧"沿线国家交通物流效率评价指标体系最终供决策者使用，为政策制度和科学管理服务，指标的选取要尽可能利用现有统计资料，指标要具有可测性和可比性，易于量化。在实际调查评价中，指标数据易于通过统计资料整理、抽样调查，或典型调查，或直接从有关部门（科研院所和技术部门）获得。尽量选择那些有代表性的综合指标和主要指标，易于分析计算，以便于对评价指标的运用和掌握。

（六）独立性原则

"渝新欧"沿线国家交通物流效率指标体系中的分指标要尽可能地相互

独立，避免重复，这样才能用尽可能少的指标对相关国家交通物流效率进行准确评价。

（七）实用性原则

建立"渝新欧"沿线国家交通物流效率评价模型，其目的就是为找出未来在"渝新欧"沿线上，有可能会显著影响到重庆、中西部地区乃至中国交通物流效率目标国，进而提前布局，加强国家层面、企业层面、群众层面的互联互通，以促进双方经济的共同可持续发展。所以，建立的指标体系必须要体现出这个原则。

以上七大原则既具有相对的独立性，又是一个相互联系、相互影响的有机整体，不能简单地割裂开来，必须从整体着眼统筹协调它们之间的关系，并且要贯穿于"渝新欧"沿线国家交通物流效率评价研究的整个过程，始终坚持和落实这些原则。只有这样才能真正指导"渝新欧"沿线国家交通物流效率指标体系的构建，才能成为正确、有效地评价、分析和研究"渝新欧"沿线国家交通物流效率的重要保证。

二 指标体系构建思路

本报告根据交通物流效率的定义、内涵和内在作用机理，遵循构建指标体系的七大原则，运用系统论、控制论基本原理，采取自上而下、逐层分解的方法，把指标体系分为系统层、要素层、基础层，构建了一套分类别、多要素、多层次的"渝新欧"沿线国家交通物流效率价值评价指标体系。

在指标体系构建的过程中，参考了大量有关国际贸易、国际物流等多方面文献，也参考了《世界银行发展报告》《世界发展报告》等系列报告。在此基础上，根据本报告对"渝新欧"沿线国家交通物流效率价值定义、内涵，构建了包含 2 个一级指标、6 个二级指标、16 个三级指标的交通物流效率价值评价指标体系。

"渝新欧"沿线国家交通物流效率价值评价指标体系中系统层指标（即一级指标）是交通物流效率价值。这是评价"渝新欧"沿线任意一个国家其交通物流效率价值的综合性、系统性指标，涵盖了整个国家交通物流效率系统的各个方面，起到总纲的作用，总体反映该国交通物流效率价值水平，也是整个"渝新欧"沿线国家交通物流效率价值指标体系的最终评价目标。

系统层下面是要素层。这一层指标主要是从投入和产出两方面来体现和反映"渝新欧"沿线国家交通物流效率。

（一）投入指标体系构建思路

现有研究和实践经验表明，影响国家或地区交通基础设施及物流效率的因素主要可划分为三个层面，一是要素投入层面，主要反映国家或地区对于交通物流行业的生产资料、生产要素的投入程度；二是硬件设施投入层面，主要反映的是国家或地区现有交通基础设施或物流运输设备建设情况，属于存量概念；三是软件设施投入层面，主要反映的是国家或地区在制度配套等软环境方面为了交通物流行业的发展而导致的投入（见图1）。

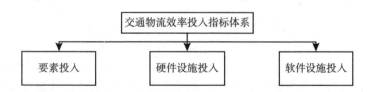

图1 "渝新欧"沿线国家交通物流效率投入指标构建思路

基于以上思路，同时考虑数据的可获得性，本指标体系以各国交通物流行业从业人员人数（L）、交通物流行业固定资产投资额（K）和交通物流行业能源投入（E）界定该行业的要素投入情况（见图2）。基于柯布－道格拉斯生产函数，经济发展的投入一般需要考虑资本和劳动力两种要素，但交通物流行业与其他行业相比，除了资本和劳动力两种要素需要大量投入之外，不容忽视的还有一种投入，即能源要素的投入。根据国际能源署数据，已有不少国家的交通物流行业所耗能源量已经超过工业行业，成为重点耗能行业，因此必须引起关注。

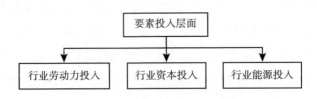

图 2　交通物流效率投入的要素投入

关于交通物流行业的硬件设施投入层面，本指标体系以各国公路密度（Road）、铁路密度（Rail）、航空出港量（Air）及港口建设质量（Port）界定该行业硬件设施投入情况（见图 3）。交通物流一般所需基础设施设备均分布在空运、水运、铁路、公路运输这 4 个方面，因此本书充分考虑了这 4 个方面的硬件投入情况，能够非常完整地展现各国在交通物流行业的硬投入，为后续进一步分析奠定坚实基础。

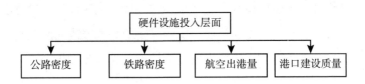

图 3　交通物流效率投入的硬件设施投入

关于交通物流行业的软件设施投入层面，本指标体系以出口所需文件数（ExF）和进口所需文件数（ImF）来界定该行业的软件设施投入情况（见图 4）。一国出口所需文件数和进口所需文件数可以较好地表征该国为了简化进出口程序、促进贸易自由化而做出的政策努力，交通物流行业作为国民

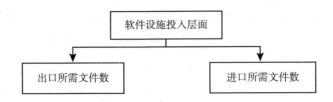

图 4　交通物流效率投入的软件设施投入

经济重要的一部分,并且也是国际贸易和投资的重要辅助力,因此这两个指标也可以看作该国在交通物流行业领域所做出的制度性选择。

(二)产出指标体系构建思路

对应投入指标体系的构建,反映国家或地区交通基础设施及物流效率的指标主要可划分为三个层面,一是增量产出层面,主要反映的是国家或地区交通物流行业创造的经济效益;二是硬性产出层面,主要反映的是国家或地区现有交通基础设施或物流运输设备对交通物流的贡献程度;三是软性产出层面,主要反映的是各国家或地区进出口货物运输过程中消耗的时间长短,其便利程度直接导致物流效率的高低(见图5)。

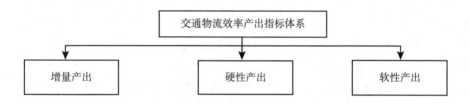

图 5   "渝新欧"沿线国家交通物流效率财产出指标构建思路

基于以上思路,同时考虑数据的可获得性,本指标体系以各国交通运输、仓储及邮电通信业产值(TSC)来界定该行业的增量产出情况(见图6)。交通运输、仓储及邮电通信业包含了跟物流相关的大部分产业。

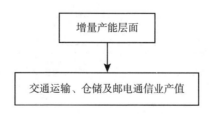

图 6   交通物流效率产出的增量产出

关于交通物流行业的硬性产出层面，本指标体系以各国公路货运量（Hfv）、铁路货运量（Rfv）、航空货运量（Afv）及货柜码头吞吐量（Ctc）界定该行业的硬性产出情况（见图7）。交通物流一般所需基础设施设备均分布在空运、水运、铁路、公路运输这4个方面，因此本指标体系充分考虑了这4个方面的硬件使用情况，能够非常完整地展现各国在交通物流行业的硬件设施贡献程度，为后续进一步分析奠定坚实基础。

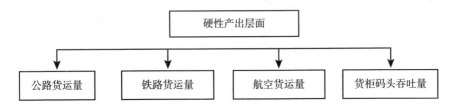

图7　交通物流效率产出的硬性产出

关于交通物流行业的软性产出层面，本指标体系以出口周转时间（ExT）和进口周转时间（ImT）来界定该行业的软性产出情况（见图8）。一国出口周转时间和进口周转时间可以较好地表征该国为了简化进出口程序、提高交通物流效率而做出的政策努力。交通物流行业作为国民经济重要的一部分，并且也是国际贸易和投资的重要辅助力，因此这两个指标也可以看作该国在交通物流行业领域所做出制度性选择的成果。

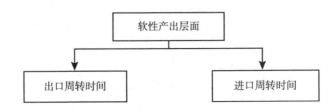

图8　交通物流效率产出的软性产出

三 指标体系构建及界定

（一）指标体系构建

综合以上对投入和产出指标的分析，根据不同层级指标的内涵、构成及特点，构建整个"渝新欧"沿线国家交通物流效率的评价指标体系。处于最末端的基础层指标（三级指标）可直接度量的指标构成，是整个"渝新欧"沿线国家交通物流效率评价指标体系的最基本层面和操作层面的指标，整个指标体系的评价都落实在这个层面上。根据之前的范围界定，在投入指标部分共设立了9个三级指标，以作为定义第二级指标层的基础层指标（见表1）；在产出指标部分，共设立了7个三级指标，以作为定义第二级指标层的基础层指标。

表1 渝新欧"沿线国家交通物流效率：投入—产出指标体系

一级指标	二级指标	三级指标
投入指标体系	交通物流要素投入	行业从业人员人数(L)
		行业固定资产投资额（K）
		行业能源投入（E）
	交通物流硬件设施投入	公路密度(Road)
		铁路密度（Rail）
		航空出港量(Air)
		港口建设质量(Port)
	交通物流软件设施投入	出口所需文件数(ExF)
		进口所需文件数(ImF)
产出指标体系	交通物流增量产出	交通运输、仓储及邮电通信业产值(TSC)
	交通物流硬性产出	公路货运量(Hfv)
		铁路货运量(Rfv)
		航空货运量(Afv)
		货柜码头吞吐量(Ctc)
	交通物流软性产出	出口周转时间(ExT)
		进口周转时间(ImT)

以下是本指标体系对每一个基层指标所做的具体定义。

行业从业人员人数（L）指各国交通、仓储和通信行业的从业人员人数，资料来源于国际劳工组织对各国做的雇员调查和各种普查等。从业人员包括受雇者和自雇者两个类别。交通、仓储和通信行业的分类则是根据最新版本的国际标准工业分类（ISIC）得出。

行业固定资产投资额（K）指各国交通、仓储和通信行业的固定资产投入，由于大部分国家数据缺失，本书用各国政府购买货物与服务的支出近似地表示，具体是指政府为交换用于生产市场型和非市场型货物和服务的货物和服务所支付的所有款项。不包括自用资本形成额。

行业能源投入（E）各国交通行业终端能源消费量，主要包括油类产品、天然气、生物废物燃料和电力四种能源。国际能源署根据各国的行业情况将能源终端消费分为三大类：工业用能、交通用能和其他（包括生活用能、商业和公共服务用能、农畜业用能、林业用能等），因此最佳反映各国交通物流行业能源消耗情况的就是该统计中提及的交通行业。

公路密度（Road）公路密度是国家公路网的总长度与国家陆地面积之比。公路网包括某国内的所有道路：快速路、高速公路、主道或国道、次级或地区道路以及其他城市或乡村道路。该数据可以近似地表示各国在公路物流基础设施方面的投入情况。

铁路密度（Rail）铁路密度是指平均每平方公里国土面积上铺设的供铁路运行的铁路线路长度，不考虑平行轨道数量。该数据可以近似地表示各国在铁路物流基础设施方面的投入情况。

航空出港量（Air）指所在国注册承运人的国内起飞次数和国外起飞次数。该指标反映了承运人名下飞机的繁忙程度，可以较好地表示该国在航空物流方面的投入程度。

港口建设质量（Port）指港口基础设施的质量，包括各国码头、栈桥、船闸、浮标等设施以及港口内外的仓储设备、环保设备、水电设施、通信设备等。通过在线调查问卷或面谈获得数据，采用打分制来评价，主要衡量各国企业高管对本国港口设施的主观感受，分值为 1 ~ 7，反映港口基础设施不发达到港口基础设施十分发达高效；向内陆国家受访者询问港口设施可用性的情况分值 1～7 反映港口可用性极差到可用性极佳。该数据可以近似地表示各国在水路物流基础设施方面的投入情况。

出口所需文件数（ExF）记录每批出口货物所需要的文件数量。假定双方已达成协议并签署合同，政府各部、海关当局、港口和集装箱码头管理部门、卫生和技术监管机构以及银行所要求的清关文件均已考虑在内；由于支付方式为信用证，银行发放或获得信用证所要求的所有文件也已考虑在内。每年更新的文件以及无须在每次装运时更新的文件（例如年完税证明）不包括在内。

进口所需文件数（ImF）记录每批进口货物所需的所有文件数量。假定双方已达成协议并签署合同，政府各部、海关当局、港口和集装箱码头管理部门、卫生和技术监管机构以及银行所要求的清关文件均已考虑在内。由于支付方式为信用证，银行发放或获得信用证所要求的所有文件也已考虑在内。每年更新的文件以及无须在每次装运时更新的文件（例如年完税证明）不包括在内。

交通运输、仓储及邮电通信业产值（TSC）是指按市场价格测算的一个国家或地区所有常住单位在一定时期内从事各种货物运输活动的交通运输业、仓储业以及邮电通信业经营活动的所有产值。

公路货运量（Hfv）公路货运是指通过公路运输的货物总量，按吨乘以行驶的公里数计算。

铁路货运量（Rfv）铁路货运是指通过铁路运输的货物总量，按吨乘以行驶的公里数计算。

航空货运量（Afv）航空货运量是各飞行阶段（飞机运行从起飞到下次着陆）所运送货物、快递和外交邮袋的数量，以吨乘以飞行公里数度量。

货柜码头吞吐量（Ctc）港口集装箱吞吐量反映的是从陆地到海上或者从海上到陆地流动运输的集装箱数量，一个标准集装箱单位为 20 英尺当量。数据包括沿海和国际航运。转运集装箱在中转港做两次计算（一次卸下和再次出境），其中包括空集装箱。

出口周转时间（ExT）以日历天作为时间记录单位。每个程序的时间计算从启动之时开始直至程序完成时截止。如果付出额外的成本能够加快某一道程序，则将选择最快捷的合法程序。假定出口商和进口商都没有浪费时间，两者均承诺毫不拖延地完成剩余的每道程序。可以并行完成的程序在计量时视为同期。程序之间的等待时间（如卸货过程）也计算在衡量指标内。

进口周转时间（ImT）以日历天作为时间记录单位。每个程序的时间计算从启动之时开始直至程序完成时截止。如果付出额外的成本能够加快某一道程序，则将选择最快捷的合法程序。假定出口商和进口商都没有浪费时间，两者均承诺毫不拖延地完成剩余的每道程序。可以并行完成的程序在计量时视为同期。程序之间的等待时间（如卸货过程）也计算在衡量指标内。

（二）数据来源说明

本文评价指标体系的数据来源于国际货币基金组织、世界银行、《国际统计年鉴》、联合国等国际权威机构发布的指标数据，同时还参考欧洲金融信息服务商 BvD 数据库、美国纽约国际报告集团编制的《国家风险国际指南》（ICRG）、国际电信联盟世界电信/ICT 发展报告等相关资料，为"渝新欧"沿线国家交通物流效率的评价提供了一个比较合理有效的评价基础（见表2）。

表2 "渝新欧"沿线国家交通物流效率评价指标体系数据来源

指标名称	数据来源
行业从业人员人数(L)	国际劳工组织
行业固定资产投资额（K）	世界银行数据库
行业能源投入（E）	国际能源署
公路密度（Road）	世界公路统计年鉴
铁路密度（Rail）	世界银行数据库
航空出港量（Air）	世界银行数据库
港口建设质量（Port）	世界银行数据库
出口所需文件数（ExF）	世界银行数据库
进口所需文件数（ImF）	世界银行数据库

续表

指标名称	数据来源
出口周转时间（ExT）	世界银行数据库
进口周转时间（ImT）	世界银行数据库
货柜码头吞吐量（Ctc）	世界银行数据库
铁路货运量（Rfv）	世界银行数据库
航空货运量（Afv）	世界银行数据库
公路货运量（Hfv）	世界公路统计年鉴
交通运输、仓储及通信产值（TSC）	国际统计年鉴

在数据收集过程中，会面临一些需要处理数据的技术整理问题。本书遇到的最主要问题就是部分国家一些数据缺失，本书只能将部分数据缺失严重的国家剔除本次"渝新欧"沿线国家交通物流效率价值评价研究。至于部分国家缺失某些年份的数据，只要情况不太严重，本书就有针对性地采用插值法、趋势法或替代法来进行修正。

四　相关说明及指标体系检验

（一）"渝新欧"沿线国家交通物流效率评价时段和范围的界定

在进行"渝新欧"沿线国家交通物流效率评价时，受各种因素的制约，不可能对所有国家、任何时间段内的国家交通物流效率进行评价，根据研究的需要以及数据资料的可获得性，本书对评价时间段和范围进行了界定。

1.评价时段

以联合国（UN）、世界银行（World Bank）等国际机构公开发布的统计数据为依据，以2007年为起点，到2016年底为终点，时间跨度为10年。需要特别说明的是，由于国际统计数据一般滞后，所以本书并未能够查到最新的2017年数据。

2.国家评价范围

尽管"渝新欧"辐射范围是亚欧大陆的大部分国家，但是没有办法把

所有成员都纳入评价体系。主要原因是一部分国家不能够提供足够详细的相关数据，例如土库曼斯坦、吉尔吉斯斯坦、塔吉克斯坦等。基于这样的考虑，经过反复选择，本书最终以"渝新欧"沿线重点交往国为切入点，选择了中国、罗马尼亚、斯洛伐克、斯洛文尼亚、塞尔维亚、乌克兰、匈牙利、荷兰、捷克、克罗地亚、拉脱维亚、立陶宛、阿尔巴尼亚、爱沙尼亚、保加利亚、法国、比利时、白俄罗斯、俄罗斯、波兰、德国和哈萨克斯坦等22个国家作为国家交通物流效率评价对象，对它们的国家交通物流效率总体表现以及内在要素相互作用机制进行评价、分析和研究。

（二）指标优劣势判定

根据已确定的指标体系和综合评价结果，本报告对国家交通物流效率的各级评价指标进行了分年度和分类别的讨论和比较分析。为方便对分析结果进行评价，本书统一设立了一个评价标准，即排名序列的评价标准。所谓排名序列的评价标准是指排名靠前的国家在该国家交通物流的效率值上要高于比排名靠后的国家。

（三）指标体系合理性检验

指标体系是对"渝新欧"沿线国家的国家交通物流效率进行综合评价的基础，作为一个整体，具有特殊的功能和意义，但指标体系又是由多个单项指标构成，每一个指标的正确性和完整性非常重要，如果单个指标设计不合理或者数据存在问题，不能按照指标体系设计的要求，就不能独立反映某一方面的特征，并会破坏整个指标体系的系统性，导致评价结果不尽客观。基于以上原因，本书同样需要对其进行指标检验，主要是考察指标的可测性、区分度、可信度和相关性等。

1. 可测性检验

可测性是保留指标的重要依据之一。可测性是指在特定的时间与空间内，能通过低成本对指标变量进行有效测量，并能取得客观数据。那些无法获得准确数据或统计成本过高的指标，都认为是不可测的。一个不可测的指标变量，即便理论上再重要，对评价也是没有意义的。因此，应删去不可测指标，再考虑别的具有可测性的指标进行补充。

2. 区分度检验

指标的区分度是反映评价客体信息的能力。不同指标的区分度是不同的。优化指标体系时，应优先选取区分度大的指标，删除或替换某些区分度小的指标。因为指标区分度与指标权重性质相似，因而可以采用构权方法确定指标的区分度。除此之外，还可采用专家咨询、方差判断等方法。这些方法不但操作性强，而且可以提高效率。例如，确定指标最优值时，一般是通过查阅资料、咨询专家，而不会去搜集、计算评价客体以外大量单位的相关资料。

3. 可信度检验

指标的可信度是指统计数据的可靠程度。只有根据真实可靠的数据，才能得到合理、有效的评价结果。而不同指标所得数据的真实程度是不一样的。有些指标受限于现有的统计方法，或受其他社会环境的制约，不能得到客观、真实的数据。因而应予删除或替换。检验指标的可信度，既可采用专家咨询法，也可采用定量方法，如方差判断法。

4. 指标相关性检验

相关性分析是指对两个或多个具备相关性的指标进行分析，从而衡量两个变量因素的相关程度。相关性的指标之间需要存在一定的联系或者概率才可以进行相关性分析。相关性不等于因果性，也不是简单的个性化，相关性所涵盖的范围和领域几乎覆盖了本书所见到的方方面面。相关性分为正相关、负相关以及不相关。正相关是指两个指标是同向变动关系，而负相关则相反，不相关是指两个指标之间没有任何关系。当前相关性检验的方法很多，依据本书研究对象的特点，国家交通物流效率指标体系数据都属于定比尺度度量的连续性变量，可以采用皮尔逊公式，即"积差法"计算相关系数来测定变量值间的相关密切程度。积差法也称为积差系数，是用以反映变量之间相关关系密切程度的统计指标。相关系数是按积差方法计算，同样以两变量与各自平均值的离差为基础，通过两个离差相乘来反映两变量之间相

关程度；着重研究线性的单相关系数。具体公式如下所示：

$$r_{xy} = \frac{\sum (x - \bar{x})(y - \bar{y})}{\sqrt{(x - \bar{x})^2}\ \sqrt{(y - \bar{y})^2}}$$

x 和 y 分别要进行相关性检验的两个变量，r_{xy} 就是相关系数，反映 x 和 y 之间相关程度的同级链，也称之为简单相关系数。r_{xy} 的正负也决定了 x 和 y 之间是正向或负向的关系，同时 r_{xy} 的取值范围为 ［－1，1］，绝对值越接近 1，则表明两指标体系间的相关程度越高；反之，绝对值越接近于 0，x 和 y 之间的线性相关性则越不明显，同时本书还可以通过 T 检验来对其显著性程度进行分析。

B.3
"渝新欧"沿线国家交通物流效率评价的模型构建

当前国内外涉及效率评价的方法主要有主成分分析法、层次分析法和数据包络分析法等。每种方法原理虽然存在差异，但各有所长。

主成分分析法　在指标精简的基础上，运用统计分析方法进行评价，此方法能够较好地处理多个指标变量综合评价的问题，并对权数进行线性规划处理，得出具有参考价值的评价结果。虽然此方法适合领域较多，但具体作用于元素和影响量时不能详尽表达，需要有所改进。

层次分析法　这是美国著名运筹学家萨蒂首创的一种多准则效率评价方法。层次分析法着重对数学统计和测算方面进行精简，使操作者的主观思维和实际行动相匹配，通过对复杂事物细分为详尽可测量的特定指标。但是，会使使用者发现自身在看待某些问题时存在前后矛盾的地方。操作者自行确定权重分配和凭主观意识对元素进行筛选，如果认识不足或者综合实力不够都会严重影响最终的分析结果。

数据包络分析法　数据包络分析法（DEA）是以相对效率评价概念为基础，适用于性质相同的多投入、多产出决策单元（如多国别、多地区）的有效性评价。这也是目前国内外学术界关于效率测算使用最普遍、最经典的模型。相较前面两种分析方法而言，DEA优点主要体现在以下几方面。一是能够根据投入产出指标数据快速计算出最佳的物流投入与产出配比，更能准确地分析出投入与产出在数量上应该达到的最佳匹配状况。二是投入与产出指标数据单位不直接参与DEA模型的计算过程，因此指标数据单位不需要统一，也不需要对投入产出指标数据进行无量纲化处理，这就简化了测算程序。三是DEA模型根据输入输出数据计算最优权重，因此在效率评价之前不需要事先人为设置权重，这样就避免了主观因素的影响，令评价结果

更具客观性。四是在使用 DEA 模型进行效率测算时，模型默认每一项输入与一项或多项输出相对应，使投入变量与产出变量之间存在实际的相关关系，但不需要知道该种联系的具体表达式，从而简化了运算过程。

综上所述，为保证"渝新欧"沿线国家交通物流效率测算的合理性和精确性，本书将采用 DEA 模型来进行相关交通物流效率的测算。不过由于 DEA 模型只能够测算截面数据，无法体现动态技术效率的衍变机理，本文将在 DEA 模型基础上再引入 Malmquist 指数模型进行综合分析。下面将对 DEA 模型及 Malmquist 指数模型原理进行介绍。

一　DEA 模型原理

数据包络分析（DEA）是由 Charnes、Cooper 和 Rhodes（1978）基于 Farrell（1957）提出的衡量生产效率基础上衍生出来的一种线性规划方法，较为常见的是 CCR 和 BCC 模型。

本书为更好地测算"渝新欧"沿线国家交通物流效率，首先采用 SE - CCR 模型测算沿线各国的超效率值。SE - CCR 与 CCR 模型的区别在于，参考集不包括 DMU_0。结果是有效的，DMU 则有可能按比例增加其投入，而仍保持其相对有效性。在 SE - CCR 模型中，本研究将某个 DMU 能增加其投入而仍保持相对有效性的最大比例值，称为该 DMU 的"超效率值"。其数学模型为：

$$\begin{cases} \min\theta \\ \sum_{\substack{j=1 \\ j \neq k}}^{n} X_j\lambda_j + s^- = \theta X_0 \\ \sum_{\substack{j=1 \\ j \neq k}}^{n} Y_j\lambda_j - s^+ = Y_0 \\ s^- \geq 0, s^+ \geq 0, \lambda_j \geq 0, j = 1,2,\cdots,n \end{cases} \tag{1}$$

在超效率 DEA 模型中，将某个 DMU 能增加其投入而仍保持相对有效性的最大比例值，其经济含义与 CCR 相同，目前 CCR 模型在国内已经较为成熟，因此这里不再赘述。

CCR 与 BCC 的区别在于，CCR 模型假设前提为规模报酬不变，BCC 模型则是假设规模报酬变动。通过 BCC 模型，可以将 CCR 模型测算出来的综合效率分解为配置效率与纯技术效率，即：

$$综合效率 = 规模效率 × 纯技术效率 \tag{2}$$

综合效率表示 DUM 实现既定投入下产出最大评价值或既定产出下投入最小的评价值，规模效率表示在生产过程中 DUM 自身资源规模配置是否有效的程度，纯技术效率表示技术效率中剔除规模效率影响后，DUM 自身纯粹技术属性的发挥程度。

标准的 BBC 模型可以表示为：

$$Min \quad N_k = \theta_k - \varepsilon \sum_{i=1}^{m} s_{ik}^{-} + \sum_{r=1}^{s} s_{rk}^{+} \tag{3}$$

$$s.t. \begin{cases} \sum_{r=1}^{n} x_{rj}\lambda_j + s_{rk}^{-} = \theta x_{rj_0}, i = 1,2,\cdots,m \\ \sum_{j=1}^{n} y_{rj}\lambda_j - s_r^{+} = y_{rj_0}, r = 1,2,\cdots,s \\ \sum_{j=1}^{n} \lambda_j = 1 \end{cases}$$

$$\theta, \lambda_j, s_i^{-}, s_r^{+} \geq 0, j = 1,2,\cdots,n \tag{4}$$

其中 $X_{ij}(i = 1,2,3,\cdots,m)$ 表示第 j 个 DMU 的第 m 维投入向量。$Y_{rj}(r = 1,2,3,\cdots,s)$ 表示第 j 个 DMU 的第 s 维产出向量，N_k 表示受评估 DMU 的相对有效值。

二 Malmquist 模型原理

Malmquist 指数方法由 Sten Malmquist（1953）首次提出，随后 Caves 等（1982）首度用来作为生产效率指数，该指数可以处理面板数据，它既能提供有效的全要素生产率指标，又能将全要素生产率分解为技术效率变化

（效率改善指数）和技术进步率变化（技术进步指数）。效率改善指数表示 DUM 主体在 t 期至 $t+1$ 期的技术效率变动程度，技术进步指数表明考察期间 DUM 主体技术进步或创新的程度。技术效率变化可以进一步分解为纯技术效率变化和规模效率变化，纯技术效率变化即指剔除规模效应后完全由 DUM 主体技术水平变化带来的效率改变，规模效率变化则指 DUM 主体由于自身投入规模大小的改变对其技术效率变化的影响。

以 t 时期技术 T^t 为参照，基于产出角度的 Malmquist 指数可以表示如下：

$$M_0^t(X_{t+1}, Y_{t+1}, X_t, Y_t) = d_0^t(X_{t+1}, Y_{t+1})/d_0^t(X_t, Y_t) \tag{5}$$

同样，以 $t+1$ 时期技术 T^{t+1} 为参照，基于产出角度的 Malmquist 指数可以表示如下：

$$M_0^{t+1}(X_{t+1}, Y_{t+1}, X_t, Y_t) = d_0^{t+1}(X_{t+1}, Y_{t+1})/d_0^{t+1}(X_t, Y_t) \tag{6}$$

其中 (X_t, Y_t)、(X_{t+1}, Y_{t+1}) 分别表示 t 时期和 $t+1$ 时期的投入和产出量；d_0^t、d_0^{t+1} 分别表示以 t 时期技术 T^t 为参照，t 时期和 $t+1$ 时期的距离函数，这是构造 Malmquist 指数的基础。距离函数是 Farrell 技术效率的倒数，从而可以定义生产可能性边界下的投入距离函数为：

$$d_0^t = 1/F_0^t(X_t, Y_t \mid C, S) \tag{7}$$

为了避免时期选择的随意性所产生的差异，仿照 Fisher 理想指数的构造方法，用两个生产率指数的几何平均值来计算生产率的变化：

$$M^{t, t+1}(X_{t+1}, Y_{t+1}, X_t, Y_t) = \left[\frac{d_c^t(X_{t+1}, Y_{t+1})}{d_c^t(X_t, Y_t)} \times \frac{d_c^{t+1}(X_{t+1}, Y_{t+1})}{d_c^{t+1}(X_t, Y_t)} \right]^{1/2} \tag{8}$$

其中 $d_c^t(X_t, Y_t) = d_0^t(X_t, Y_t \mid C)$，其他各项依次类推。这样处理以后得到的 Malmquist 指数就具有良好的性质，可以分解为不变规模报酬假定下效率改善指数（EFFch）和技术进步指数（TECHch），分解过程如下：

$$M^{t, t+1}(X_{t+1}, Y_{t+1}, X_t, Y_t) = \frac{d_c^{t+1}(X_{t+1}, Y_{t+1})}{d_c^t(X_t, Y_t)} \left[\frac{d_c^t(X_{t+1}, Y_{t+1})}{d_c^{t+1}(X_{t+1}, Y_{t+1})} \times \frac{d_c^t(X_t, Y_t)}{d_c^{t+1}(X_t, Y_t)} \right]^{1/2} \tag{9}$$

其中效率改善指数（EFFch）可以分解为纯技术效率指数（PEch）和规模效率指数（SEch），即

$$EFFch = PEch \times SEch \tag{10}$$

于是（9）式转化为：

$$M^{t,t+1}(X_{t+1}, Y_{t+1}, X_t, Y_t) = TECHch \times PEch \times SEch \tag{11}$$

因此，可知全要素生产率的变化由技术变化、纯技术效率变化和规模效率变化三部分构成。如果 $M^{t,t+1}(X_{t+1}, Y_{t+1}, X_t, Y_t) > 1$ 说明从 t 期到 $t+1$ 期生产率是提高的，反之则说明生产率是下降的；如果 $M^{t,t+1}(X_{t+1}, Y_{t+1}, X_t, Y_t) = 1$ 则说明生产率不随时间变化而变化。

交通物流业是一项复合型产业，涵盖多种分支生产部门与行业，因此相关效率测算的输入输出指标的计量单位也不尽相同，且投入与产出变量之间一般不存在显性的函数关系，且各方主体特征也多种多样。基于此，本文选择采用 DEA-Malmquist 模型对"渝新欧"沿线国家的交通物流效率问题进行系统研究。

国别评价报告

Special Reports

B.4
罗马尼亚交通物流效率评价与分析

一 罗马尼亚国情概述

罗马尼亚位于东南欧巴尔干半岛东北部。北部和东北部分别与乌克兰和摩尔多瓦为邻，南接保加利亚，西南部和西北部分别与塞尔维亚和匈牙利接壤，东南临黑海。该国国土面积238391平方公里，人口2221万人（2015年），首都为布加勒斯特。罗马尼亚地形奇特多样，境内平原、山地、丘陵各占国土面积的1/3，属典型的温带大陆性气候，年平均温度在10℃左右。多瑙河有1075公里在境内流过，形成"百川汇多瑙"水系，不仅灌溉着两岸肥田沃野，也为罗马尼亚的电力工业和渔业提供了丰富的资源，同时也是重要的通航河道，峡谷区水力丰富。

二 交通物流发展效率分析

（一）交通物流发展效率：静态分析

1. 交通物流综合效率

2007～2009年，罗马尼亚交通物流综合效率呈缓慢下降态势，但是2009～

2010 年迅速上升，2010～2012 年又迅速下降，2013～2016 年呈逐年缓慢上升的态势（见图 1）。

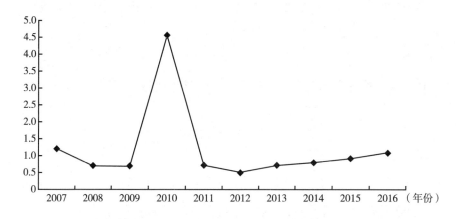

图1　2007～2016 年罗马尼亚交通物流综合效率

2. 交通物流规模效率

2007～2009 年，罗马尼亚交通物流规模效率呈缓慢下降趋势，2009～2012 年，从直线上升到下降，2012～2016 年呈缓慢稳定上升趋势（见图 2）。

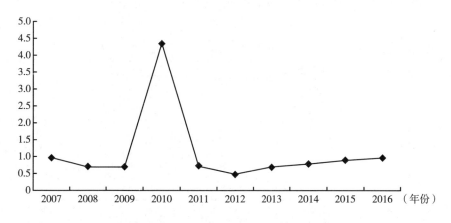

图2　2007～2016 年罗马尼亚交通物流规模效率

3. 交通物流纯技术效率

2007～2016 年，罗马尼亚交通物流纯技术效率波动较为稳定；除了 2007 年和 2008 年下降幅度较大外，2008～2016 年都相对稳定（见图 3）。

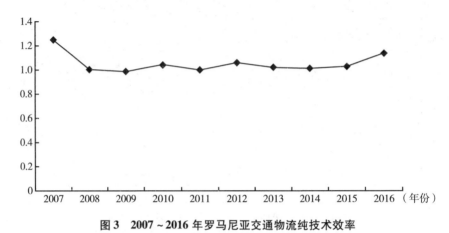

图 3 2007～2016 年罗马尼亚交通物流纯技术效率

（二）交通物流发展效率：动态分析

1. 交通物流全要素生产率

罗马尼亚交通物流全要素生产率波动较为平稳，2007/2008～2008/2009 年度下降幅度较大，其他年度间波动态势均较为稳定（见图 4）。

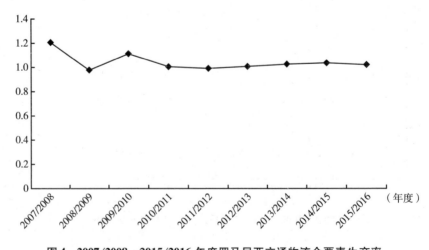

图 4 2007/2008～2015/2016 年度罗马尼亚交通物流全要素生产率

2. 交通物流效率改善指数

2007/2008 ~ 2011/2012 年度，罗马尼亚交通物流效率改善指数呈下降趋势，2011/2012 ~ 2013/2014 年度呈现明显上升态势；2013/2014 ~ 2014/2015 年度有所下降，随后到 2015/2016 年度有所上升（见图 5）。

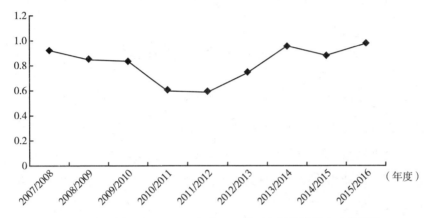

图 5　2007/2008 ~ 2015/2016 年度罗马尼亚交通物流效率改善指数

3. 交通物流技术进步指数

2007/2008 ~ 2015/2016 年度，罗马尼亚交通物流技术进步指数波动较为明显。其中 2008/2009 ~ 2010/2011 年度呈上升趋势；2011/2012 ~ 2013/2014 年度呈下降趋势（见图 6）。

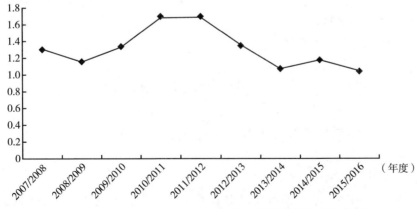

图 6　2007/2008 ~ 2015/2016 年度罗马尼亚交通物流技术进步指数

B. 5
哈萨克斯坦交通物流效率评价与分析

一 哈萨克斯坦国情概述

哈萨克斯坦位于亚洲中部。北邻俄罗斯，南部与乌兹别克斯坦、土库曼斯坦、吉尔吉斯斯坦接壤，西濒里海，东接中国。国土面积272.49万平方公里，是世界最大的内陆国，人口总数为1821.22万人（截至2018年5月），首都为阿斯塔纳。领土横跨亚欧两洲，以乌拉尔河为洲界。国境线总长度超过1.05万公里。

哈萨克斯坦通过里海可以到达阿塞拜疆和伊朗，通过伏尔加河、顿河可以到达亚速海和黑海。哈萨克斯坦地形复杂，境内多为平原和低地。特点是东南高、西北低，大部分领土为平原和低地。西部和西南部地势最低。哈萨克斯坦属大陆性气候，1月平均气温为 – 19℃ ~ – 4℃，7月平均气温为19℃ ~ 26℃。哈萨克的自然资源非常丰富，截至2014年已探明的矿藏有90多种。煤、铁、铜、铅、锌产量丰富，被称为"铀库"，此外里海地区的油气资源也十分丰富。

二 交通物流发展效率分析

（一）交通物流发展效率：静态分析

1. 交通物流综合效率

2007 ~ 2016年，哈萨克斯坦交通物流综合效率波动明显，期间2007 ~ 2008年有所上升，2008 ~ 2010年呈下降趋势，2010 ~ 2012年明显上升，

2013～2014 年明显下降，2014～2015 年又有所上升，2015～2016 年略微下降（见图 1）。

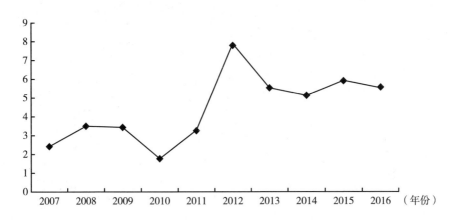

图 1　2007～2016 年哈萨克斯坦交通物流综合效率

2.交通物流规模效率

2007～2016 年，哈萨克斯坦交通物流规模效率波动较大，2007～2008 年有所上升，2008～2010 年呈现下降趋势，2010～2013 年有明显的提高，2012 年从 7.88057 陡降到 2013 年的 0.7822；2013～2016 年波动较小（见图 2）。

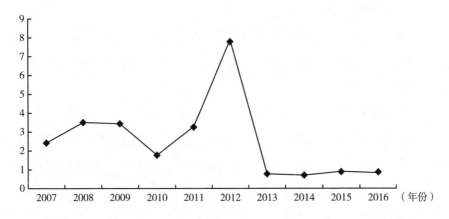

图 2　2007～2016 年哈萨克斯坦交通物流规模效率

3. 交通物流纯技术效率

2007～2016年，哈萨克斯坦交通物流纯技术效率有较为明显的波动。主要体现在2007～2012年保持为1，2012～2013年明显提高，2013～2016年又持续逐年下降（见图3）。

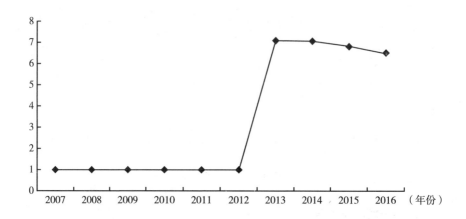

图3　2007～2016年哈萨克斯坦交通物流纯技术效率

（二）交通物流发展效率：动态分析

1. 交通物流全要素生产率

2007/2008～2015/2016年度，哈萨克斯坦交通物流全要素生产率除了2009/2010～2010/2011年度有微量的上升，其余年度基本呈持续下降的趋势（见图4）。

2. 交通物流效率改善指数

2007/2008～2015/2016年度，哈萨克斯坦交通物流效率改善指数波动明显，2007/2008～2011/2012年度持续逐年下降的趋势；2011/2012～2015/2016年度呈持续逐年上升的趋势（见图5）。

3. 交通物流技术进步指数

2007/2008～2015/2016年度，哈萨克斯坦交通物流技术进步指数波

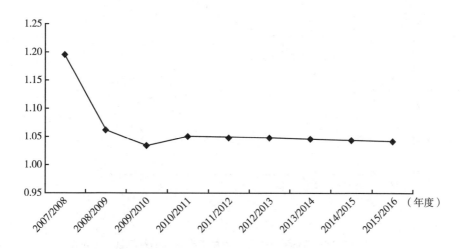

图 4 2007/2008～2015/2016 年度哈萨克斯坦交通物流全要素生产率

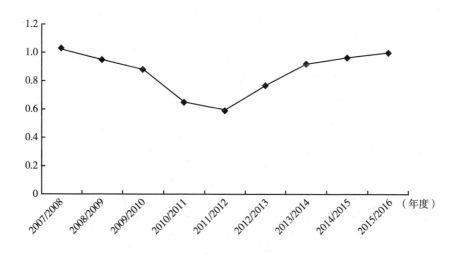

图 5 2007/2008～2015/2016 年度哈萨克斯坦交通物流效率改善指数

动明显，2007/2008～2008/2009 年度有微量下降，2008/2009～2011/2012 年度有所上升，2011/2012～2015/2016 年度持续逐年下降（见图6）。

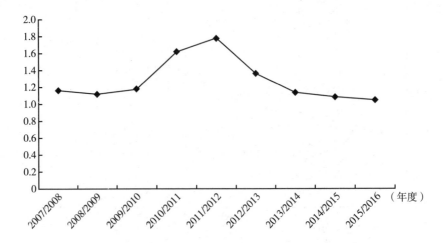

图6　2007/2008～2015/2016年度哈萨克斯坦交通物流技术进步指数

B.6
塞尔维亚交通物流效率评价与分析

一 塞尔维亚国情概述

塞尔维亚共和国位于巴尔干半岛中北部，东北部与罗马尼亚相接，东部与保加利亚相接，东南部与马其顿相接，南部与阿尔巴尼亚相接，西南部与黑山相接，西部与波黑相接，西北部与克罗地亚相接，北部与匈牙利相连；国土面积 8.84 万平方公里（其中科索沃地区 1.09 万平方公里），人口 898 万人（其中科索沃地区约 192 万人），首都为贝尔格莱德。塞尔维亚大部分地区山丘起伏，中部和南部多丘陵和山区，而北部则是平原。东部、西部分别为斯塔拉山脉和迪纳拉山脉的延续；北部的伏伊伏丁那平原为多瑙河中游平原的组成部分，河网稠密，土壤肥沃；南部多山脉、丘陵，由科索沃盆地和梅托西亚盆地组成。属于温带大陆性气候。塞尔维亚被称作欧洲的十字路口，是连接欧洲和亚洲，以及从中东到非洲的陆路必经之路。

二 交通物流发展效率分析

（一）交通物流发展效率：静态分析

1. 交通物流综合效率

2007~2016 年，塞尔维亚交通物流综合效率波动较为明显。2007~2010 年呈逐年增长趋势，2010~2011 年保持稳定，但 2012 年呈现明显的下滑，交通物流综合效率从 2011 年的 0.8069 下滑到 2012 年的 0.242672；2012~2015 年呈现逐年增长，2015~2016 年又有所回落（见图 1）。

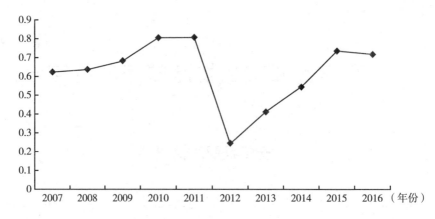

图1　2007～2016年塞尔维亚交通物流综合效率

2.交通物流规模效率

2007～2016年，塞尔维亚交通物流规模效率波动明显。2007～2010年呈现增长趋势，2010～2012年呈现大幅度的下滑，2012～2015年有所回升，但是2015～2016年又有微量的下降（见图2）。

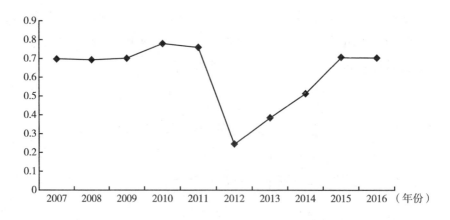

图2　2007～2016年塞尔维亚交通物流规模效率

3.交通物流纯技术效率

2007～2016年，塞尔维亚交通物流纯技术效率波动较为稳定，均在0.892524～1.08波动。2007～2011年呈现逐年上升趋势，2011～2012年有所下滑，2012～2013 年有所回升，2013～2016 年呈现逐年持续下滑的态势（见图3）。

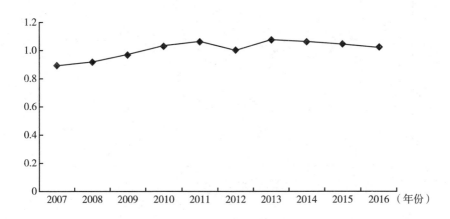

图3 2007～2016 年塞尔维亚交通物流纯技术效率

（二）交通物流发展效率：动态分析

1. 交通物流全要素生产率

2007/2008～2015/2016 年度，塞尔维亚交通物流全要素生产率波动基本稳定。2007/2008～2010/2011 年度持续下降，2010/2011～2011/2012 年度有所回升，2011/2012～2012/2013 年度有所下降，2012/2013～2015/2016 年度呈现缓慢上升态势（见图4）。

2. 交通物流效率改善指数

2007/2008～2015/2016 年度，塞尔维亚交通物流效率改善指数波动较为稳定。2007/2007～2010/2011 年度呈现逐年下降的趋势，2010/2011～2015/2016 年度呈现缓慢上升的趋势（见图5）。

3. 交通物流技术进步指数

2007/2008～2015/2016 年度，塞尔维亚交通物流技术进步指数波动基本稳定。2007/2008～2011/2012 年度基本呈现逐年上升的趋势，2011/2012～2015/2016 年度交通物流技术进步指数呈现明显逐年下降的趋势（见图6）。

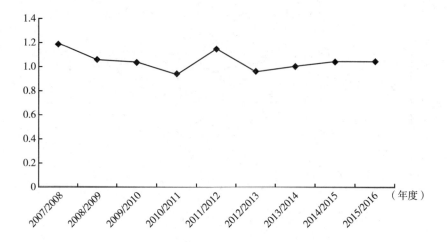

图4 2007/2008~2015/2016年度塞尔维亚交通物流全要素生产率

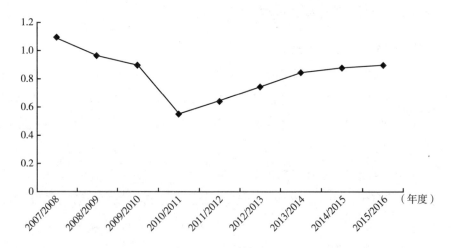

图5 2007/2008~2015/2016年度塞尔维亚交通物流效率改善指数

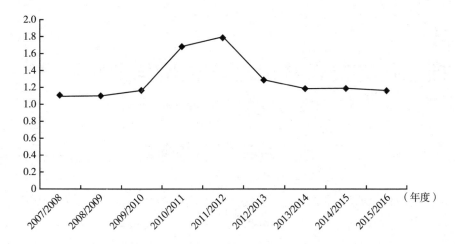

图6　2007/2008～2015/2016 年度塞尔维亚交通物流技术进步指数

B.7
斯洛伐克交通物流效率评价与分析

一 斯洛伐克国情概述

斯洛伐克西北邻捷克，北邻波兰，东邻乌克兰，南邻匈牙利，西南邻奥地利，是位于中欧的一个内陆国家。该国国土面积49037平方公里，人口542.6万人（2015年），首都为布拉迪斯拉发。斯洛伐克属海洋性向大陆性气候过渡的温带气候，四季交替明显。斯洛伐克地势较高，领土大部分位于西喀尔巴阡山山区，西南和东南有小片平原。北部是西喀尔巴阡山脉较高的地带，大部分地区海拔1000～1500米，山地占据了国土的大部分地区。斯洛伐克河网稠密，均属多瑙河支流，河流全长367公里，大部分河流发源于山区，内河航道172公里。这为水路交通运输业的发展奠定了良好的条件。交通运输业以公路和铁路运输为主，近年来航空运输有所发展。

二 交通物流发展效率分析

（一）交通物流发展效率：静态分析

1. 交通物流综合效率

2007～2016年，斯洛伐克交通物流综合效率波动较大，特别是2009～2010年呈现明显的增长趋势；2010～2011年有呈现明显的下降趋势（见图1）。

2. 交通物流规模效率

2007～2016年，斯洛伐克交通物流规模效率波动较大。2007～2009年

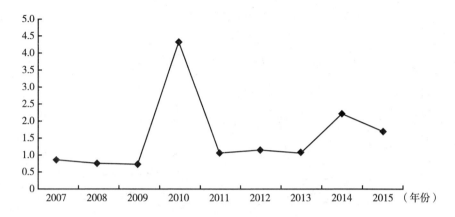

图1 2007～2016年斯洛伐克交通物流综合效率

小幅微降，2009～2010年呈现明显的大幅度提高，但是2010～2011年又出现直线下降，2011～2014年逐年上升；2014～2016年又出现缓慢的回落（见图2）。

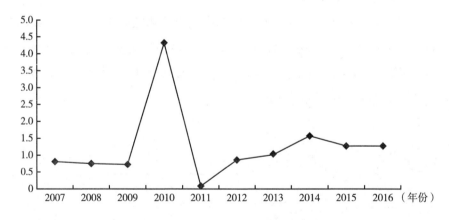

图2 2007～2016年斯洛伐克交通物流规模效率

3.交通物流纯技术效率

2007～2016年，斯洛伐克交通物流纯技术效率波动较为稳定，除了2010～2011年出现明显上升以及2011～2012年出现明显的下降之外，其余年份交通物流纯技术效率均较为稳定（见图3）。

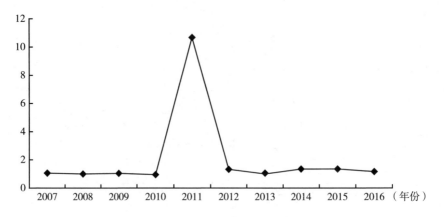

图3 2007~2016年斯洛伐克交通物流纯技术效率

（二）交通物流发展效率：动态分析

1. 交通物流全要素生产率

2007/2008~2015/2016年度，斯洛伐克交通物流全要素生产率波动较为稳定，2007/2008~2008/2009年度有所下降，2008/2009~2009/2010年度有所上升，2009/2010~2011/2012年度呈现逐年下降趋势，其余年度交通物流全要素生产率波动比较稳定（见图4）。

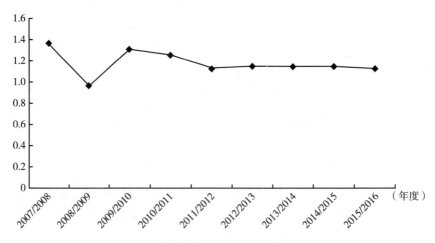

图4 2007/2008~2015/2016年度斯洛伐克交通物流全要素生产率

2. 交通物流效率改善指数

2007/2008～2015/2016 年度，斯洛伐克交通物流效率改善指数波动较大，特别是 2009/2010～2011/2012 年度呈现大幅度下降，2011/2012～2015/2016 年度呈现持续的上升的趋势（见图5）。

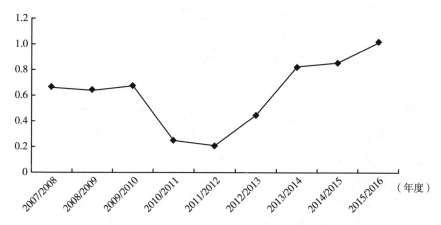

图5　2007/2008～2015/2016 年度斯洛伐克交通物流效率改善指数

3. 交通物流技术进步指数

2007/2008～2015/2016 年度，斯洛伐克交通物流技术进步指数波动较大，2007/2008～2008/2009 年度有所下滑，2008/2009～2011/2012 年度出现明显上升；2011/2012～2015/2016 年度呈现逐年大幅下降的态势（见图6）。

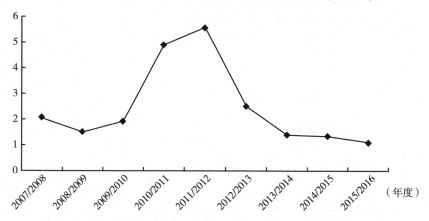

图6　2007/2008～2015/2016 年度斯洛伐克交通物流技术进步指数

B.8
阿尔巴尼亚交通物流效率评价与分析

一 阿尔巴尼亚国情概述

阿尔巴尼亚位于欧洲东南部，是巴尔干半岛西南部的国家。阿尔巴尼亚西隔亚得里亚海和奥特朗托海峡与意大利相望，南面则与希腊接壤，东临马其顿，东北是塞尔维亚，北接黑山共和国。首都地拉那。阿尔巴尼亚是欧洲最不发达和低收入的国家之一，近年来已有显著的改进。

二 交通物流发展效率分析

（一）交通物流发展效率：静态分析

1. 交通物流综合效率

2007～2016 年，阿尔巴尼亚交通物流综合效率整体呈现波动上升趋势，曾于 2011 年出现较大幅度的下跌，其后快速回升（见图1）。

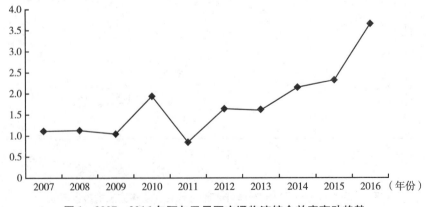

图1　2007～2016 年阿尔巴尼亚交通物流综合效率变动趋势

2. 交通物流规模效率

2007～2016 年，阿尔巴尼亚交通物流规模效率整体呈现震荡波动的走势（见图2）。

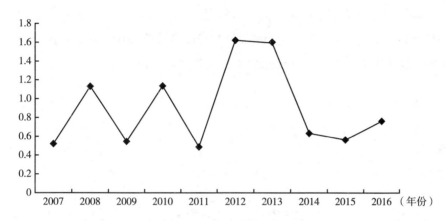

图2　2007～2016 年阿尔巴尼亚交通物流规模效率变动趋势

3. 交通物流纯技术效率

2007～2016 年，阿尔巴尼亚交通物流纯技术效率整体呈现波动上升趋势，尤其是 2013 年后呈现快速上升（见图3）。

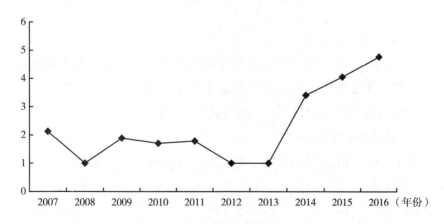

图3　2007～2016 年阿尔巴尼亚交通物流纯技术效率变动趋势

（二）交通物流发展效率：动态分析

1. 交通物流全要素生产率

2007/2008～2015/2016 年度，阿尔巴尼亚交通物流全要素生产率的变动趋势整体呈现波动上升，尤其是 2014/2015 年度和 2015/2016 年度这两个时段出现了明显提升，生产率增幅较大（见图4）。

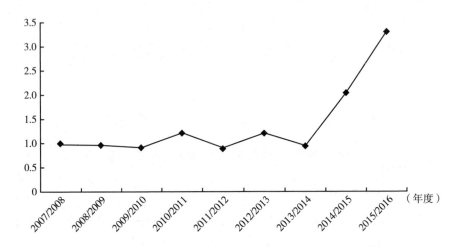

图4　2007/2008～2015/2016 年度阿尔巴尼亚交通物流全要素生产率变动趋势

2. 交通物流效率改善指数

2007/2008～2015/2016 年度，阿尔巴尼亚交通物流效率改善指数的变动趋势整体呈现波动上升，同全要素生产率一样，在 2014/2015 年度和 2015/2016 年度这两个时段出现了较大提升（见图5）。

3. 交通物流技术进步指数

2007/2008～2015/2016 年度，阿尔巴尼亚交通物流技术进步指数呈现先上升后下降的趋势，在 2011/2012 年该国的技术水平曾出现过较大提升，随后放缓（见图6）。

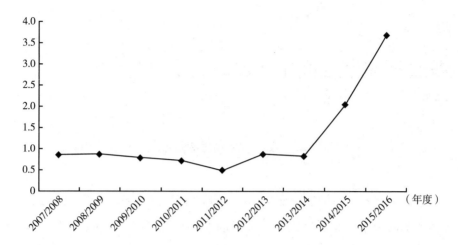

图 5　2007/2008 ~ 2015/2016 年度阿尔巴尼亚交通物流效率改善指数变动趋势

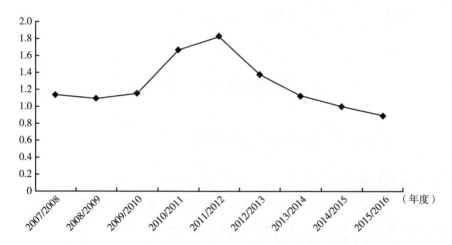

图 6　2007/2008 ~ 2015/2016 年度阿尔巴尼亚交通物流技术进步指数变动趋势

B.9
爱沙尼亚交通物流效率评价与分析

一 爱沙尼亚国情概述

爱沙尼亚与南方的拉脱维亚和立陶宛并称为波罗的海三国。爱沙尼亚位于波罗的海东岸，芬兰湾南岸，西南濒临里加湾，南面和东面分别同拉脱维亚和俄罗斯接壤。国土总面积45339平方公里，主体民族为爱沙尼亚族，首都塔林。爱沙尼亚主要工业生产部门有机械制造、木材加工、建材、电子、纺织和食品加工业。农林牧渔业中则以畜牧业和种植业为主。

二 交通物流发展效率分析

（一）交通物流发展效率：静态分析

1. 交通物流综合效率

2007~2016年，爱沙尼亚交通物流综合效率出现较大波动，2011年出现较大幅度的上升，其后又快速回跌到之前的增长水平（见图1）。

2. 交通物流规模效率

2007~2016年，爱沙尼亚交通物流规模效率整体趋势同综合效率类似，呈现震荡波动的走势（见图2）。

3. 交通物流纯技术效率

2007~2016年，爱沙尼亚交通物流纯技术效率出现较大波动，在2010年出现较大跌幅，2011年后开始回升至之前水平（见图3）。

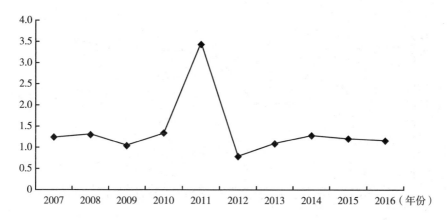

图1　2007~2016年爱沙尼亚交通物流综合效率变动趋势

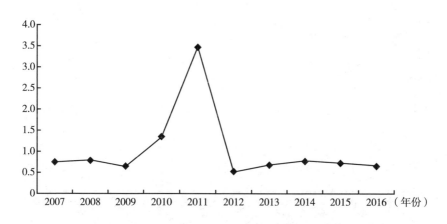

图2　2007~2016年爱沙尼亚交通物流规模效率变动趋势

（二）交通物流发展效率：动态分析

1. 交通物流全要素生产率

2007/2008~2015/2016年度，爱沙尼亚交通物流全要素生产率的变动整体呈现较为平稳的走势，说明整体生产率变化不大（见图4）。

2. 交通物流效率改善指数

2007/2008~2015/2016年度，爱沙尼亚交通物流效率改善指数呈现震

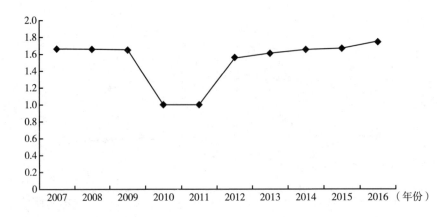

图3　2007～2016年爱沙尼亚交通物流纯技术效率变动趋势

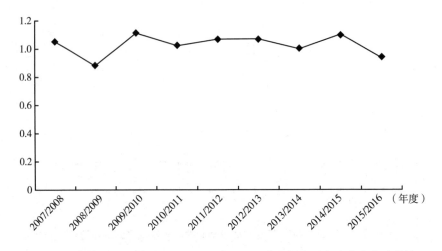

图4　2007/2008～2015/2016年度爱沙尼亚交通物流全要素生产率变动趋势

荡波动的走势，在2010～2011年度出现了较大下降（见图5）。

3. 交通物流技术进步指数

2007/2008～2015/2016年度，爱沙尼亚交通物流技术进步指数呈现先上升后下降的趋势，在2011～2012年该国的技术水平曾出现过较大提升（见图6）。

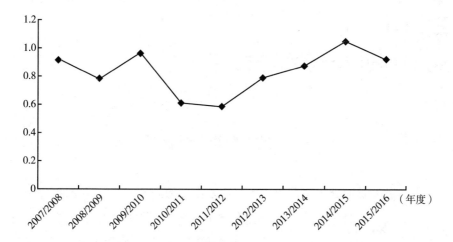

图 5　2007/2008～2015/2016 年度爱沙尼亚交通物流效率改善指数变动趋势

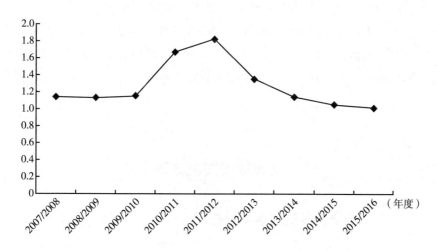

图 6　2007/2008～2015/2016 年度爱沙尼亚交通物流技术进步指数变动趋势

B.10
保加利亚交通物流效率评价与分析

一 保加利亚国情概述

保加利亚是欧洲东南部巴尔干半岛东南部的国家，与罗马尼亚、塞尔维亚、马其顿、希腊和土耳其接壤，东部濒临黑海。保加利亚自然资源贫乏，因此政府优先发展农业、轻工业、旅游和服务业，其中服务业产值在2017年已达到64.2%；旅游业也发展迅猛，2016年接待外国游客1615万人次，同比增长21%。2016年外贸总额为499.8亿欧元，同比增长0.73%。2017年1~11月外贸总额为469亿欧元。2017年主要进口机电产品、金属矿石、化工材料、燃料，主要出口纺织品、贱金属、机械装备。主要进口来源国有俄罗斯、德国、意大利、罗马尼亚和土耳其，主要出口目的地国有德国、土耳其、意大利和罗马尼亚。

二 交通物流发展效率分析

（一）交通物流发展效率：静态分析

1. 交通物流综合效率

2007~2016年，保加利亚交通物流综合效率呈现波动上升趋势（见图1）。

2. 交通物流规模效率

2007~2016年，保加利亚交通物流规模效率整体趋势同综合效率类似，呈现震荡波动上升的走势（见图2）。

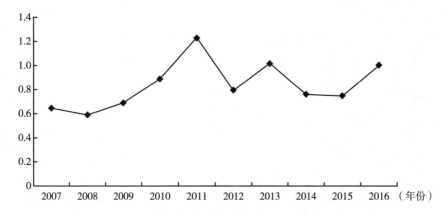

图1　2007～2016年保加利亚交通物流综合效率变动趋势

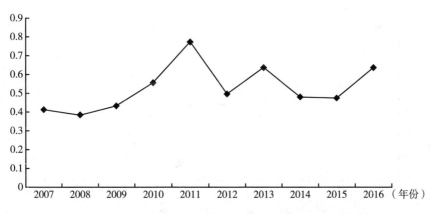

图2　2007～2016年保加利亚交通物流规模效率变动趋势

3. 交通物流纯技术效率

2007～2016年，保加利亚交通物流纯技术效率出现较大波动，在2008年出现较大跌幅，2009年又出现明显的回升，之后趋于平缓回到之前水平（见图3）。

（二）交通物流发展效率：动态分析

1. 交通物流全要素生产率

2007/2008～2015/2016年度，保加利亚交通物流全要素生产率整体呈现增速放缓的走势（见图4）。

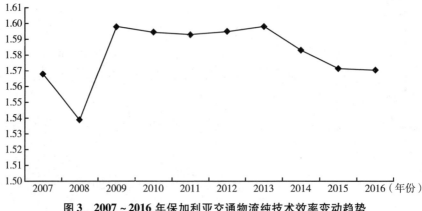

图3　2007～2016年保加利亚交通物流纯技术效率变动趋势

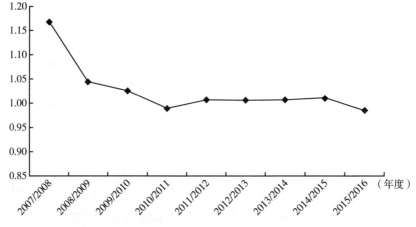

图4　2007/2008～2015/2016年度保加利亚交通物流全要素生产率变动趋势

2. 交通物流效率改善指数

2007/2008～2015/2016年度，保加利亚交通物流效率改善指数呈现先下降后回升的走势。在2010/2011年度这个时段出现了较大降幅（见图5）。

3. 交通物流技术进步指数

2007/2008～2015/2016年度，保加利亚交通物流技术进步指数呈现先上升后下降的趋势，在2010/2011年度该国的技术水平曾出现过较大提升（见图6）。

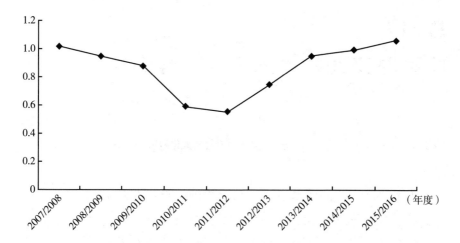

图5 2007/2008～2015/2016 年度保加利亚交通物流效率改善指数变动趋势

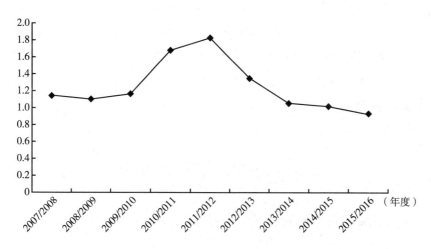

图6 2007/2008～2015/2016 年度保加利亚交通物流技术进步指数变动趋势

B.11
比利时交通物流效率评价与分析

一　比利时国情概述

比利时位于欧洲西部沿海，东与德国接壤，北与荷兰比邻，南与法国交界，东南与卢森堡毗连，西临北海与英国隔海相望。全国面积的 2/3 为丘陵和平坦低地，全境分为西北部沿海佛兰德伦平原、中部丘陵、东南部阿登高原三部分，最高点海拔 694 米，主要河流有马斯河和埃斯考河，属海洋温带气候，四季明显。比利时为发达的资本主义工业国家，经济高度对外依赖，80% 的原料靠进口，50% 以上的工业产品供出口。主要工业部门有钢铁、机械、有色金属、化工等。比利时农业部门占整个国民经济比重不高。第三产业发展迅速，2013 年服务业就业人数占总劳动人口的 72%。

二　交通物流发展效率分析

（一）交通物流发展效率：静态分析

1. 交通物流综合效率

2007~2016 年，比利时交通物流综合效率在 2010 年出现较大的上升，之后趋于平稳（见图 1）。

2. 交通物流规模效率

2007~2016 年，比利时交通物流规模效率整体趋势同综合效率类似，呈现震荡波动后趋于平稳的走势（见图 2）。

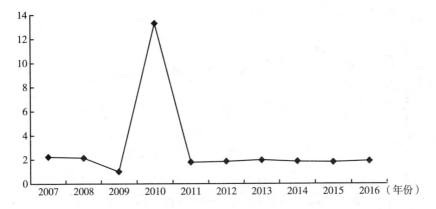

图1　2007~2016年比利时交通物流综合效率变动趋势

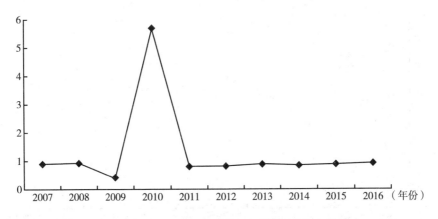

图2　2007~2016年比利时交通物流规模效率变动趋势

3. 交通物流纯技术效率

2007~2016年，比利时交通物流纯技术效率整体呈现平缓下滑的走势（见图3）。

（二）交通物流发展效率：动态分析

1. 交通物流全要素生产率

2007/2008~2015/2016年度，比利时交通物流全要素生产率整体呈现波动上升的走势（见图4）。

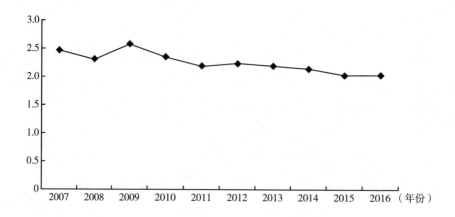

图3　2007～2016年比利时交通物流纯技术效率变动趋势

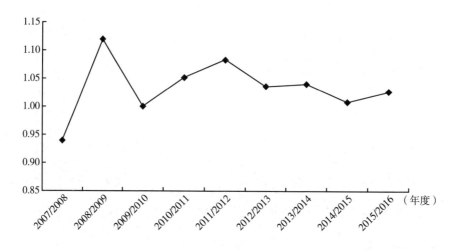

图4　2007/2008～2015/2016年度比利时交通物流全要素生产率变动趋势

2. 交通物流效率改善指数

2007/2008～2015/2016年度，比利时交通物流效率改善指数呈现波动上升的走势（见图5）。

3. 交通物流技术进步指数

2007/2008～2015/2016年度，比利时交通物流技术进步指数呈现先上

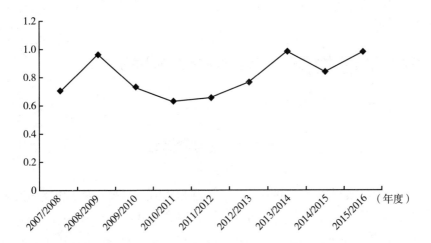

图5　2007/2008～2015/2016年度比利时交通物流效率改善指数变动趋势

升后下降的趋势，在2009/2010年度和2010/2011年度这两个时间段里该国的技术水平曾出现过较大提升（见图6）。

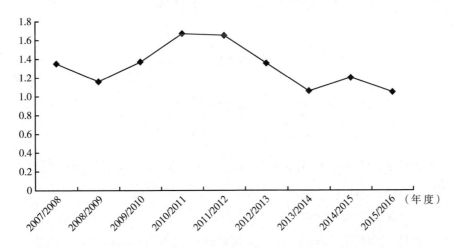

图6　2007/2008～2015/2016年度比利时交通物流技术进步指数变动趋势

B.12
法国交通物流效率评价与分析

一　法国国情概述

法国是一个本土位于西欧的半总统共和制国家，海外领土包括南美洲和南太平洋的一些地区。法国是欧洲国土面积第三大、西欧面积最大的国家，东与比利时、卢森堡、德国、瑞士、意大利接壤，南与西班牙、安道尔、摩纳哥接壤。法国是最发达的工业国家之一，在核电、航空、航天和铁路方面居世界领先地位。法工业产值约占国内生产总值的11.2%。主要工业部门有汽车制造、造船、机械、纺织、化学、电子、日常消费品、食品加工和建筑业等，钢铁、汽车和建筑业为三大工业支柱产业。

二　交通物流发展效率分析

（一）交通物流发展效率：静态分析

1.交通物流综合效率

2007～2016年，法国交通物流综合效率整体呈现波动下降的趋势。2010～2013年出现较大波动，之后趋于平稳（见图1）。

2.交通物流规模效率

2007～2016年，法国交通物流规模效率整体趋势同综合效率类似，呈现震荡波动后趋于平稳的走势（见图2）。

3.交通物流纯技术效率

2007～2016年，法国交通物流纯技术效率整体呈现震荡波动略有下降的走势（见图3）。

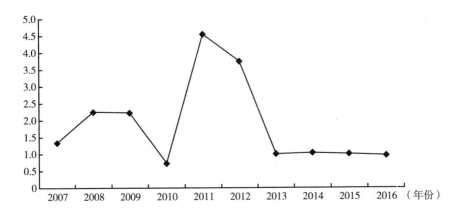

图1　2007~2016年法国交通物流综合效率变动趋势

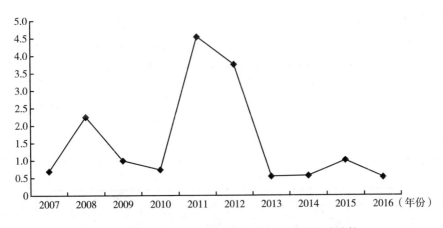

图2　2007~2016年法国交通物流规模效率变动趋势

（二）交通物流发展效率：动态分析

1. 交通物流全要素生产率

2007/2008~2015/2016年度，法国交通物流全要素生产率整体较为平稳的趋势，只在2008/2009年度这个时间段出现了较为明显的下降（见图4）。

2. 交通物流效率改善指数

2007/2008~2015/2016年度，法国交通物流效率改善指数呈现波动略

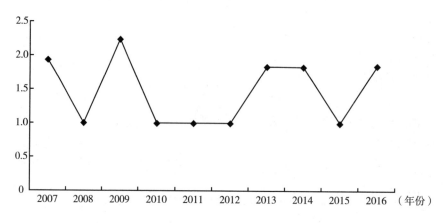

图3　2007～2016年法国交通物流纯技术效率变动趋势

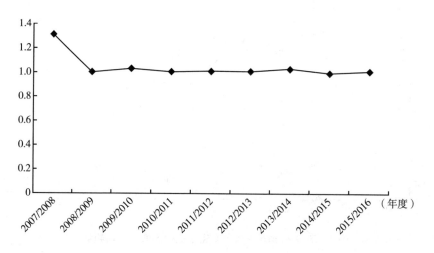

图4　2007/2008～2015/2016年度法国交通物流全要素生产率变动趋势

有下降的走势（见图5）。

3. 交通物流技术进步指数

2007/2008～2015/2016年度，法国交通物流技术进步指数呈现先上升后下降的趋势。在2009/2010年度和2010/2011年度这两个时间段里，该国的技术水平曾出现过较大提升（见图6）。

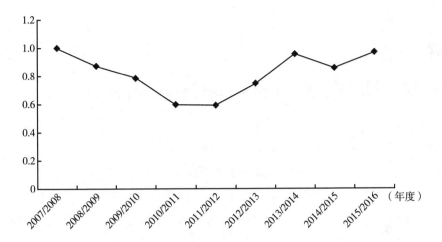

图 5　2007/2008～2015/2016 年度法国交通物流效率改善指数变动趋势

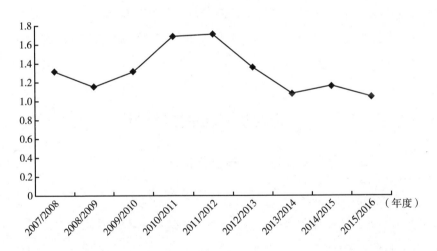

图 6　2007/2008～2015/2016 年度法国交通物流技术进步指数变动趋势

B.13
白俄罗斯交通物流效率评价与分析

一 白俄罗斯国情概述

白俄罗斯是位于东欧的内陆国家。东部和北部与俄罗斯为邻，南部与乌克兰接壤，西部同波兰、立陶宛和拉脱维亚毗邻。国土面积达2076万平方公里，人口达950万人（2017年），大部分人居住在首都明斯克等大城市附近，将近80%的人口为白俄罗斯人，主要少数民族依次是俄罗斯人、波兰人和乌克兰人。

中国是白俄罗斯的第三大贸易伙伴，也是白俄罗斯在亚洲最大的贸易伙伴。

二 交通物流发展效率分析

（一）交通物流发展效率：静态分析

1. 交通物流综合效率

2007～2016年，白俄罗斯交通物流综合效率基本保持稳定，2010年有小范围波动（见图1）。

2. 交通物流规模效率

2007～2016年，白俄罗斯交通物流规模效率基本保持不变，2010年有小范围波动（见图2）。

3. 交通物流纯技术效率

2007～2016年，白俄罗斯交通物流纯技术效率为1，一直保持不变（见图3）。

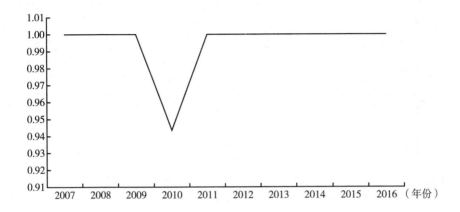

图 1　2007~2016 年白俄罗斯交通物流综合效率趋势

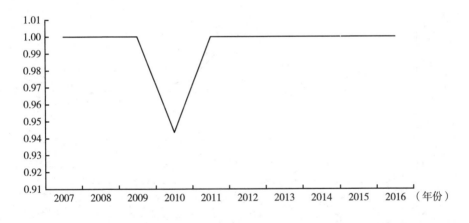

图 2　2007~2016 年白俄罗斯交通物流规模效率趋势

（二）交通物流发展效率：动态分析

1. 交通物流全要素生产率

2007/2008~2015/2016 年度，白俄罗斯交通物流全要素生产率基本保持稳定，在 2009/2010 年度和 2010/2011 年度有一定的提高，但随即趋于稳定（见图 4）。

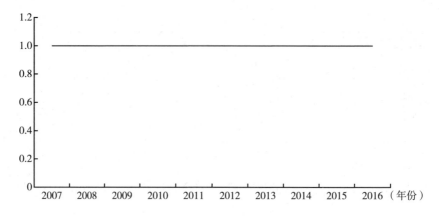

图3 2007～2016年白俄罗斯交通物流纯技术效率趋势

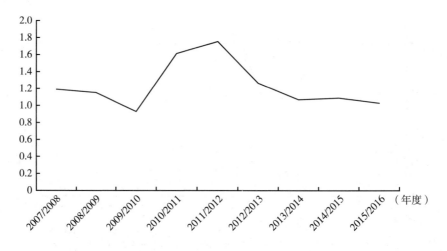

图4 2007/2008～2015/2016年度白俄罗斯交通物流全要素生产率趋势

2. 交通物流效率改善

2007/2008～2015/2016年度，白俄罗斯交通物流效率改善指数为1，没有变化（见图5）。

3. 交通物流技术进步

2007/2008～2015/2016年度，白俄罗斯交通物流技术进步指数在2009/2010～2011/2012年度出现波动，其余时间则保持平稳（见图6）。

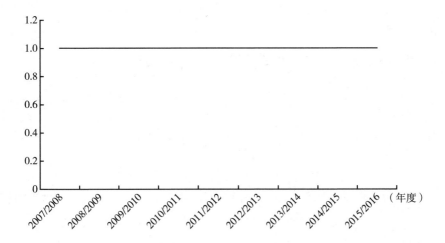

图 5 2007/2008～2015/2016 年度白俄罗斯交通物流效率改善指数趋势

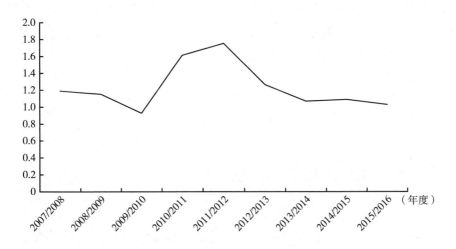

图 6 2007/2008～2015/2016 年度白俄罗斯交通物流技术进步指数趋势

B.14
波兰交通物流效率评价与分析

一 波兰国情概述

波兰位于中欧。东与乌克兰及白俄罗斯相连，东北与立陶宛及俄罗斯的飞地加里宁格勒州接壤，西与德国接壤，南与捷克及斯洛伐克为邻，北面濒临波罗的海。国内主要矿产有煤、页岩气、硫黄、铜、锌、铅、铝、银等。截至 2016 年底，已探明硬煤储量为 585.78 亿吨，褐煤 234.51 亿吨，硫黄 5.1 亿吨，铜银 19.49 亿吨。截至 2017 年底，波兰有森林（绿地）面积 951.3 万公顷，森林覆盖率达 30.4%；农业用地 1881 万公顷，主要农作物有小麦、黑麦、大麦、燕麦、甜菜、马铃薯、油菜籽等。

二 交通物流发展效率分析

（一）交通物流发展效率：静态分析

1. 交通物流综合效率

2007~2016 年，波兰交通物流综合效率总体基本保持稳定，只是在 2010 年出现较大波动（见图 1）。

2. 交通物流规模效率

2007~2016 年，波兰交通物流规模效率基本保持稳定，但在 2010 年其效率有一定幅度的提高（见图 2）。

3. 交通物流纯技术效率

2007~2016 年，波兰交通物流纯技术效率保持稳定（见图 3）。

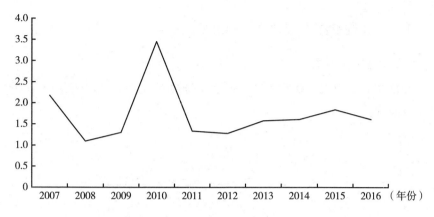

图1　2007～2016年波兰交通物流综合效率趋势

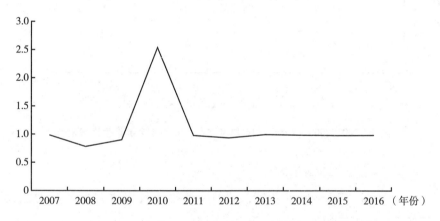

图2　2007～2016年波兰交通物流规模效率趋势

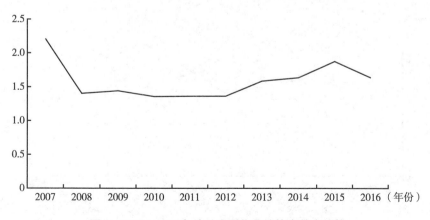

图3　2007～2016年波兰交通物流纯技术效率趋势

（二）交通物流发展效率：动态分析

1. 交通物流全要素生产率

2007/2008～2015/2016 年度，波兰交通物流全要素生产率基本保持稳定（见图4）。

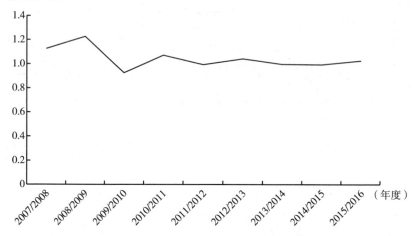

图4　2007/2008～2015/2016 年度波兰交通物流全要素生产率趋势

2. 交通物流效率改善指数

2007/2008～2015/2016 年度，波兰交通物流效率改善指数波动较大，先下降后缓慢恢复提高（见图5）。

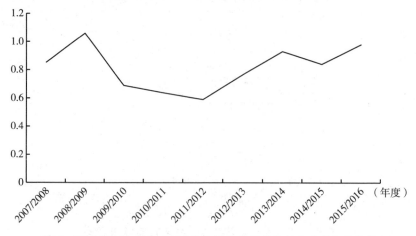

图5　2007/2008～2015/2016 年度波兰交通物流效率改善指数趋势

3. 交通物流技术进步指数

2007/2008～2015/2016 年度，波兰交通物流技术进步指数在 2009/2010 年度和 2010/2011 年度进步较大，而 2012/2013 年度又出现较大降幅，其余时间则保持平稳（见图6）。

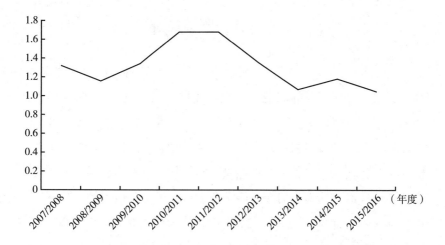

图6　2007/2008～2015/2016 年度波兰交通物流技术进步趋势

B.15
德国交通物流效率评价与分析

一 德国国情概述

德国位于中欧，北邻丹麦，西部与荷兰、比利时、卢森堡和法国接壤，南邻瑞士和奥地利，东部与捷克和波兰接壤，该国由 16 个联邦州组成，首都为柏林，领土面积 35.72 万平方公里，以温带气候为主，人口 8267 万人，是欧洲联盟人口最多的国家，主体民族为德意志人。德国是自然资源较为贫乏的国家，除硬煤、褐煤和盐的储量丰富之外，原料供应和能源方面在很大程度上依赖进口，约 2/3 的初级能源需进口。天然气储量约 3820 亿立方米，能满足国内需求量约 1/4。硬煤探明储量约 2300 亿吨，褐煤约 800 亿吨；其他矿藏的探明储量为：钾盐约 130 亿吨，铁矿石 16 亿吨，石油 5000 万吨；东南部有少量铀矿。森林覆盖面积 1076.6 万公顷，占全国面积约 30%。水域面积 86 万公顷，占全国面积 2.4%。

二 交通物流发展效率分析

（一）交通物流发展效率：静态分析

1. 交通物流综合效率

2007～2016 年，德国交通物流综合效率波动较大（见图 1）。

2. 交通物流规模效率

2007～2016 年，德国交通物流规模效率波动较大（见图 2）。

3. 交通物流纯技术效率

2007～2016 年，德国交通物流纯技术效率除 2009 年有较大波动外，其余时间都保持了一定的稳定性（见图 3）。

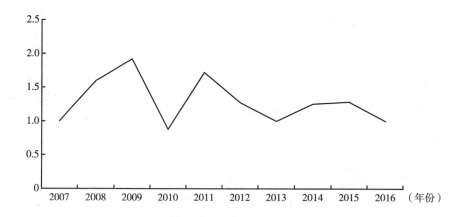

图1　2007~2016年德国交通物流综合效率趋势

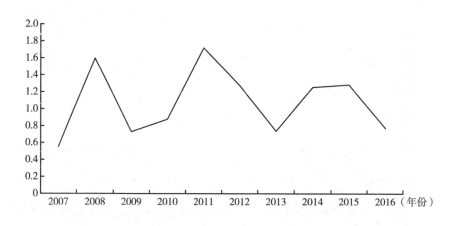

图2　2007~2016年德国交通物流规模效率趋势

（二）交通物流发展效率：动态分析

1. 交通物流全要素生产率

2007/2008~2015/2016年度，德国交通物流全要素生产率2010/2011年度较低，其余时间则较稳定（见图4）。

269

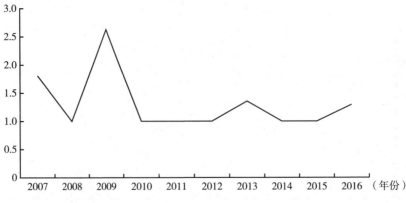

图3　2007～2016年德国交通物流纯技术效率趋势

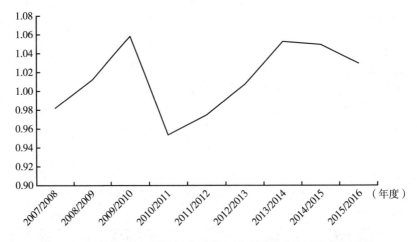

图4　2007/2008～2015/2016年度德国交通物流全要素生产率趋势

2. 交通物流效率改善指数

2007/2008～2015/2016年度，德国交通物流效率改善指数先下降后缓慢恢复，并逐渐提高（见图5）。

3. 交通物流技术进步指数

2007/2008～2015/2016年度，德国交通物流技术进步指数在2009/2010年度和2010/2011年度进步较大，2011/2012年度出现较大下降，其余时间则保持平稳（见图6）。

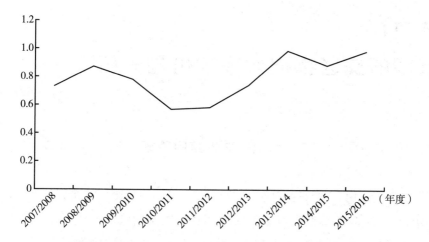

图 5　2007/2008～2015/2016 年度德国交通物流效率改善指数趋势

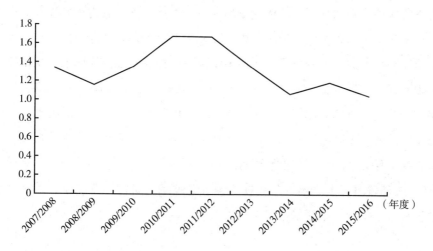

图 6　2007/2008～2015/2016 年度德国交通物流技术进步趋势

B.16
俄罗斯交通物流效率评价与分析

一 俄罗斯国情概述

俄罗斯是由22个自治共和国、46个州、9个边疆区、4个自治区、1个自治州、3个联邦直辖市组成的联邦共和立宪制国家。俄罗斯横跨欧亚大陆，东西最长9000公里，南北最宽4000公里。西北面有挪威、芬兰，西面有爱沙尼亚、拉脱维亚、立陶宛、波兰、白俄罗斯，西南面是乌克兰，南面有格鲁吉亚、阿塞拜疆、哈萨克斯坦，东南面有中国、蒙古国和朝鲜。东面与日本和美国隔海相望。俄罗斯国土面积为1709.82万平方公里，是世界上土地面积最大的国家，也是一个由194个民族构成的多民族国家，主体民族为俄罗斯人，约占全国总人口的77.7%。俄罗斯自然资源十分丰富，种类多，储量大，自给程度高。森林覆盖面积1126万平方公里，占国土面积的65.8%，居世界第一位，木材蓄积量居世界第一位。天然气已探明蕴藏量占世界探明储量的25%，居世界第一位；石油探明储量占世界探明储量的9%；煤蕴藏量居世界第五位；铁、镍、锡蕴藏量居世界第一位；黄金储量居世界第三位；铀蕴藏量居世界第七位。

二 交通物流发展效率分析

（一）交通物流发展效率：静态分析

1. 交通物流综合效率

2007~2016年，俄罗斯交通物流综合效率保持平稳发展（见图1）。

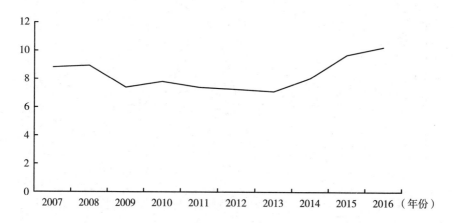

图1　2007～2016年俄罗斯交通物流综合效率趋势

2. 交通物流规模效率

2007～2016年，俄罗斯交通物流规模效率基本保持平稳，但在2012年出现大幅下降，2014年再度出现回升（见图2）。

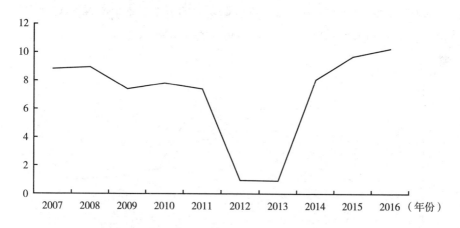

图2　2007～2016年俄罗斯交通物流规模效率趋势

3. 交通物流纯技术效率

2007～2016年，俄罗斯交通物流纯技术效率除2012年和2013年有大幅度提高，其余时间都保持为1（见图3）。

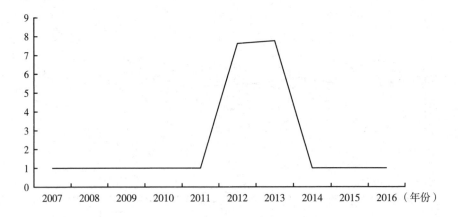

图3　2007～2016年俄罗斯交通物流纯技术效率趋势

（二）交通物流发展效率：动态分析

1. 交通物流全要素生产率

2007/2008～2015/2016年度，俄罗斯交通物流全要素生产率2008/2009～2012/2013年度保持上升，2013年后出现下降（见图4）。

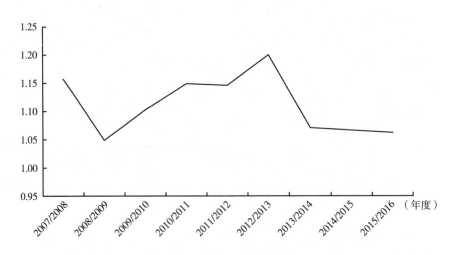

图4　2007/2008～2015/2016年度俄罗斯交通物流全要素生产率趋势

2. 交通物流效率改善指数

2007/2008 ~ 2015/2016 年度，俄罗斯交通物流效率改善指数基本保持稳定（见图5）。

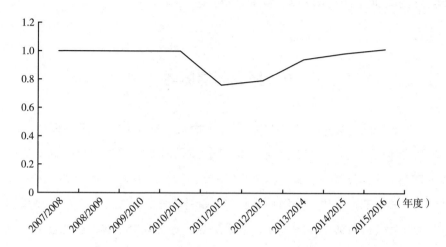

图5　2007/2008 ~ 2015/2016 年度俄罗斯交通物流效率改善指数趋势

3. 交通物流技术进步指数

2007/2008 ~ 2015/2016 年度，俄罗斯交通物流技术进步指数在 2010/2011 年度和 2011/2012 年度有所进步，其余时间则保持平稳（见图6）。

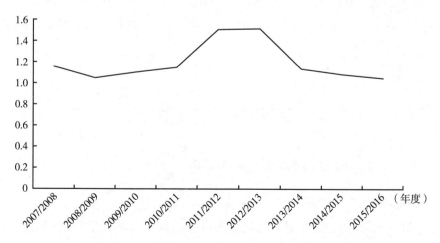

图6　2007/2008 ~ 2015/2016 年度俄罗斯交通物流技术进步指数趋势

B.17
捷克交通物流效率评价与分析

一　捷克国情概述

捷克是中欧地区的一个内陆国家，东面毗邻斯洛伐克，南面接壤奥地利，北面邻接波兰，西面与德国相邻，国土面积78866平方公里，其中陆地面积77276平方公里，水域面积1590平方公里。由波希米亚、摩拉维亚和西里西亚3个部分组成。全国丘陵起伏，森林密布，风景秀丽。捷克属海洋性向大陆性气候过渡的温带气候。夏季炎热，冬季寒冷多雪。捷克首都布拉格，位于欧洲的中心地带。捷克拥有较发达的交通网络，欧洲中心地理位置使其成为欧洲过境走廊的天然枢纽。人口约为1056万人（2016年），主要民族为捷克族。2006年捷克被世界银行列入发达国家行列，拥有高水平的人类发展指数，是欧盟和北约的成员国。捷克拥有高度工业化的经济体，工业以机械制造、各种机床、动力设备、船舶、汽车、电力机车、轧钢设备、军工、轻纺为主，化学、玻璃工业也较发达，纺织、制鞋、啤酒酿造均闻名于世。

二　交通物流发展效率分析

（一）交通物流发展效率：静态分析

1. 交通物流综合效率

2007～2016年，捷克交通物流综合效率总体呈现波动上升的趋势，由2007年的1.84上升到2016年的3.27（见图1），都处于有效率的位置。

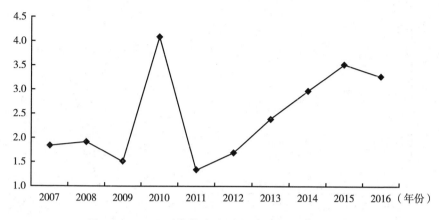

图1   2007～2016年捷克交通物流综合效率变动趋势

2. 交通物流规模效率

2007～2016年，捷克交通物流规模效率波动较大，总体表现出下降态势，与综合效率变化趋势并不一致，由2007年的1.84上升到2015年的3.52，再急速下降到2016年的0.15（见图2）。

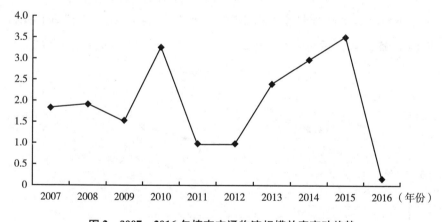

图2   2007～2016年捷克交通物流规模效率变动趋势

3. 交通物流纯技术效率

2007～2016年，捷克交通物流纯技术效率呈现出先上升后下降，最后急速上升的趋势，整体都大于等于1，表现出较好的投入产出技术效率。综合效率的上升趋势主要受到纯技术效率影响较大（见图3）。

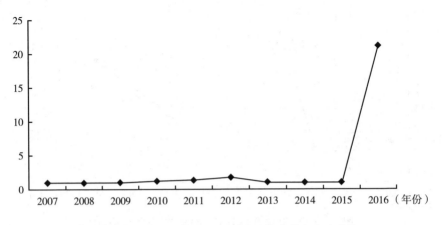

图3　2007～2016年捷克交通物流纯技术效率变动趋势

（二）交通物流发展效率：动态分析

1.交通物流全要素生产率

2007/2008～2015/2016年度，捷克交通物流全要素生产率波动较大，总体呈现出略微下降的趋势，由2007/2008年度的1.06下降到2015/2016年度的1.05左右，平均值为1.0831（见图4），增速整体表现出下降趋势。

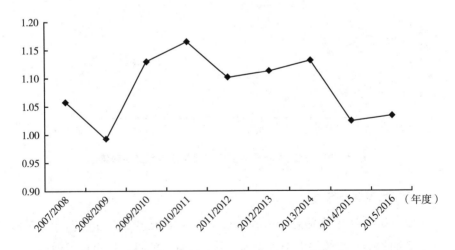

图4　2007/2008～2015/2016年度捷克交通物流全要素生产率变动趋势

2. 交通物流效率改善指数

2007/2008～2015/2016 年度，捷克交通物流全要素生产率的效率改善指数呈现波动上升的趋势，由 2007/2008 年度的 0.79 上升到 2015/2016 年度的 0.99 左右，平均值仅为 0.8416（见图 5），意味着过去 10 年，该国交通物流全要素生产率的效率改善情况并不乐观。

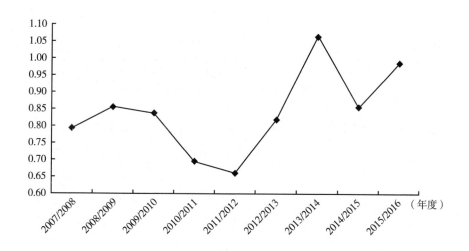

图 5　2007/2008～2015/2016 年度捷克交通物流效率改善情况趋势

3. 交通物流技术进步指数

2007/2008～2015/2016 年度，捷克交通物流全要素生产率的技术进步指数呈现出波动下降的趋势，整体由 2007/2008 年度的 1.33 下降到 2015/2016 年度的 1.05 左右（见图 6），平均值为 1.3159，表明该国交通物流全要素生产率的技术进步情况比较乐观。捷克交通物流全要素生产率的变化主要受技术进步指数影响。

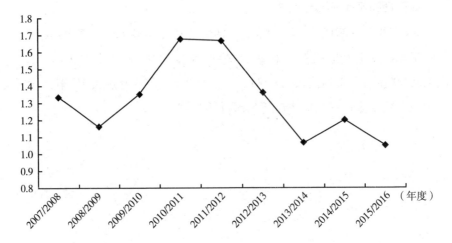

图6　2007/2008～2015/2016 年度捷克交通物流技术进步情况趋势

B.18

克罗地亚交通物流效率评价与分析

一 克罗地亚国情概述

克罗地亚位于中欧东南部，巴尔干半岛西北，亚得里亚海东岸。隔亚得里亚海与意大利相望，北部的邻国是斯洛文尼亚和匈牙利，东面和南面则是塞尔维亚与波黑，总面积56594平方公里。首都为萨格勒布，是克罗地亚的政治、经济、文化中心。克罗地亚西南部和南部为亚得里亚海海岸，岛屿众多，海岸线曲折；中南部为高原和山地，东北部为平原。克罗地亚海岸线长达5835公里，岛屿众多，大、小共1185个，由此克罗地亚也被称为"千岛之国"，特殊的地理使克罗地亚境内呈现两种不同的气候类型，沿海地区为地中海式气候，内陆地区则是四季分明的大陆性气候。主要民族为克罗地亚族。

二 交通物流发展效率分析

（一）交通物流发展效率：静态分析

1. 交通物流综合效率

2007~2016年，克罗地亚交通物流综合效率呈现出先下降后上升，进而又波动下降的趋势，整体由2007年的1.97微降至2016年的1.60（见图1），大多年份都处于有效率的位置。

2. 交通物流规模效率

2007~2016年，克罗地亚交通物流的规模效率波动较大，总体维持了

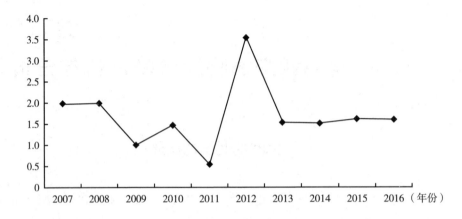

图1　2007～2016年克罗地亚交通物流综合效率变动趋势

增长的趋势，由2007年的0.89微升到2016年的0.98（见图2），大多数年份都没有达到有效率的位置。

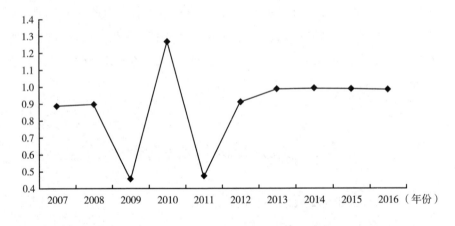

图2　2007～2016年克罗地亚交通物流规模效率变动趋势

3. 交通物流纯技术效率

2007～2016年，克罗地亚交通物流纯技术效率呈现出先下降后上升再下降的趋势，整体由2007年的2.22降到了2016年的1.62（见图3），但所有年份均为有效。可见，综合效率的上升趋势主要由纯技术效率影响。

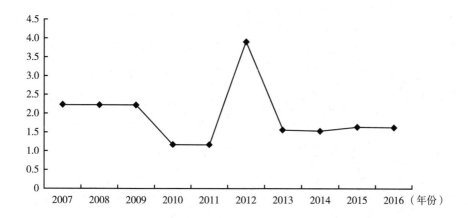

图3　2007~2016年克罗地亚交通物流纯技术效率变动趋势

（二）交通物流发展效率：动态分析

1.交通物流全要素生产率

2007/2008~2015/2016年度，克罗地亚交通物流全要素生产率变化呈现出轻微波动下降的趋势，整体由2007/2008年度的1.12下降到2015/2016年度的1.05左右（见图4），平均值为1.0483，意味着该国交通物流全要素生产率在过去10年整体有所改善。

2.交通物流效率改善指数

2007/2008~2015/2016年度，克罗地亚交通物流全要素生产率的效率改善指数呈现出波动上升的趋势，整体由2007/2008年度的0.98上升到2015/2016年度的1.04（见图5），但大多年份的数值不理想，平均值仅为0.8548，意味着该国交通物流全要素生产率的效率改善情况并不乐观。

3.交通物流技术进步指数

2007/2008~2015/2016年度，克罗地亚交通物流全要素生产率的技术进步指数呈现出波动下降的趋势，整体由2007/2008年度的1.14下降到2015/2016年度的1.02（见图6），平均值为1.2749，意味着该国交通物流行业的全要素生产率的技术进步情况比较乐观。克罗地亚交通物流全要素生

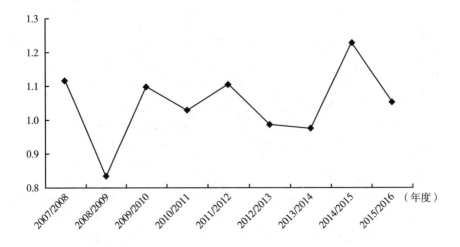

图4　2007/2008～2015/2016年度克罗地亚交通物流全要素生产率变动趋势

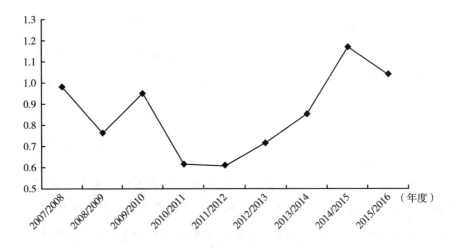

图5　2007/2008～2015/2016年度克罗地亚交通物流效率改善情况趋势

产率的积极变化主要由技术进步指数贡献，而效率改善指数起到负面的影响。

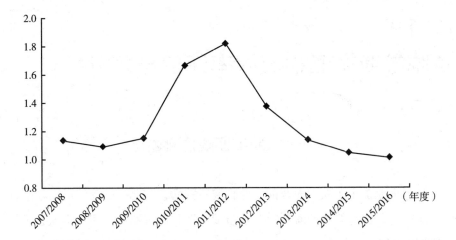

图6   2007/2008~2015/2016 年度克罗地亚交通物流技术进步情况趋势

B.19
拉脱维亚交通物流效率评价与分析

一 拉脱维亚国情概述

拉脱维亚位于东欧平原西部，西临波罗的海，与北方的爱沙尼亚和南方的立陶宛，并称为波罗的海三国。东与俄罗斯、白俄罗斯相邻，全国总面积64589平方公里。其中，陆地面积62046平方千米，内水面积2543平方公里。拉脱维亚海岸线长307公里，居波罗的海三国之首，全境地势低平，东部和西部为丘陵，有3/4的地区在海拔120米以下。拉脱维亚属温带阔叶林气候，拉脱维亚首都里加，位于波罗的海国家的中心地带。处于欧洲西部和东部、俄罗斯和斯堪的纳维亚半岛的交叉点上，其港口具有重要的战略意义。人口约为196万人（2016年），主要民族为拉脱维亚族和俄罗斯族。

二 交通物流发展效率分析

（一）交通物流发展效率：静态分析

1. 交通物流综合效率

2007~2016年，拉脱维亚交通物流综合效率呈现出较大波动，先上升后下降，但整体由2007年的0.91上升到2016年的0.98（见图1），总体处于无效率的区间。

2. 交通物流规模效率

2007~2016年，拉脱维亚交通物流的规模效率波动较大，整体由2007年的0.907微升到2016年的0.910（见图2）。

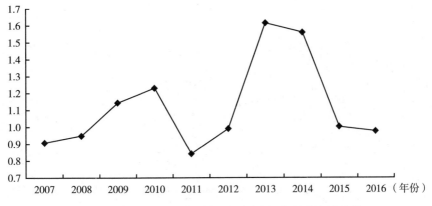

图1　2007～2016年拉脱维亚交通物流综合效率变动趋势

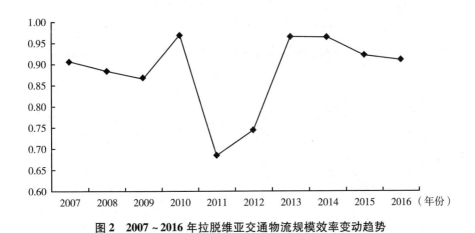

图2　2007～2016年拉脱维亚交通物流规模效率变动趋势

3. 交通物流纯技术效率

2007～2016年，拉脱维亚交通物流纯技术效率呈现出先上升后波动下降的趋势，整体由2007年的1.00上升到2016年的1.07（见图3）。可见，综合效率的上升趋势主要由纯技术效率积极影响。

（二）交通物流发展效率：动态分析

1. 交通物流全要素生产率

2007/2008～2015/2016年度，拉脱维亚交通物流全要素生产率呈现出波动

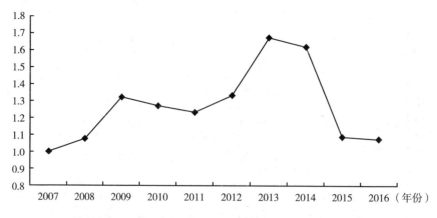

图 3　2007～2016 年拉脱维亚交通物流纯技术效率变动趋势

下降的趋势，整体由 2007/2008 年度的 1.16 下降到 2015/2016 年度的 1.08（见图 4），意味着该国交通物流全要素生产率在过去 10 年整体有所增加。

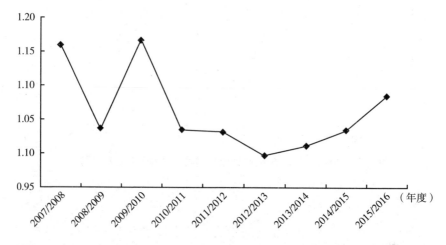

图 4　2007/2008～2015/2016 年度拉脱维亚交通物流行业全要素生产率变动趋势

2. 交通物流效率改善指数

2007/2008～2015/2016 年度，拉脱维亚交通物流全要素生产率的效率改善指数也呈现出波动上升的趋势，整体由 2007/2008 年度的 1.02 上升到 2015/2016 年度的 1.07（见图 5），中间年度数值表现较差，意味着该国交通物流全要素生产率的效率改善情况并不乐观。

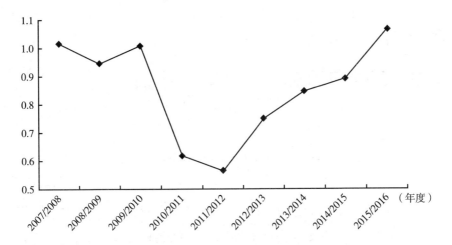

图5 2007/2008～2015/2016年度拉脱维亚交通物流效率改善情况趋势

3. 交通物流技术进步指数

2007/2008～2015/2016年度，拉脱维亚交通物流全要素生产率的技术进步指数呈现出先上升再下降的趋势，整体由2007/2008年度的1.14下降到2015/2016年度的1.02（见图6），意味着该国交通物流行业的全要素生产率的技术进步情况比较乐观。拉脱维亚交通物流全要素生产率的积极变化主要由技术进步指数贡献，而效率改善指数起着负面的影响。

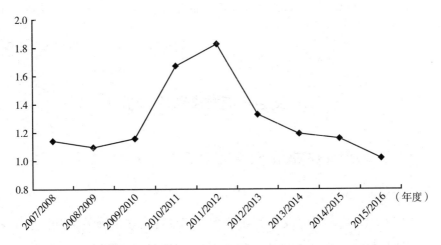

图6 2007/2008～2015/2016年度拉脱维亚交通物流技术进步情况趋势

B.20
荷兰交通物流效率评价与分析

一 荷兰国情概述

荷兰位于欧洲西部，素有"欧洲门户""风车王国""花卉之国"等美称。荷兰东面与德国为邻，南接比利时，西、北濒临北海，地处莱茵河、马斯河和斯凯尔特河三角洲。该国国土总面积 41864 平方公里，海岸线长1075 公里，属温带海洋性气候，冬暖夏凉。全境 1/4 的土地海拔不到 1 米，1/4 的土地低于海面，除南部和东部有一些丘陵外，绝大部分地势很低。荷兰首都阿姆斯特丹，人口约为 1702 万人（2016 年），因地域相对狭小而成为世界上人口密度最高的国家之一。荷兰自然资源相对贫乏，但天然气储量丰富，是欧洲最大的天然气出口国。服务业是荷兰经济的支柱，化学工业、食品工业和机械制造业是荷兰工业的三大支柱。荷兰是世界第二大农产品出口国（仅次于美国），最重要的出口农产品有蛋、奶、肉、蔬菜、花卉、土豆等。

二 交通物流发展效率分析

（一）交通物流发展效率：静态分析

1. 交通物流综合效率

2007～2016 年，荷兰交通物流综合效率呈现出先下降后上升，进而又波动下降的趋势，整体由 2007 年的 2.76 上升到 2016 年的 3.18（见图 1）。

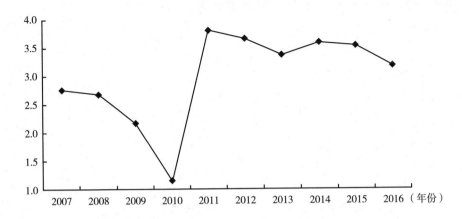

图 1　2007 ~ 2016 年度荷兰交通物流综合效率变动趋势

2. 交通物流规模效率

2007 ~ 2016 年，荷兰交通物流规模效率呈现出先下降后上升，进而又波动下降的趋势，与综合效率趋势大致保持一致，整体由 2007 年的 0.99 略微下降到 2016 年的 0.88（见图 2）。

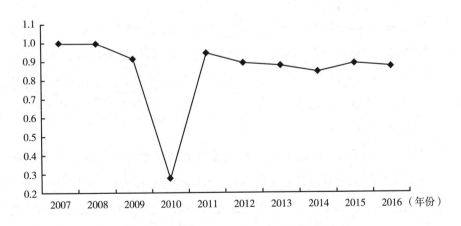

图 2　2007 ~ 2016 年度荷兰交通物流规模效率变动趋势

3. 交通物流纯技术效率

2007 ~ 2016 年，荷兰交通物流纯技术效率呈现出先下降后波动上升的

趋势，整体由 2007 年的 2.76 上升到 2016 年的 3.63（见图 3）。综合效率的上升趋势主要由纯技术效率影响。

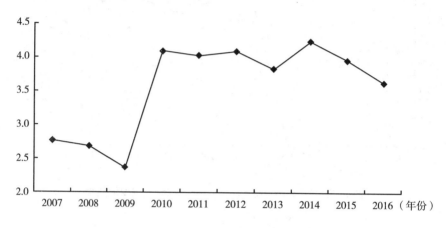

图3　2007~2016 年度荷兰交通物流纯技术效率变动趋势

（二）交通物流发展效率：动态分析

1. 交通物流全要素生产率

2007/2008~2015/2016 年度，荷兰交通物流全要素生产率呈现出波动上升的趋势，整体由 2007/2008 年度的 0.97 上升到 2015/2016 年度的 1（见图 4），平均值为 1.0152，意味着该国交通物流全要素生产率在过去十年整体增加了约 1.52%。

2. 交通物流效率改善指数

2007/2008~2015/2016 年度，荷兰交通物流全要素生产率的效率改善指数也呈现出波动上升的趋势，整体由 2007/2008 年度的 0.73 上升到 2015/2016 年度的 0.96（见图 5），平均值仅为 0.7926，意味着该国交通物流全要素生产率的效率改善情况比较不乐观，总体降低了约 20.74%。

3. 交通物流技术进步指数

2007/2008~2015/2016 年度，荷兰交通物流全要素生产率的技术进步指数呈现出波动下降的趋势，整体由 2007/2008 年度的 1.33 下降到 2015/

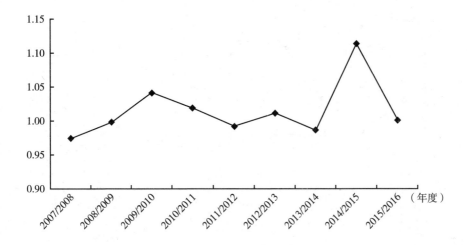

图 4　2007/2008～2015/2016 年度荷兰交通物流全要素生产率变动趋势

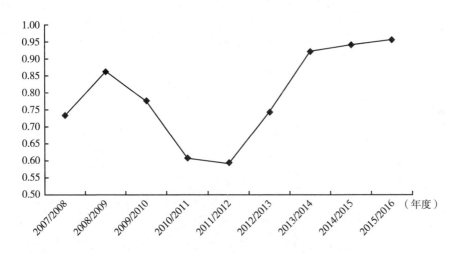

图 5　2007/2008～2015/2016 年度荷兰交通物流行业效率改善情况趋势

2016 年度的 1. 05（见图 6），平均值为 1. 3159，意味着该国交通物流行业全要素生产率的技术进步情况比较乐观，总体增加了约 31. 59％ 。荷兰交通物流全要素生产率的积极变化主要由技术进步指数贡献，而效率改善指数起着负面的影响。

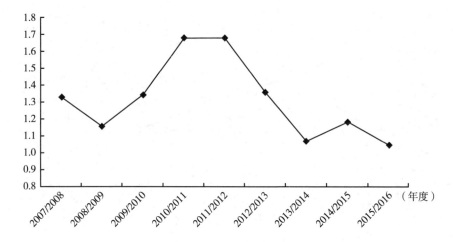

图6　2007/2008～2015/2016 年度荷兰交通物流技术进步情况趋势

B.21
立陶宛交通物流效率评价与分析

一 立陶宛国情概述

立陶宛位于欧洲中东部,北与拉脱维亚接壤,东南与白俄罗斯毗邻,西南与波兰相邻,西濒波罗的海。立陶宛与北方的拉脱维亚和爱沙尼亚并称为波罗的海三国,首都维尔纽斯。立陶宛国土面积为6.53万平方公里,国境线总长为1644公里,海岸线长90公里。立陶宛地形以平原为主,西部有丘陵,东南部有高地。立陶宛是欧洲湖泊最多的国家之一。立陶宛气候介于海洋性气候和大陆性气候之间。2016年人口外流严重,主要民族为立陶宛族、波兰族和俄罗斯族。

二 交通物流发展效率分析

(一)交通物流发展效率:静态分析

1. 交通物流综合效率

2007~2016年,立陶宛交通物流综合效率呈现出波动下降的趋势,整体由2007年的2.29降至2016年的1.74(见图1),多数年份处于有效率的位置。

2. 交通物流规模效率

2007~2016年,立陶宛交通物流规模效率呈现明显的下降趋势,由2007年的2.29有效位置下降到2016年的0.95无效位置(见图2),无效率主要是由最近几年效率较低的缘故导致。

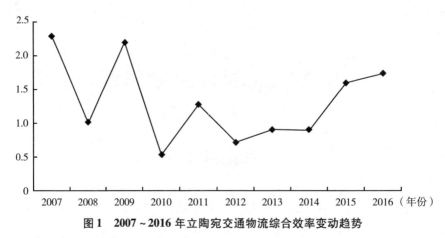

图1 2007～2016年立陶宛交通物流综合效率变动趋势

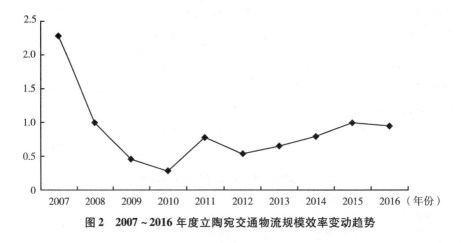

图2 2007～2016年度立陶宛交通物流规模效率变动趋势

3. 交通物流纯技术效率

2007～2016年，立陶宛交通物流纯技术效率呈现出波动上升的趋势，由2007年的1上升到2016年的1.83（见图3）。可见，其综合效率的提高主要是由纯技术效率影响。

（二）交通物流发展效率：动态分析

1. 交通物流全要素生产率

2007/2008～2015/2016年度，立陶宛交通物流全要素生产率呈现出波动下降的趋势，整体由2007/2008年度的1.08下降到2015/2016年度的

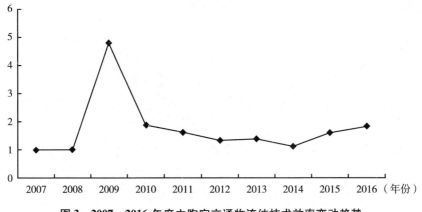

图3　2007～2016年度立陶宛交通物流纯技术效率变动趋势

1.04（见图4），平均值为1.0143，意味该国交通物流全要素生产率在过去十年整体增长了1.43%。

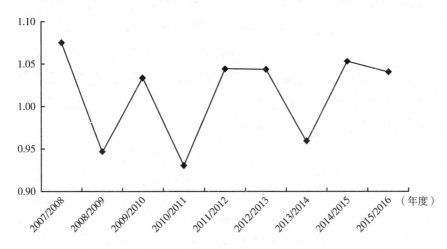

图4　2007/2008～2015/2016年度立陶宛交通物流全要素生产率变动趋势

2. 交通物流效率改善指数

2007/2008～2015/2016年度，立陶宛交通物流全要素生产率的效率改善指数呈现出波动上升的趋势，整体由2007/2008年度的0.94上升到2015/2016年度的1.02（见图5），大多年份的数值都不理想，平均值仅为0.8277，意味该国交通物流全要素生产率的效率改善情况并不乐观，总体降低了约17.23%。

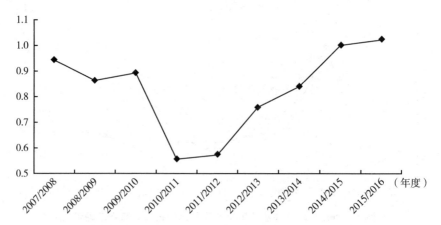

图5　2007/2008～2015/2016年度立陶宛交通物流效率改善情况趋势

3. 交通物流技术进步指数

2007/2008～2015/2016年度，立陶宛交通物流全要素生产率的技术进步指数呈现出波动下降的趋势，整体由2007/2008年度的1.14下降到2015/2016年度的1.02（见图6），大多年份都表现出有效率，平均值为1.2758，意味该国交通物流行业的全要素生产率的技术进步情况比较乐观，总体增长了约27.58%，立陶宛交通物流全要素生产率的积极变化主要由技术进步指数贡献，而效率改善指数起着负面的影响。

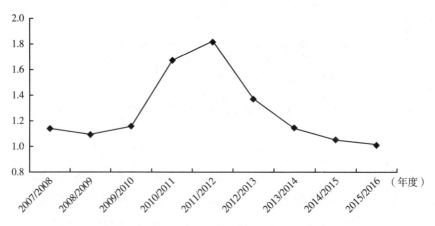

图6　2007/2008～2015/2016年度立陶宛交通物流技术进步情况趋势

B.22
乌克兰交通物流效率评价与分析

一　乌克兰国情概述

乌克兰位于欧洲东部，黑海、亚速海北岸。北邻白俄罗斯，东北接俄罗斯，西连波兰、斯洛伐克、匈牙利，南同罗马尼亚、摩尔多瓦毗邻。该国国土面积60.37万平方公里，人口4555万人（2018年1月），首都基辅。有110多个民族，其中乌克兰族占72%，俄罗斯族占22%。

二　交通物流发展效率分析

（一）交通物流发展效率：静态分析

1. 交通物流综合效率

2007～2016年，乌克兰交通物流综合效率经历几次上升下降，最终交通物流综合效率2016年和2007年相差不大（见图1）。

2. 交通物流规模效率

2007～2016年，乌克兰交通物流规模效率在2007～2012年波动不大，2012～2016年经历了大幅度的上升和下降，最终与2007年数值相差不大（见图2）。

3. 交通物流纯技术效率

2007～2016年，乌克兰交通物流纯技术效率经历了下降、上升、再下降、再上升的过程，总体呈轻微下降的局面（见图3）。

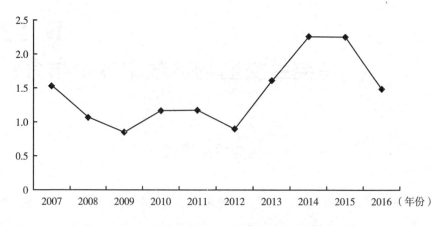

图1　2007～2016年乌克兰交通物流综合效率变动趋势

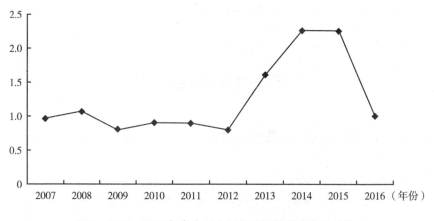

图2　2007～2016年乌克兰交通物流规模效率变动趋势

（二）交通物流发展效率：动态分析

1.交通物流全要素生产率

2007/2008～2015/2016年度，乌克兰交通物流全要素生产率在较小范围内波动，整体呈下降趋势（见图4）。

2.交通物流效率改善指数

2007/2008～2015/2016年度，乌克兰交通物流效率改善指数经历了一

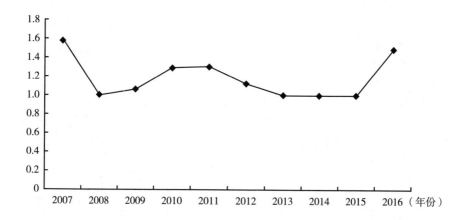

图3　2007~2016年乌克兰交通物流纯技术效率变动趋势

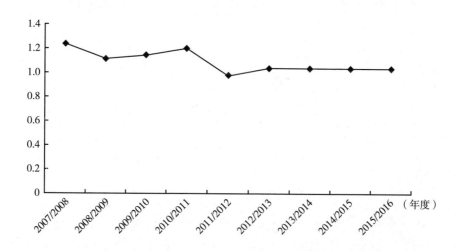

图4　2007/2008~2015/2016年度乌克兰交通物流全要素生产率变动趋势

个先下降后上升的过程，总体呈轻微下降局面（见图5）。

　　3. 交通物流技术进步指数

　　2007/2008~2015/2016年度，乌克兰交通物流技术进步指数基本呈"倒U形"走势，峰值出现在2011/2012年度，总体呈轻微下降趋势（见图6）。

301

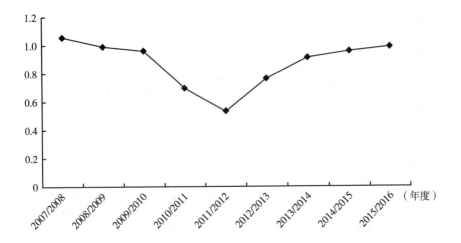

图 5 2007/2008 ~ 2015/2016 年度乌克兰交通物流效率改善指数变动趋势

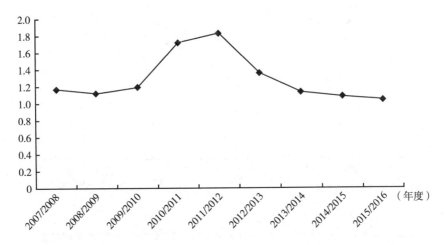

图 6 2007/2008 ~ 2015/2016 年度乌克兰交通物流技术进步指数变动趋势

B.23
中国交通物流效率评价与分析

一 中国国情概述

中国位于亚洲东部、太平洋的西岸。中国陆地边界长达 2.28 万公里，东邻朝鲜，北邻蒙古国，东北邻俄罗斯，西北邻哈萨克斯坦、吉尔吉斯斯坦、塔吉克斯坦，西和西南与阿富汗、巴基斯坦、印度、尼泊尔、不丹等国家接壤，南与缅甸、老挝、越南相连。东部和东南部同韩国、日本、菲律宾、文莱、马来西亚、印度尼西亚隔海相望。中国国土面积约 960 万平方公里，人口 13.9 亿人（2017 年末），首都北京，共 56 个民族。中国地势西高东低，呈阶梯状分布。山地、高原面积广大。东西相距约 5000 公里，大陆海岸线长达 18000 多公里，气温降水的组合多种多样，形成了多种多样的气候。

二 交通物流发展效率分析

（一）交通物流发展效率：静态分析

1. 交通物流综合效率

2007~2016 年，中国交通物流综合效率于 2009 年出现大幅度下降的情况，2010 年又经历一次大幅度上升，总体呈轻微上升趋势（见图 1）。

2. 交通物流规模效率

2007~2016 年，中国交通物流规模效率于 2009 年出现大幅度下降，2010 又经历一次大幅度上升，总体呈轻微上升态势（见图 2）。

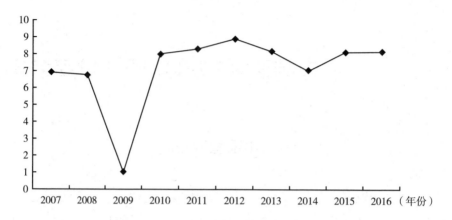

图1　2007～2016年中国交通物流综合效率变动趋势

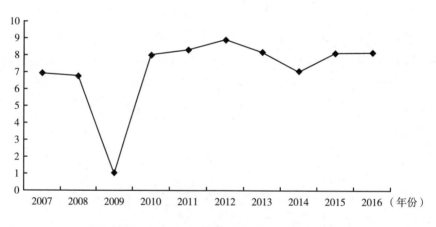

图2　2007～2016年中国交通物流规模效率变动趋势

3.交通物流纯技术效率

2007～2016年，中国交通物流纯技术效率保持不变（见图3）。

（二）交通物流发展效率：动态分析

1.交通物流全要素生产率

2007/2008～2015/2016年度，中国交通物流全要素生产率在较小范围内波动，整体呈下降趋势（见图4）。

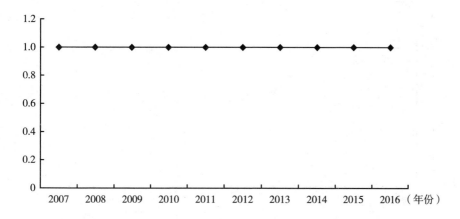

图3 2007～2016年中国交通物流纯技术效率变动趋势

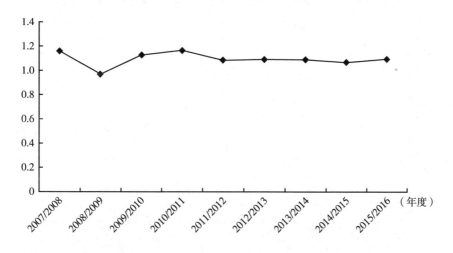

图4 2007/2008～2015/2016年度中国交通物流全要素生产率变动趋势

2. 交通物流效率改善指数

2007/2008～2015/2016年度，中国交通物流效率改善指数经历了一个先下降后上升的过程，总体呈轻微上升走势（见图5）。

3. 交通物流技术进步指数

2007/2008～2015/2016年度，中国交通物流技术进步指数基本呈"倒U形"走势，峰值出现在2011/2012年度，总体呈轻微下降趋势（见图6）。

305

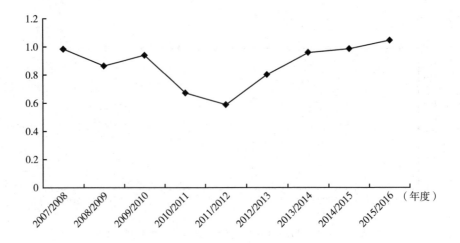

图5　2007/2008～2015/2016年度中国交通物流效率改善指数变动趋势

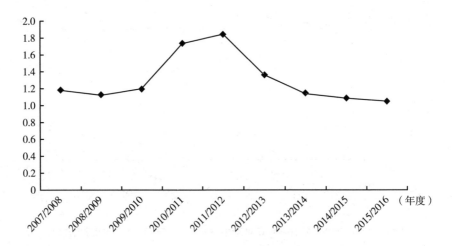

图6　2007/2008～2015/2016年度中国交通物流技术进步指数变动趋势

B.24
斯洛文尼亚交通物流效率评价与分析

一 斯洛文尼亚国情概述

斯洛文尼亚位于欧洲中南部,巴尔干半岛西北端。西接意大利,北邻奥地利和匈牙利,东部和南部与克罗地亚接壤,西南濒临亚得里亚海。该国国土面积20273平方公里,人口206.6万人(2018年),首都为卢布尔雅那。海岸线长46.6公里。气候分山地气候、大陆性气候和地中海式气候。夏季平均气温21.3℃,冬季平均气温-0.6℃,年平均气温10.7℃。森林和水利资源丰富,森林覆盖率为66%。矿产资源相对贫乏,主要有汞、煤、铅、锌等。地理位置较好,许多国际铁路、公路和航空线穿越斯洛文尼亚,电气化铁路和现代化公路占相当大比重。

二 交通物流发展效率分析

(一)交通物流发展效率:静态分析

1.交通物流综合效率

2007~2016年,斯洛文尼亚交通物流综合效率"断层"情况明显,经历了先下降后上升的过程,于2016年达到峰值(见图1)。

2.交通物流规模效率

2007~2016年,斯洛文尼亚交通物流规模效率在2010~2012年达到最低谷,而整体呈下降趋势(见图2)。

3.交通物流纯技术效率

2007~2016年,斯洛文尼亚交通物流纯技术效率经历了较大跨度的提

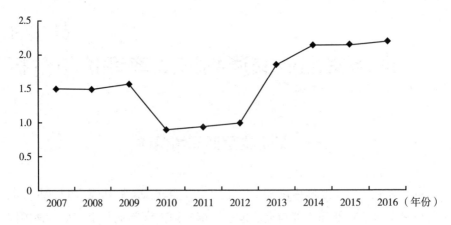

图1　2007～2016年斯洛文尼亚交通物流综合效率变动趋势

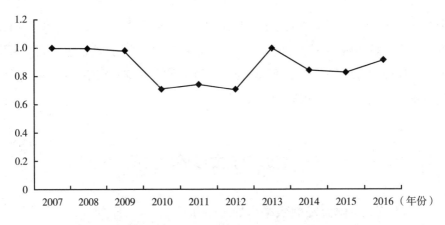

图2　2007～2016年斯洛文尼亚交通物流规模效率变动趋势

升，于2015年达到峰值，2016年出现轻微下降趋势，但整体呈上升趋势
（见图3）。

（二）交通物流发展效率：动态分析

1. 交通物流全要素生产率

2007/2008～2015/2016年度，斯洛文尼亚交通物流全要素生产率在较
小范围内波动，整体呈现下降趋势（见图4）。

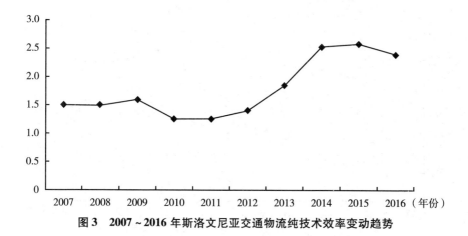

图3　2007～2016年斯洛文尼亚交通物流纯技术效率变动趋势

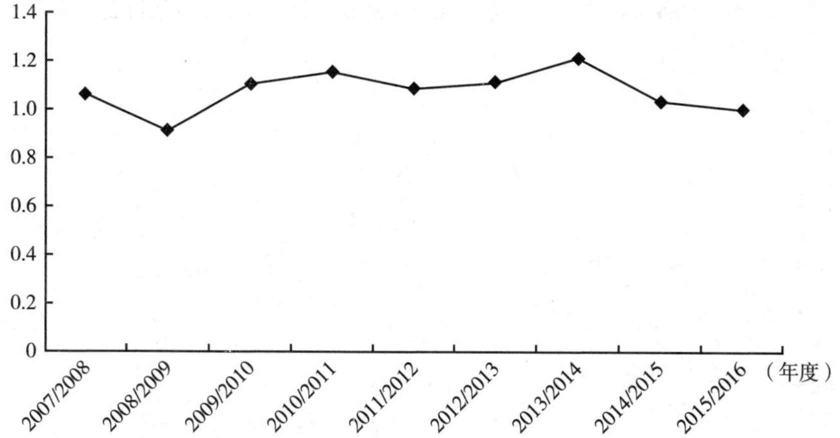

图4　2007/2008～2015/2016年度斯洛文尼亚交通物流全要素生产率变动趋势

2.交通物流效率改善指数

2007/2008～2015/2016年度，斯洛文尼亚交通物流效率改善指数经历了一个先下降后上升的过程，总体呈现轻微上升的局面（见图5）。

3.交通物流技术进步指数

2007/2008～2015/2016年度，斯洛文尼亚交通物流技术进步指数基本呈"倒U形"走势，峰值出现在2011/2012年度，总体呈现轻微下降趋势（见图6）。

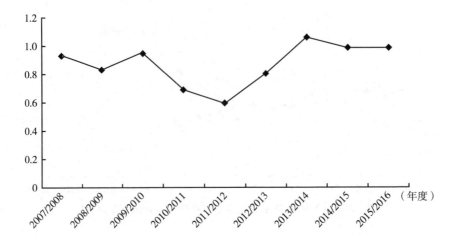

图 5　2007/2008～2015/2016 年度斯洛文尼亚交通物流效率改善指数变动趋势

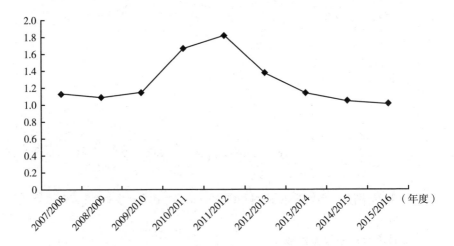

图 6　2007/2008～2015/2016 年度斯洛文尼亚交通物流技术进步指数变动趋势

B.25
匈牙利交通物流效率评价与分析

一 匈牙利国情概述

匈牙利是中欧内陆国家，东邻罗马尼亚、乌克兰，南接斯洛文尼亚、克罗地亚、塞尔维亚，西有奥地利，北是斯洛伐克，边界线全长 2246 公里。该国国土面积 93030 平方公里，人口 979.8 万人（2017 年 1 月），首都布达佩斯，主要民族为匈牙利（马扎尔）族，约占 90%。少数民族有斯洛伐克、罗马尼亚、克罗地亚、塞尔维亚、斯洛文尼亚、德意志等族。居民主要信奉天主教（66.2%）和基督教（17.9%）。该国属大陆性气候，凉爽湿润，全年平均气温为 10.8℃，夏季平均气温为 21.7℃，冬季平均气温为 –1.2℃，年平均降水量约为 630 毫米。

二 交通物流发展效率分析

（一）交通物流发展效率：静态分析

1. 交通物流综合效率

2007～2016 年，匈牙利交通物流综合效率于 2012 年出现大幅度下降，随后虽有所提升，但是总体仍呈下降趋势（见图 1）。

2. 交通物流规模效率

2007～2016 年，匈牙利交通物流规模效率经历了上升、下降、再上升的过程，2016 年交通物流规模效率与 2007 年相差不大（见图 2）。

3. 交通物流纯技术效率

2007～2016 年，匈牙利交通物流纯技术效率除 2011 年出现上升外，其余年份基本呈波动下降的走势（见图 3）。

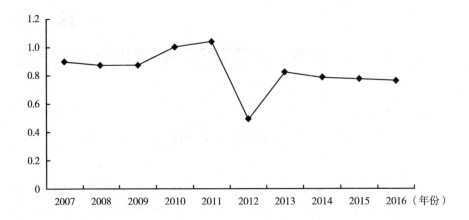

图 1　2007～2016 年匈牙利交通物流综合效率变动趋势

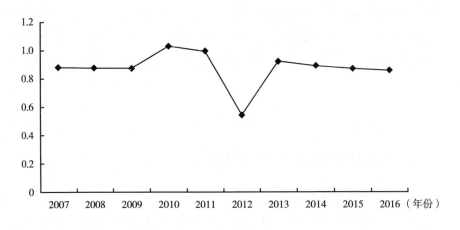

图 2　2007～2016 年匈牙利交通物流规模效率变动趋势

（二）交通物流发展效率：动态分析

1. 交通物流全要素生产率

2007/2008～2015/2016 年度，匈牙利交通物流全要素生产率经历了先上升再波动下降的过程，但总体呈现上升态势（见图 4）。

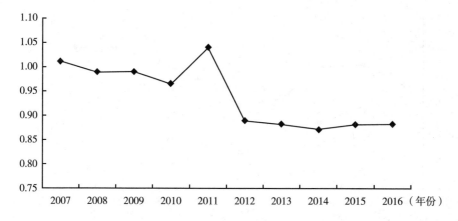

图3 2007～2016年匈牙利交通物流纯技术效率变动趋势

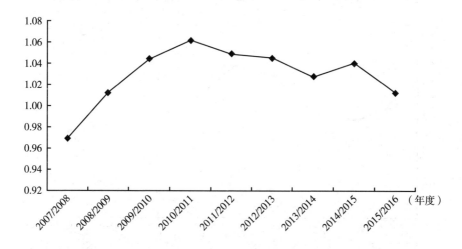

图4 2007/2008～2015/2016年度匈牙利交通物流全要素生产率变动趋势

2. 交通物流效率改善指数

2007/2008～2015/2016年度，匈牙利交通物流效率改善指数经历了一个先上升后下降再上升的过程，总体呈现上升趋势（见图5）。

3. 交通物流技术进步指数

2007/2008～2015/2016年度，匈牙利交通物流技术进步指数经历了先下降后上升再下降的过程，总体呈现下降趋势（见图6）。

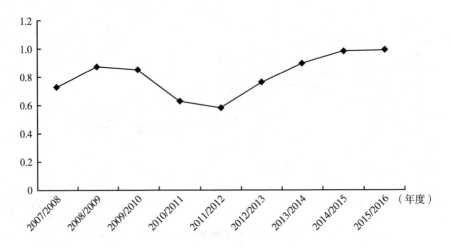

图5 2007/2008~2015/2016年度匈牙利交通物流效率改善指数变动趋势

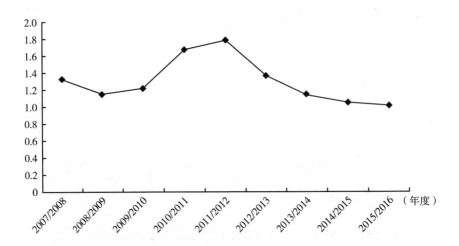

图6 2007/2008~2015/2016年度匈牙利交通物流技术进步指数变动趋势

参考文献

Baldwin. R. E. , *A Domino Theory of Regionalism* (Cambridge: Cambridge University Press, 1995).

Baldwin R. E. , *The Spoke Trap: Hub and Spoke Bilateralism in East Asia* (Korea Institute for International Economic Policy Working Paper, 2003).

Bottani E. , Rizzi A. , Vignali G. , "Improving Logistics Efficiency of Industrial Districts: A Framework and Case Study in The Food Sector," *International Journal of Logistics Research and Applications* 5 (2015) .

Camioto, F. D. , "Energy Efficiency Analysis of G7 and BRICS Considering Total-Factor Structure," *Journal of Cleaner Production* 2 (2016).

Chris Stewart, Roman Matousek, Thao Ngoc Nguyen, "Efficiency in the Vietnamese Banking System: A DEA Double Bootstrap Approach," *Research in International Business and Finance* 36 (2016).

Coto Millan, P. , "The 'Effect Procargo' on Technical and Scale Efficiency at Airports: The Case of Spanish Airports (2009 – 2011)," *Utilities Polity* 1 (2016).

David Hummels, Jun Ishii and Kei-Mu Yi. , "The Nature and Growth of Vertical Specialization in World Trade," *Journal of International Economics* 1 (2001) .

Donald R. Davis. , "Intra-industry Trade: A Heckscher-Ohlin-Ricardo Approach," *Journal of International Economics* 3 (1995) .

E. Taniguchi, RG. Thompson, *Logistics Systems for Sustainable Cities* (International Conference on City Logistics, 2004).

Feenstra, Hanson, "Globalization, Outsourcing, and Wage Inequality," *The American Economic Review* 2 (1996).

Gene M. Grossman, Elhanan Helpman, "Managerial Incentives and The International Organization of Production," *Journal of International Economics* 2 (2004).

Gene M. Grossman, Elhanan Helpman, "Outsourcing in a Global Economy Review of Economic Studies," *Review of Economic Studies* 1 (2005).

Ke Li, Boqiang Lin, "Impact of Energy Conservation Policies on The Green Productivity in China's Manufacturing Sector: Evidence From A Three-stage DEA Model," *Applied Energy* 168 (2016).

Markovits-Somogyi R., Bokor Z., "Assessing the Logistics Efficiency of European Countries by Using the DEA-PC Methodology," *Transport* 2 (2014).

Masahiro Kawai, "East Asian Economic Regionalism: Progress and Challenges," *Journal of Asian Economics* 1 (2005).

Paul Krugman, "Trade Policy and the Third World Metropolis," *Journal of Development Economics* 1 (1996).

Prema-chandra Athukorala, Nobuaki Yamashita, "Production Fragmentation and Trade Integration: East Asia in A Global Context," *The North American Journal of Economics and Finance* 3 (2006).

Rico Merkert, Luca Mangia, "Efficiency of Italian and Norwegian Airports: A Matter of Management or of the Level of Competition in Remote Regions," *Transportation Research* 4 (2014).

Rita Markovits-Somogyi, Zoltán Bokor, "Assessing the Logistics Efficiency of European Countries by Using The DEA-PC Methodology," *Transport* 2 (2014).

Robert C. Feenstra, Gordon H. Hanson, "Foreign Direct Investment and Relative Wages: Evidence from Mexico's Maquiladoras," *Journal of International Economics* 3 (1997).

Robert C. Feenstra., "Integration of Trade and Disintegration of Production in The Global Economy," *The Journal of Economic Perspectives* 4 (1998).

Sebastián Lozano, Ester Gutiérrez, "A Slacks-based Network DEA Efficiency

Analysi of Europe Anairlines," *Transportation Planning and Technology* 37 (2014).

Shahid Yusuf, M., Anjum Altaf, Kaoru Nabeshima, *Global Change and East Asian Policy Initiatives* (Washington D. C.: A Co-publication of The World Bank and Oxford University Press, 2004).

T. Hyland, "Speaking Out for NE Ohio," *Transportation & Distribution* 43 (2002).

VF. Valentine, R. Gray., *The Measurement of Port Efficiency Using Data Envelopment Analysis* (World Conference on Transport Research, South Korea, 2001).

Wade D. Cook, Joe Zhu, "Context-dependent Performance Standards in DEA," *Annals of Operations Research* 173 (2010).

You, HY., "Eco Efficiency of Intensive Agricultural Production and Its Influencing Factors in China: An Application of DEA-TOBIT Analysis," *Discrete Dynamics in Natureland Society* 5 (2016).

安祺、张子芳:《交通物流信息化发展的思路》,《交通科技与经济》2007 年第 4 期。

安祺、赵继红:《关于发展黑龙江省交通物流的基本思路》,《黑龙江交通科技》2007 年第 12 期。

鲍贤俊、吴国伟、陈美刚:《深化改革三破"围墙"——上海交通物流职业教育集团集团化办学的实践与研究》,《中国职业技术教育》2008 年第 18 期。

蔡忠清、江莉、沈聪毅:《湖州市交通物流货运量发展 SWOT 分析》,《科技视界》2018 年第 12 期。

陈玲玲、李鑫:《交通物流对我国经济发展的影响探讨》,《智富时代》2015 年第 6 期。

陈玲玲、赵光辉:《"一带一路"战略下交通物流的发展方向——以云南为例》,《物流技术》2015 年第 24 期。

陈明红、王丽琴:《公路交通物流企业项目融资模式选择问题研究》,

《物流技术》2013年第23期。

陈明：《潍坊滨海交通物流园概念规划研究》，山东大学硕士学位论文，2012。

陈思云、沈思敏：《湖北交通物流发展研究》，《科协论坛》2009年第9期。

董立延、曲向丽：《图们江地区物流资源整合与海运交通物流合作研究》，《经济纵横》2011年第2期。

董龙云：《基于区域可持续发展的交通物流基础设施建设问题研究》，中南大学博士学位论文，2009。

董龙云、史峰、秦进，刘霆：《区域交通物流基础设施可持续发展水平的多层次灰色综合评价》，《铁道科学与工程学报》2009年第2期。

杜明军：《"十三五"时期河南建设区域物流中心的路径探讨》，《区域经济评论》2016年第1期。

段敏：《落后地区交通物流便利性对有色金属资源开发的影响》，《中国金属通报》2017年第5期。

段水云：《当前交通物流行业现状思考》，《中国高新技术企业》2015年第6期。

樊鸿：《对交通物流运输与区域经济有关问题分析》，《商场现代化》2015年第15期。

方海峰：《浅谈斜井双向掘进隧道交通物流组织》，《安徽建筑》2015年第6期。

费维军、张华：《〈德国交通物流发展规划〉给我国的启示》，《水运管理》2009年第7期。

《港口经济》编辑部：《国务院发布交通物流融合发展方案》，《港口经济》2016年第7期。

高海涛：《欧盟引入信息通信技术转变交通物流业发展模式》，《世界电信》2010年第9期。

高志刚：《从南方雪灾看我国应急交通物流建设》，《武汉船舶职业技术学院学报》2008 年第 3 期。

葛晖：《面向交通物流大数据处理的元数据管理系统》，上海交通大学硕士学位论文，2015。

葛拥军、辛一丹、江云剑：《交通物流降本增效的思路与对策探析——以浙江省为例》，《中国物流与采购》2017 年第 22 期。

关胜超：《省级交通物流信息公共服务平台研究与设计》，长安大学硕士学位论文，2015。

《广西壮族自治区人民政府办公厅关于转发自治区发展改革委推动交通物流融合发展三年行动计划工作方案的通知》，《广西壮族自治区人民政府公报》2017 年第 16 期。

郭娟：《湖南省交通物流网络构建研究》，长沙理工大学硕士学位论文，2008。

《国际商报》编辑部：《交通物流互联网，如何融合发展？》，《国际商报》2016 年 7 月 14 日。

《国务院办公厅关于转发国家发展改革委营造良好市场环境推动交通物流融合发展实施方案的通知》，《中华人民共和国国务院公报》2016 年第 19 期。

《河南省人民政府办公厅关于印发河南省推动交通物流融合发展工作方案的通知，河南省人民政府公报》，2017 年第 1 期。

贺登才：《构建交通物流融合发展新体系》，《中国改革报》2016 年 7 月 15 日。

胡锋奇：《宁波市北仑区交通物流行业转型发展初探》，《现代经济信息》2014 年第 12 期。

胡富君、赵静：《第一届交通物流业改革创新发展论坛暨中交企协物流委员会第五届理事大会在长沙举行》，《交通企业管理》2018 年第 4 期。

黄思思、储春祥：《全方位提升农村交通物流》，《运输经理世界》2014 年第 11 期。

黄晓敏：《关于南京发展交通物流的思考》，《物流技术》2011 年第 9 期。

江莉：《嘉兴市交通物流发展水平评价——同类城市比较研究》，《物流科技》2016 年第 11 期。

姜彩良、华光、孙东泉：《经济带战略下交通物流一体化发展的策略》，《综合运输》2014 年第 7 期。

姜理、杨运祥：《公路交通物流企业信息平台的通用功能模型设计》，《中山大学学报》（自然科学版）2005 年第 4 期。

《交通财会》编辑部：《三部门联合推动交通物流融合发展开展七大重点工程》，《交通财会》2017 年第 3 期。

《交通企业管理》编辑部：《重庆市纵深推进中新互联互通交通物流发展》，《交通企业管理》2018 年第 5 期。

康新茂：《为交通物流企业转型升级提供坚实台阶》，《中国经济时报》2016 年 11 月 21 日。

李春苗：《合纵联横　业态融合——谈我国交通物流行业发展之路》，《交通企业管理》2012 年第 1 期。

李海生：《潍坊物流企业营销策略研究》，长安大学硕士学位论文，2009。

李晗斌、徐冰：《东北亚交通物流体系研究》《东北亚论坛》2007 年第 4 期。

李汉卿、孙东泉、刘凌、黄翔：《我国交通物流指标国际对标分析》，《中国物流与采购》2016 年第 3 期。

李康：《交通物流资源整合运作方式研究》，《经济研究导刊》2017 年第 1 期。

李南、鲁敏、刘嘉娜：《京津冀城市群交通物流网络空间布局优化研究》，《商业时代》2010 年第 31 期。

李鹏：《布局——看我国交通物流公共信息平台的建设》，《中国交通信息化》2011 年第 4 期。

李晓明：《交通物流如何融合发展？》，《中国交通报》2016 年 6 月 29 日。

李欣：《交通物流信息平台元数据研究与应用》，长安大学硕士学位论文，2015。

李欣潞：《区域可持续发展的交通物流基础设施建设》，《交通世界（运输·车辆）》2015 年第 11 期。

李吟龙：《交通物流资源整合模式决策分析研究》，《价值工程》2011年第 29 期。

李宇箭：《基于资源整合的郑州交通物流效率研究》，《物流技术》2015年第 15 期。

李玉民：《河南省交通物流发展的主成分因子和聚类分析》，《河南科技大学学报》（自然科学版）2011 年第 6 期。

梁志埠：《福建省现代交通物流业发展问题研究》，福建师范大学硕士学业位论文，2017。

《辽宁省人民政府办公厅关于印发营造良好市场环境推进全省交通物流融合发展实施方案的通知》，2016。

廖强风、廖祥泰：《交通物流基础设施投资的经济效益分析》，《商场现代化》2006 年第 4 期。

林森荣：《兰州交通物流业步入跨越式发展》，《发展》2008 年第 9 期。

林兴志：《交通物流 GIS 路网可视化管理研究》，《大众科技》2016 年第 12 期。

刘光辉：《福州交通物流发展存在的问题及对策探讨》，《绿色科技》2016 年第 12 期。

刘光琦：《甩挂运输的时代烙印——专访交通运输部公路科学研究院交通物流工程研究中心主任顾敬岩》，《中国储运》2015 年第 2 期。

刘嘉娜、李南：《京津冀城市群交通物流一体化》，《河北理工大学学报》（社会科学版）2011 年第 6 期。

刘可清：《切实推动福建交通物流融合发展》，《政协天地》2017 年第 7 期。

刘维文：《江西省交通物流基地布局方法研究》，《交通标准化》2012

年第 18 期。

刘小辉、张斯婧、张译丹:《中新 (重庆) 战略合作交通物流发展思路研究》,《综合运输》2017 年第 10 期。

刘小伟、陶加强:《基于空间计量模型的交通物流业投资跨空间溢出效应研究》,《铁道运输与经济》2017 年第 5 期。

刘学明:《中心城市综合物流园区开发模式及融资问题研究》,中国科学院大学硕士学位论文,2013。

刘雪峰:《发挥区域优势构建交通物流中心》,载《第十届中国科协年会中部地区物流产业体系建设论坛专辑》,2008。

刘忠选:《把脉哈尔滨城市交通物流》,《现代物流报》2013 年 11 月1 日。

卢柳青:《公路交通物流运输对区域经济发展的影响》,《今日财富》2018 年第 11 期。

卢毅、吴颖、张智勇:《基于项目成功标准的交通物流公共信息平台联盟建设机制研究》,《综合运输》2016 年第 3 期。

栾姗:《河南构建交通物流融合发展新体系》,《人民交通》2016 年第12 期。

罗钢:《"丝绸之路经济带"建设中交通物流制度协同与推进探讨》,《开发研究》2014 年第 2 期。

马晓杰、段宗志:《基于三阶段 DEA 模型的交通物流发展效率研究》,《洛阳理工学院学报》(自然科学版) 2016 年第 4 期。

《内蒙古自治区人民政府办公厅关于印发自治区营造良好市场环境推动交通物流融合发展实施方案的通知》,《内蒙古自治区人民政府公报》2017年第 15 期。

聂英杰:《交通物流融合发展推动铁路全面转型》,《中国经济导报》2016 年 11 月 2 日。

聂英杰:《以交通物流融合推动铁路全面转型》,《中国改革报》2016年 7 月 18 日。

《宁夏回族自治区人民政府办公厅关于印发营造良好市场环境推动交通物流融合发展实施方案的通知》，《宁夏回族自治区人民政府公报》2016 年第 22 期。

潘翔：《基于 GIS 的交通物流预警图像传输优化》，《河池学院学报》2014 年第 2 期。

庞彪：《国务院助力交通物流融合发展布局国家公路港网络工程》，《中国物流与采购》2016 年第 13 期。

庞彪：《粤港澳大湾区交通物流先行》，《中国物流与采购》2017 年第 13 期。

齐秀娟：《我国区域交通物流服务体系建设的探讨》，《中小企业管理与科技》2010 年第 3 期。

齐云英：《河南省交通物流发展研究》，《中国物流与采购》2014 年第 21 期。

祁娟：《交通物流融合发展给道路货运带来什么？》，《运输经理世界》2016 年第 11 期。

秦华容、杨铭、叶龙：《宁波市交通物流动态监测体系构建研究》，《特区经济》2015 年第 1 期。

权小勤：《城市绿色交通物流系统的构建及解析》，《中国商论》2017 年第 19 期。

任鹏、丁然：《交通物流大数据信息资源框架体系研究》，《综合运输》2017 年第 5 期。

《山西省人民政府办公厅关于推动交通物流发展的实施意见》，《山西省人民政府公报》2017 年第 21 期。

《陕西省人民政府办公厅转发省发展改革委关于推动交通物流融合发展实施方案的通知》，《陕西省人民政府公报》2017 年第 14 期。

《汕尾市人民政府办公室转发广东省人民政府办公厅转发国务院办公厅关于转发国家发展改革委营造良好环境推动交通物流融合发展实施方案的通知》，《汕尾市人民政府公报》2016 年第 11 期。

尚晓青：《建丝绸之路经济带促交通物流大发展》，《甘肃经济日报》2014 年 7 月 17 日。

邵迈、陈建军：《打造"五型"交通物流发展模式》，《交通企业管理》2013 年第 1 期。

邵迈：《湖北打造五型交通物流》，《运输经理世界》2013 年第 1 期。

邵迈：《着力提高交通物流效率》，《湖北日报》2012 年 12 月 26 日。

沈华：《加快南通交通物流产业发展的思考》，《运输经理世界》2011 第 Z1 期。

石景峰：《锡林郭勒盟交通物流业发展研究》，长安大学硕士学位论文，2011。

宋晓丽等：《关于呼伦贝尔市交通物流业发展的调查与思考》，《交通科技》2011 年第 3 期。

孙华强：《江苏省综合交通物流枢纽布局规划研究》，《交通企业管理》2016 年第 6 期。

谈冉、何建安、薛胜军：《交通物流信息平台的 OLAP 系统》，《武汉理工大学学报》（交通科学与工程版）2006 年第 1 期。

田鹏、黄穗、范明月：《我国交通物流评价指标体系及区域差异的实证研究》，《中国外资》2013 年第 16 期。

汪传雷、王静娟、秦琴：《基于 PCA－DEA 的区域交通物流一体化效率评价研究》，《内蒙古农业大学学报》（社会科学版）2018 年第 2 期。

汪鸣：《创新体制提高交通物流融合发展质量与效率》，《中国改革报》2016 年 7 月 15 日。

汪鸣：《提高交通物流融合发展质量与效率》，《中国经济导报》2016 年 7 月 9 日。

汪鸣：《提高交通物流融合发展质量与效率》，《中国经济导报》2016 年 7 月 9 日。

王德荣：《完善现代综合交通运输体系推动交通物流融合发展》，《中国经济导报》2016 年 7 月 8 日。

王德荣：《完善现代综合交通运输体系推动交通物流融合发展》，《中国经济导报》2016 年 7 月 8 日。

王飞跃等：《城市综合交通、物流、生态问题的基础研究方法》，《交通运输系统工程与信息》2004 年第 8 期。

王飞跃等：《关于城市交通、物流、生态综合发展的复杂系统研究方法》，《复杂系统与复杂性科学》2004 年第 2 期。

王婧、李继春、林晶晶：《交通物流标准化发展回顾与展望》，《交通标准化》2014 年第 23 期。

王可：《大型体育赛事物流流程规划及应急动态调控机制》，《综合运输》2016 年第 3 期。

王秋玲、金曙光：《新经济形势下中小交通物流企业的优势分析——以浙江宁波为例》，《商业时代》2013 年第 25 期。

王秋玲、魏枫：《基于政府视角的中小交通物流企业发展研究》，《社会科学家》2013 年第 7 期。

王秋玲：《物流类行业协会协管中小交通物流企业研究——基于宁波的实务分析》，《物流技术》2015 年第 5 期。

王圣云、秦尊文、戴璐、王鑫磊：《长江中游城市集群空间经济联系与网络结构——基于运输成本和网络分析方法》，《经济地理》2013 年第 4 期。

王圣云、翟晨阳：《长江经济带城市集群网络结构与空间合作路径》，《经济地理》2015 年第 11 期。

王贤恩：《浙江舟山群岛新区交通物流发展研究与思考》，《交通企业管理》2014 年第 8 期。

王艳艳：《公路交通物流运输对区域经济发展的影响》，《纳税》2018 年第 23 期。

王寅田：《基于 Hadoop 的交通物流大数据处理系统设计与实现》，上海交通大学硕士学位论文，2014。

王振：《分析区域可持续发展下交通物流基础设施的建设》，《物流工程与管理》2014 年第 5 期。

王振：《交通物流对我国经济发展的影响》，《黑龙江交通科技》2014年第2期。

魏建国、庞国强、杜伟岸：《武汉市交通物流发展存在的问题及其对策研究》，《科技创业月刊》2013年第12期。

魏志峰：《浅谈临沂市农村交通物流发展》，《现代经济信息》2017年第4期。

吴芬、陈芸、马骏：《我省交通物流信息标准化工作现状及发展政策》，《中国标准化》2017年第4期。

吴宏：《降本增效动真格——〈交通物流19条〉将给物流业带来怎样的变化?》，《中国物流与采购》2016年第21期。

吴青：《湖北省交通运输业物流信息平台的系统实现》，《武汉理工大学学报》（交通科学与工程版）2004年第5期。

武文卿：《构建我国交通物流融合发展新体系》，《中国招标》2016年第28期。

武友德、闫晓燕、曹洪华：《云南促进"带""廊"衔接的交通物流体系研究》，《学术探索》2018年第4期。

席悦：《长沙将建设国家交通物流中心》，《中国物流与采购》2017年第16期。

《现代物流报》编辑部：《京津冀一体化：交通物流如何谋篇布局》，《现代物流报》2014年4月11日。

肖长刚：《山东省农村交通物流三级网络建设优化研究》，《电子商务》2017年第1期。

肖刚：《重庆交通物流成本与规划绩效考核指标研究》，《低碳世界》2017年第1期。

肖利富：《新型交通物流对区域经济的作用》，《现代营销》2017年第8期。

谢清霞、刘喆惠、李正强、史婧：《两岸交通物流公共信息服务平台建设方案研究》，《珠江水运》2016年第14期。

辛一丹、江云剑、葛拥军：《交通物流降本增效的思路与对策研究——以浙江省为例》，《产业与科技论坛》2018 年第 2 期。

邢占文、郭晓汾：《内蒙古交通物流公共信息系统的设计与实现》，《物流技术》2010 年第 20 期。

徐凤军、邱皓、芦方强：《基于货运枢纽层次划分的无锡市交通物流布局研究》，《物流工程与管理》2013 年第 9 期。

徐涛：《试析新时代市场经济条件下的交通物流运输经济管理》，《商场现代化》2016 年第 22 期。

许琦：《湖南交通物流融合转型创新发展对策研究》，《科技创业月刊》2017 年第 20 期。

许涛：《职业教育集团化办学的理论分析与个案研究》，华东师范大学博士学位论文，2011。

阎叶琛：《基于动态规划的综合交通物流企业运力资源优化配置研究》，《物流技术》2013 年第 17 期。

杨浩哲：《低碳流通：基于脱钩理论的实证研究》，《财贸经济》2012 年第 7 期。

杨建新、樊子墨：《公路交通物流运输对区域经济发展的影响》，《建材与装饰》2018 年第 20 期。

杨莉：《浅析福建省交通物流云计算平台》，《物流工程与管理》2013 年第 12 期。

杨琦：《交通物流物联网北斗终端研发》，《企业科技与发展》2016 年第 10 期。

杨志平：《浙江交通物流公共信息平台建设的研究与分析》，《浙江交通职业技术学院学报》2008 年第 2 期。

叶峰：《甘肃省现代交通物流发展中的政府职能研究》，兰州大学硕士学位论文，2010。

伊然：《陕西开启交通物流融合发展新模式 2020 年实现市市通高铁》，《工程机械》2017 年第 7 期。

尤习贵：《打造"两翼四驱"推进交通物流大发展大繁荣》，《政策》2014年第10期。

余国忠：《衢州区域交通物流电子枢纽建设情况及对策》，《衢州日报》2011年12月24日。

袁伯友：《我国区域交通物流服务体系建设的探讨》，《物流技术》2009年第7期。

袁治平、孙丰文、付荣华：《我国城市绿色交通物流系统的构建及解析》，《生态经济》2007年第1期。

曾艳英、廖毅芳、宋雷、唐国华：《古代广州地区交通物流的历史作用研究》，《商》2015年第8期。

翟红红、周俊颖：《美国、日本交通物流发展经验对我国的启示》，《现代商业》2013年第27期。

张彩利：《基于整合的交通物流企业人力资源规划结构研究》，《物流工程与管理》2010年第12期。

张彩利：《交通物流企业配送方案决策分析研究》，《物流技术》2014年第1期。

张彩利、席恒：《陕西交通物流资源整合运作方式研究》，《价值工程》2011年第19期。

张彩利：《综合交通物流服务企业人力资源配置优化研究》，《物流技术》2013年第13期。

张冬柏：《促进黑龙江省交通物流业发展的途径》，《黑龙江交通科技》2006年第6期。

张富泉：《建设长沙交通物流大枢纽中心》，《新湘评论》2016年第19期。

张慧、李继春：《交通物流标准化发展需求的探讨》，《物流技术与应用》2017年第1期。

张锦、陈刚、李国旗、Nguyen Thiyen：《"一带一路"战略中交通物流关键问题与对策》，《物流技术》2015年第21期。

张梅：《交通物流降本增效新路径》，《中国投资》2016年第8期。

张晓城：《GIS在城市建设和交通物流中的应用》，《科技风》2017年第15期。

张扬、王彦庆：《黑龙江省交通物流网络体系建设思路研究》，《黑龙江交通科技》2007年第1期。

张瑗媛、王婧：《交通物流及其成本概念辨析》，《公路与汽运》2016年第2期。

赵光辉：《"一带一路"背景下我国交通物流通道布局战略研究》，《当代经济管理》2016年第8期。

赵光辉：《"一带一路"战略下交通物流布局研究——以云南为例》，《物流技术》2015年第23期。

赵儒煜、冯建超：《东北亚交通物流合作框架研究》，《东北亚论坛》2007年第6期。

赵松岭、杨欣玥、宋伟：《低碳经济视阈下京津冀交通物流一体化方略》，《中国统计》2017年第12期。

《中国储运》编辑部：《甘肃推行物流全程"一单制"促交通物流融合发展》，《中国储运》2016年第12期。

钟蓓蓓：《城市交通物流现状及提升交通物流的运作效率的对策研究》，《现代商业》2016年第7期。

《重型汽车》编辑部：《交通物流融合发展实施方案发布2018形成开放共享物流体系》，《重型汽车》2016年第3期。

周瑾：《河南省交通物流发展现状、存在的问题及对策》，《物流技术》2015年第2期。

周瑾：《交通物流可持续发展研究》，《现代商贸工业》2014年第11期。

周凌云、王超：《非并网风电制氢及其在绿色交通物流中的应用》，《中国工程科学》2015年第3期。

朱佳翔、谭清美：《江苏交通物流产业集聚效应实证分析》，《统计与信息论坛》2012年第4期。

朱建芳:《基于北斗的智能交通物流最优仓库定位方法》,《科学技术与工程》2018 年第 24 期。

朱莲:《承接产业转移与四川省交通物流发展研究》,《价值工程》2015年第 32 期。

朱莲:《"一带一路"战略下四川交通物流通道建设问题研究》,《科技视界》2017 年第 30 期。

朱为建:《基于北斗的交通物流运输系统研究》,《企业科技与发展》2016 年第 10 期。

邹普尚:《广东推进交通物流业"降本增效"主要路径分析》,《广东公路交通》2017 年第 6 期。

❖ 皮书起源 ❖

"皮书"起源于十七、十八世纪的英国，主要指官方或社会组织正式发表的重要文件或报告，多以"白皮书"命名。在中国，"皮书"这一概念被社会广泛接受，并被成功运作、发展成为一种全新的出版形态，则源于中国社会科学院社会科学文献出版社。

❖ 皮书定义 ❖

皮书是对中国与世界发展状况和热点问题进行年度监测，以专业的角度、专家的视野和实证研究方法，针对某一领域或区域现状与发展态势展开分析和预测，具备原创性、实证性、专业性、连续性、前沿性、时效性等特点的公开出版物，由一系列权威研究报告组成。

❖ 皮书作者 ❖

皮书系列的作者以中国社会科学院、著名高校、地方社会科学院的研究人员为主，多为国内一流研究机构的权威专家学者，他们的看法和观点代表了学界对中国与世界的现实和未来最高水平的解读与分析。

❖ 皮书荣誉 ❖

皮书系列已成为社会科学文献出版社的著名图书品牌和中国社会科学院的知名学术品牌。2016年，皮书系列正式列入"十三五"国家重点出版规划项目；2013~2018年，重点皮书列入中国社会科学院承担的国家哲学社会科学创新工程项目；2018年，59种院外皮书使用"中国社会科学院创新工程学术出版项目"标识。

中国皮书网

（网址：www.pishu.cn）

发布皮书研创资讯，传播皮书精彩内容
引领皮书出版潮流，打造皮书服务平台

栏目设置

关于皮书：何谓皮书、皮书分类、皮书大事记、皮书荣誉、

皮书出版第一人、皮书编辑部

最新资讯：通知公告、新闻动态、媒体聚焦、网站专题、视频直播、下载专区

皮书研创：皮书规范、皮书选题、皮书出版、皮书研究、研创团队

皮书评奖评价：指标体系、皮书评价、皮书评奖

互动专区：皮书说、社科数托邦、皮书微博、留言板

所获荣誉

2008 年、2011 年，中国皮书网均在全国新闻出版业网站荣誉评选中获得"最具商业价值网站"称号；

2012 年，获得"出版业网站百强"称号。

网库合一

2014 年，中国皮书网与皮书数据库端口合一，实现资源共享。

权威报告·一手数据·特色资源

皮书数据库
ANNUAL REPORT(YEARBOOK)
DATABASE

当代中国经济与社会发展高端智库平台

所获荣誉

● 2016年，入选"'十三五'国家重点电子出版物出版规划骨干工程"

● 2015年，荣获"搜索中国正能量 点赞2015""创新中国科技创新奖"

● 2013年，荣获"中国出版政府奖·网络出版物奖"提名奖

● 连续多年荣获中国数字出版博览会"数字出版·优秀品牌"奖

成为会员

通过网址www.pishu.com.cn访问皮书数据库网站或下载皮书数据库APP，进行手机号码验证或邮箱验证即可成为皮书数据库会员。

会员福利

● 使用手机号码首次注册的会员，账号自动充值100元体验金，可直接购买和查看数据库内容（仅限PC端）。

● 已注册用户购书后可免费赠送100元皮书数据库充值卡。刮开充值卡涂层获取充值密码，登录并进入"会员中心"—"在线充值"—"充值卡充值"，充值成功后即可购买和查看数据库内容（仅限PC端）。

● 会员福利最终解释权归社会科学文献出版社所有。

数据库服务热线：400-008-6695
数据库服务QQ：2475522410
数据库服务邮箱：database@ssap.cn
图书销售热线：010-59367070/7028
图书服务QQ：1265056568
图书服务邮箱：duzhe@ssap.cn

社会科学文献出版社 皮书系列
SOCIAL SCIENCES ACADEMIC PRESS (CHINA)

卡号：975976422977
密码：

S 基本子库
UB DATABASE

中国社会发展数据库（下设 12 个子库）

全面整合国内外中国社会发展研究成果，汇聚独家统计数据、深度分析报告，涉及社会、人口、政治、教育、法律等 12 个领域，为了解中国社会发展动态、跟踪社会核心热点、分析社会发展趋势提供一站式资源搜索和数据分析与挖掘服务。

中国经济发展数据库（下设 12 个子库）

基于"皮书系列"中涉及中国经济发展的研究资料构建，内容涵盖宏观经济、农业经济、工业经济、产业经济等 12 个重点经济领域，为实时掌控经济运行态势、把握经济发展规律、洞察经济形势、进行经济决策提供参考和依据。

中国行业发展数据库（下设 17 个子库）

以中国国民经济行业分类为依据，覆盖金融业、旅游、医疗卫生、交通运输、能源矿产等 100 多个行业，跟踪分析国民经济相关行业市场运行状况和政策导向，汇集行业发展前沿资讯，为投资、从业及各种经济决策提供理论基础和实践指导。

中国区域发展数据库（下设 6 个子库）

对中国特定区域内的经济、社会、文化等领域现状与发展情况进行深度分析和预测，研究层级至县及县以下行政区，涉及地区、区域经济体、城市、农村等不同维度。为地方经济社会宏观态势研究、发展经验研究、案例分析提供数据服务。

中国文化传媒数据库（下设 18 个子库）

汇聚文化传媒领域专家观点、热点资讯，梳理国内外中国文化发展相关学术研究成果、一手统计数据，涵盖文化产业、新闻传播、电影娱乐、文学艺术、群众文化等 18 个重点研究领域。为文化传媒研究提供相关数据、研究报告和综合分析服务。

世界经济与国际关系数据库（下设 6 个子库）

立足"皮书系列"世界经济、国际关系相关学术资源，整合世界经济、国际政治、世界文化与科技、全球性问题、国际组织与国际法、区域研究 6 大领域研究成果，为世界经济与国际关系研究提供全方位数据分析，为决策和形势研判提供参考。

法律声明

"皮书系列"（含蓝皮书、绿皮书、黄皮书）之品牌由社会科学文献出版社最早使用并持续至今，现已被中国图书市场所熟知。"皮书系列"的相关商标已在中华人民共和国国家工商行政管理总局商标局注册，如 LOGO（ 🖐 ）、皮书、Pishu、经济蓝皮书、社会蓝皮书等。"皮书系列"图书的注册商标专用权及封面设计、版式设计的著作权均为社会科学文献出版社所有。未经社会科学文献出版社书面授权许可，任何使用与"皮书系列"图书注册商标、封面设计、版式设计相同或者近似的文字、图形或其组合的行为均系侵权行为。

经作者授权，本书的专有出版权及信息网络传播权等为社会科学文献出版社享有。未经社会科学文献出版社书面授权许可，任何就本书内容的复制、发行或以数字形式进行网络传播的行为均系侵权行为。

社会科学文献出版社将通过法律途径追究上述侵权行为的法律责任，维护自身合法权益。

欢迎社会各界人士对侵犯社会科学文献出版社上述权利的侵权行为进行举报。电话：010-59367121，电子邮箱：fawubu@ssap.cn。

社会科学文献出版社